别让不好意思害了你

连山 编著

"不好意思"是懦弱、自卑的代名词。生活中大部分的麻烦来源于你不懂拒绝一些无理的要求。

浙江工商大学出版社
ZHEJIANG GONGSHANG UNIVERSITY PRESS

图书在版编目（CIP）数据

别让不好意思害了你 / 连山编著 . — 杭州：浙江
工商大学出版社 , 2017.9

ISBN 978-7-5178-2224-0

Ⅰ.①别… Ⅱ.①连… Ⅲ.①心理交往－通俗读物
Ⅳ.① C912.11-49

中国版本图书馆 CIP 数据核字（2017）第 141260 号

别让不好意思害了你

连山 编著

责任编辑	贺　然　任晓燕
封面设计	思梵星尚
责任印制	包建辉
出版发行	浙江工商大学出版社
	（杭州市教工路 198 号　邮政编码 310012）
	（E-mail: zjgsupress@163.com）
	（网址：http://www.zjgsupress.com）
	电话：0571-88904980，88831806（传真）
排　　版	北京东方视点数据技术有限公司
印　　刷	北京德富泰印务有限公司
开　　本	710mm×1000mm　1/16
印　　张	19
字　　数	271 千
版 印 次	2017 年 9 月第 1 版　2017 年 9 月第 1 次印刷
书　　号	ISBN 978-7-5178-2224-0
定　　价	48.00 元

前言

曾有心理学家指出，优秀是一种心理习惯，优秀意味着比别人更为自信，更为大方磊落，更加积极乐观。反观失败这种心理习惯，则更为拘谨，更加优柔寡断，甚至有时显得有些卑琐。正所谓心态决定命运，心理习惯与暗示所形成的心态就像一扇双向的门，一边通向成功，另一边通向失败，差别往往只是细枝末节上的。然而正是这些细微的差别，就可能决定一个人的命运。

不好意思就是一种失败的心理习惯。中国是有五千年历史的文明古国。恭顺谦和、礼貌谦卑也一直都是传统美德。我们从很小的时候开始就一直潜移默化地受父母及身边的长辈影响，告诉我们和人不要争，不要抢，吃亏是福。长此以往，导致现在有许多人不问世事，遇事不积极，总是委曲求全，越来越没有个性。

中国人讲人情，顾面子，人情和关系是维系社会的一只隐形之手，起着非常大的作用。友善、中庸也是大多数中国人的为人处世之道。可是，只有我们自己知道，有多少时候我们为这种社会心态所累。你讲道理时，对方跟你讲情面；你讲得失利弊时，对方跟你诉苦求退让；你想拒绝时，怕得罪人；你想求助时，怕伤自尊心。总是从情面出发，好像有了谈判的筹码，但其实这个筹码没有刻度，没法计量，你会发现，越来越多的事情，在这种碍于情面的"不好意思"面前失去了平衡。事情失衡，人便失衡，人一失衡，情面礼仪反而成了损害关系、制造矛盾的源头。所以中国人的为人处世智慧都体现在了如何平衡"不好意思"的心态中。

随着时代的发展，竞争愈发激烈。适者生存的环境下，人们渐渐选择躲在自己"不好意思"的躯壳中来逃避现实。"不好意思"已经变成了懦弱、自卑的代名词。生活中大部分的麻烦来源于不懂拒绝一些无理的要求。我们每天都在被"不好意思"伤害着，短时期积累下来就是大危害，一辈子积累下来就是彻底让人失败。

造成"不好意思"的原因有很多种，不懂得拒绝、太过缺乏自信、爱面子等，这些都会使人经常把"不好意思"挂在嘴边。本书通过大量的事实和案例深入浅出地探讨了"不好意思"这种现象产生的原因，分析了"不好意思"的危害：不好意思争取合理利益，从而利益处处受损；不好意思拒绝无理要求，从而麻烦不断；不好意思赞美别人，从而失去升迁的机会……本书让读者彻底意识到"不好意思"的危害，引导读者去掉"不好意思"的心理，学会拒绝别人的不合理要求，学会赞美和沟通，不再懦弱和自卑，做生活中的主人，做内心强大的自己。

目录

1

第一章

死要面子活受罪：
都是"不好意思"惹的祸

死要面子，活得累

面子乃中国人社会生活的命之所系，很多人为了"脸上有光"而吃尽了苦头。

"饿死事小，失节事大"，看来肚子问题不是人生最大的问题，脸皮比肚子更重要。故而，有位高权重却布衣素食的贤良，这就是尊严与气节。伯夷、叔齐属殷的旧臣，因武王起兵伐纣，便愤而跑到首阳山去吃野菜，发誓"饿死不食周粟"。后有人告之："普天之下，莫非王土，率土之滨，莫非王臣，你吃的首阳山的野菜，不也是周天子的吗？"伯夷、叔齐没话说了，为了尊严与气节，只好饿死。

男人刮脸，女人美容，油头粉面，眉黛唇红，都是为了面子；揭人不揭短，打人不打脸，也是为了面子。每个人都要面子，无论是有地位的人，还是平常百姓，没有面子，便没有脸见人，也就无法在社会和群体中生活，甚至会被社会和群体抛弃。

张小姐眼下正忙于结婚，她和男友决定举办一场隆重喜庆的婚礼，买婚纱就成了当务之急。她跑了很多家商场，有的婚纱她不满意，有的合心意却又买不起，她看中的一套法国进口婚纱标价为28000元，一般人哪能承受得了！再说，婚纱也许一生只能穿一次，除了富豪之家，谁也不愿意为这一次付出太高的代价。所以很多人都劝她租一套婚纱算了。可是张小姐不愿意因为只穿一次就委屈自己，也不愿意姐妹们夸她婚纱漂亮询问价钱的时候，说自己的婚纱是租的。于是她执意要花两万多买一套婚纱。而男友因为不想节外生枝，也只能把原先积攒的买房子的钱拿出一部分来，给她买这套昂贵的婚纱。

结婚那天，张小姐穿上买来的婚纱时，自然是引来了姐妹们的一番美慕，可是一番得意之后，姐妹们散场后各回各家，过自己的生活，张小姐却开始后悔买这么贵的婚纱了，也只能把它收藏起来，而自己的房子又得推迟一段时间才能住上。

除了结婚时候要面子，许多人请客吃饭时也讲面子。什么人该请不该请，什么人再三邀请，什么人只不过是随便请请而已，什么人坐首席，什么人作陪，一律取决于面子。被有面子的人请去吃饭固然有面子，能把有面子的人请来吃饭也同样有面子。请客的人，为了给客人面子，明明是觥筹交错，水陆杂陈，也得说"没有什么菜"；被请的人，明明是味道不适，胃口不佳，但为了给主人面子，也得连连说"好吃好吃"。人家吃了你的，你觉得有面子，吃饭就是吃面子。

婚事大办，请客大办，请人吃饭是掏自己的腰包，自己心疼。死要面子活受罪，仿佛人就是为了面子而活，凡事都要在面子上较劲。

其实，真正体面的人，是务实的人。

春秋时鲁国的季文子就不讲面子，大夫仲孙宅劝他说："阁下身为鲁国上卿，辅两朝国君，却妾不衣帛，马不食粟，别人会以为你脸上无光，国家脸上也不好看。"季文子说："我只听说过美德仁政乃国之光华，没有听说小老婆穿得花枝招展，马儿吃得膘肥体壮，国家就有面子。"

如同戴着面具一样，自己有脸却让另一副面孔把自己盖住，游戏可以，做人行吗？唉，面子、面子，真是死要面子活受罪！

死要面子的人一般都是一些胆小怕事者，每说一句话都要考虑别人会怎么看待自己，会不会因为这一句话而伤害某人；每做一件事都要瞻前顾后，生怕因为自己的举动而给自己带来不好影响。对领导、同事、朋友、邻居万分小心，那真是连个臭虫都不敢打死的谨慎之人。其实，你不可能做到使每个人都满意，而且自己又感觉那么累那么压抑，这是何苦呢？只要不违背常情，不失自己的良心，那么挺起胸膛来做人做事，效果一定会比死要面子来得好。

千万别陷入"面子观"的怪圈

顾名思义，"面子观"是一种死守面子、唯面子为尊的价值观念和行事思想。"面子观"对我们行事做人有很大的束缚。因此在不利的环境下我们要勇于说"不"，千万别过多地考虑"面子"，而陷入"面子观"的怪圈之中。

很多时候，我们常被人们支配，去做一些自己本不想做的事情。他们最常挂在嘴边的是："你应当……""你帮我做……"一般人碰到这类要求，通常都很难回绝，尤其是提出要求的人是你最亲密的伙伴，"不"字就更难开口了。日子一久，这种互动关系定型后，就形成了一种默契或是彼此的承诺。

万一哪一天对方又要你做这个做那个，而你却拒绝时，那会发生什么事呢？一方面，对方一定会勃然大怒，认为你违背了双方的承诺；另一方面，如果你坚持不做这些"应该"做的事，你会心生愧疚。

你可知道为什么会有愧疚感？这是因为双方过度的情感乞求所致。

你之所以会顺从对方的要求，说穿了，就是想通过这种顺从的表现来得到对方赞许、关爱的眼神，甚至取悦对方。

当这种取悦方法成了你行事的模式以后，拒绝对方的要求一定会让他很不高兴，而你也会觉得很对不起他。愧疚的感觉很像忧惧，而忧惧就好像是坐在一张摇摇椅上，你就只能这么晃荡着，看起来好像能将你摇向什么地方，但却只是在原地摆荡，让你什么地方也去不了。

不要忘了，我们有权利决定生活中该做些什么事，不应由别人来代做决定，更不能让别人来左右我们的意志，让自己成为傀儡。况且，他人并不见得比我们更了解情况，也不会比我们聪明到哪里去，所以，他们所提出的这类"理所当然"的事很可能不是我们的最佳抉择。

你的最佳抉择还是应该经由自己深入分析、思考之后，所做的独立判断来取舍。

事实上，我们常常过度在乎自己对别人的重要性。就好像我们常常听到调侃别人的一句话："没有你，地球照样在转动。"这句话的意思是说，没有什么人是不能被取代的。如果你把每一件事都看成是你的责任，妄想完成每一件事，这无异于自讨苦吃。你真正该尽的责任是，对你自己负责，而不是对别人负责。你首先应该认清自己的需求，重新排列价值观的优先顺序，确定究竟哪些对你才是真正重要的。把自己摆在第一位，这绝不是自私，而是表明你对自己道德意识的认同。

你虽然赞成这种说法，可是你觉得还是有些为难，你不知道该如何开口说"不"。

真有那么困难吗？其实那是我们的本能。心理学家说，人类所学的第一个抽象概念就是用"摇头"来说"不"，譬如，一岁多的幼儿就会用摇头来拒绝大人的要求或者命令，这个象征性的动作，就是"自我"概念的起步。

"不"固然代表"拒绝"，但也代表"选择"。一个人通过不断地选择来形成自我，界定自己。因此，当你说"不"的时候，就等于说"是"，你

"是"一个不想成为什么样子的人。

勇敢说"不"，这并不一定会给你带来麻烦，反而是替你减轻压力。如果你现在不愿说"不"，继续积压你的不快，有一天忍耐到了极限，你失控地大吼："不！"面对难以收拾的残局，别人可能会反过头来不谅解地问你："你为什么不早说？"

如果你想活得自在一点，请勇敢地站出来说"不"。记住，你不必愧疚，因为那是你的基本权利，别为了面子而委曲求全。

把丢脸看成是一种磨炼

不要害怕丢脸，更不应该躲避"丢脸"的历练，而应该拿出自己的勇气，勇敢地面对波折，让自己在"丢脸"当中逐渐走向成熟。

当今社会，丢脸已经不再是人们忌讳的事情，甚至还有人发起这样的号召："要热爱丢脸。"不是说人们的思想已经开放到了不顾及道德的地步，而是人们开始能够接受在不断"丢脸"中积累经验，获得进步。

别怕犯错误丢脸，因为你犯下的错误越多，学到的知识和经验就越多，你进步的可能性就越大。可是，传统观念里，人们总是为了保住自己的颜面而努力着，甚至有一些人，为了面子问题丢了性命也在所不惜。

公元前206年，项羽占有楚魏东部九郡之地，自封为西楚霸王，又违背先入关中者为关中王的前约，改封先入关中的刘邦为汉王，封地有巴蜀和汉中41个县，国都为南关（今陕西南关县东北）。巴蜀之地，是秦朝流放罪犯的偏远荒凉之地，刘邦心中非常不快。

项羽的谋臣亚父范增知道刘邦的不满，也知道他定会东山再起，于是建议项羽找借口杀掉刘邦。

项羽就把刘邦找来，准备封刘邦为汉中王，他若去，定有储备实力、自封为王之心；若不去，正好可以杀死他。

刘邦听说项羽召见，虽然明知此去凶多吉少，但又不能公然抗命不去，便在心中盘算怎样应对这场智斗。刘邦来到殿前，恭恭敬敬地伏在地上说："拜见霸王千岁！"那谦恭的样子使项羽心中异常受用，当即放松了警惕，笑着问道："沛公，你先入咸阳，功劳可嘉，我特意加封你为汉中王，代管巴蜀，不知你意下如何？"刘邦听罢，马上意识到项羽暗藏杀机，只要一语有失，便会人头落地。他沉吟片刻，答道："我好比霸王您胯下的一匹坐骑，何去何从全由您做主。"项羽闻听此言，既对刘邦的恭维感到自得，又觉得刘邦的话无懈可击，因此也就没有了杀刘邦的借口，便让刘邦下殿去了。刘邦谢恩退出大殿，急忙回到自己的营地，稍加打点，便率军急匆匆地向巴蜀进发。他决心以巴蜀偏塞之地为依托，招兵买马，养精蓄锐，待力量充实了，再还三秦，谋取天下。项羽闻知刘邦率军已向巴蜀进发，才感到范增所言极是，立即派季布带三千人马前去追赶，然而为时已晚。

刘邦后又拜韩信为大将军，广纳贤才，休兵养士，最终在众贤士的帮助下，使得不可一世的西楚霸王自刎于乌江，统一天下。

刘邦能放下自己的面子，在项羽面前低头，甚至不惜作践自己，才保住了身家性命，为后来的徐图发展奠定了基础。相比之下，项羽只因一句"无颜见江东父老"，舍弃了自己的性命，自刎于乌江。可见，真正能成大事业的人是那些能放下自己面子的人。

人的一生，谁又能保证不犯错？谁又能一次脸都不丢呢？如果你想逃避丢脸而一辈子不犯错，那么结果只有一个：当你白发苍苍的时候，你仍然什么都不会，因为你什么都不曾尝试做过。

民谚云：要了脸皮，饿了肚皮。所以，不管做什么事，都不能只顾着"脸皮"。有时害怕丢一次脸，就是白白让出了一条路。所以，不要害怕丢脸，更不应该躲避"丢脸"的历练，而应该拿出自己的勇气，勇敢面对一次又一次的波折，让自己在一次又一次的"丢脸"当中成长起来。

方圆有道，原则性问题不能让步

人际交往中的矛盾如果以平等互利的方式来解决都是可以化解的。但是，如果矛盾涉及了原则性问题，那么就必须站稳脚跟，寸步不让，即使是细节也不能让。聪明人懂得如果原则性的问题也要让步就等于失去了做人的方向。

人们所说的原则性问题主要有两种，一是尊严，二是应得的利益。尊严是精神上的原则性问题，一个人格健全的正常人是不能允许别人轻易冒犯自己的，尊严受到损害有时比物质利益的损失更能让人感到痛苦和难以忍受。一个人的素养越高越看重自己的人格与尊严，所谓"士可杀不可辱"，正是这个意思。

我们说在尊严问题上必须寸步不让，但在很多情况下是自己的尊严已被人严重地侵犯了，却还不知如何申辩，结果只能白白地受气。其实，别人侮辱我们的人格，并不就意味着他的人格有多高尚，如果我们能够了解对方，稍稍使用一点"心机"，以其人之道，还治其人之身，往往可以收到良好的效果，从而为自己讨回尊严。

在某大城市的一户人家，有一个乡下来的小保姆，由于性情实在，干活利索，给女主人留下的印象颇佳。但是，生性狐疑的女主人还是担心这个乡下姑娘手脚不干净，于是在试用期的最后几天想出个办法来试一试她。

一天早晨，小保姆起床要去做饭，在房门口捡到 1 元钱，她想肯定是女主人掉下的，就随手放在了客厅的茶几上。谁知第二天早晨，小保姆又在房门口捡到了一张 5 元的钞票，这让她感到很奇怪。"莫非是在试探我吗？"小保姆产生了这样的疑问。但她又很快打消了这个念头，因为女主人是位刚从科长位子上退休的体面人，怎么会做出这样侮辱人的事情呢？这样想着，她就把钱放进了茶几底下，但心里面还是留了个心眼儿。

到了晚上，小保姆假装睡下，从卧室的窗户窥探客厅中的动静。正当她困意袭来，准备放弃这一念头时，女主人竟真的悄悄到茶几前取钱来了。小保姆彻底惊呆了，怒火冲上了她的心头：怎么可以这样小看人！她咬了咬嘴唇，下定决心找回尊严。

次日早晨，小保姆又在房门口发现了一张钞票，这次是10元钱。她笑了笑，把钱装进了自己的口袋。到了傍晚，她在女主人下楼去跳广场舞之前把这10元钱悄悄地放在了楼梯上，准备也测试女主人一番。果不出小保姆所料，女主人之所以怀疑别人手脚不干净，是因为她自己正是一个自私而贪心的人，她在下楼时看见了那10元钱，当时就眼睛一亮，然后趁着左右没人把钱塞在了口袋里。这一幕，全都被暗中观察的小保姆看到。

当晚，女主人就像科长找科员谈话一样找到了小保姆，严肃而又婉转地批评她为人还不够诚实，如果能痛改前非，还是可以留用的。小保姆故作懵懂地问："你是不是说我捡了10元钱？""是呀！难道你不觉得自己有错吗？"小保姆摇了摇头："不，我不认为我做错了什么，因为我已经将那10元钱还给您了。"女主人一脸诧异："咦，你何时何地还我钱了？"小保姆大声回答："今天傍晚，公共楼梯……"女主人一听到"楼梯"两个字，顿时像触了电一样浑身一颤，狼狈得一句话也说不出来了……

聪明的小保姆利用了一些"心机"为自己找回了面子，女主人自然也不敢再侮辱她的人格和尊严。试想一下，如果她正面反击，不讲策略又会是什么结果呢？使用一点"心机"，就可以方圆有道，一劳永逸，可见，做人还是要讲究技巧的。

用努力拼搏争得面子

人人都有一张脸，然而，却不是人人都有面子。卑躬屈膝，狐假虎威得来的，是虚假的面子；打肿脸充胖子，是变态的面子；挥金如土买来的，是扭曲的面子；孤芳自赏，脱离群众，也没有面子可言。实际上，别人给的不过是你赢得的肯定与喝彩，真正的面子来源于自己对自己的尊敬，只能靠自己的努力拼搏争来。

雅典时间 2004 年 8 月 28 日 22：29，当 4 号位张越红扣球落地的时候，雅典和平友谊体育馆内的"火山"终于喷发了。每位中国啦啦队队员的眼睛里都流出了激动的泪水。

这场历时 159 分钟的金牌争夺战把每一位现场的观众从空中拽到地上，又从地上抛向空中，然后再回到地上，又被带回到空中。这场激烈的大战让每个人都亲身体会了一把什么叫跌宕起伏。

中国女排连扳三局，绝地反击，最终击败强劲的俄罗斯队，获得了最后的胜利，并继 2003 年世界杯后又一次登上世界大赛的冠军领奖台。然而，意义更加不同的是，这是中国女排相隔 20 年后夺得的第 2 个奥运冠军。

中国女排取得胜利，震惊全世界。女排姑娘们用她们永不言败的信念和拼搏精神，不仅为自己赢得了对手的尊敬，同时也为我们的国家赢得了应有的尊严！

可见，赢得尊严和面子是需要付出的，大面子大付出，小面子小付出。曾有一句话是这样说的："烙牛肉饼不会有损你的尊严。"也就是说，无论做大事还是小事，都要认真地去做，只要对他人有益，就会得到别人的尊重。

对于在应酬中的每一个人来讲，我们要记住面子不是跟别人要，别人就会给的，只有通过自己的努力，取得成绩才能赢得别人的敬佩，在社会上、职场中才会有面子。

面子是大家的，切忌吃独食

有人在荣誉面前，有"吃独食"的习惯，也就是说一个人把成果独吞，这样会引起他人的反感，从而为下一次合作带来障碍。由此，我们应懂得一点："面子"是大家的，切莫"吃独食"。正确对待荣誉的方法是：感谢、分享、谦卑。

美国有家罗伯德家庭用品公司，8年来生产迅速发展，利润以每年18%~20%的速度增长。这是因为公司建立了利润分享制度，把每年所赚的利润按规定的比例分配给每一个员工，也就是说，公司赚得越多，员工也就分得越多。员工明白了"水涨船高"的道理，人人奋勇，个个争先，积极生产自不待说，还随时随地地挑剔产品的缺点与毛病，主动加以改进。

俗话说，有福同享，有难同当。当你在工作和事业上取得些成绩，小有成就时，当然是值得庆贺的。但是有一点，如果赢得这一点成绩是集体的功劳，或者离不开他人的帮助，那你千万别把功劳据为己有，否则他人会觉得你好大喜功，抢占了他人的功劳。如果某项成绩的取得确实是你个人的努力，当然值得高兴，而且也会得到别人对你的祝贺，但你自己一定要明白，千万别高兴得过了头。一方面可能会伤害有些人的自尊心，另一方面，现实社会中患"红眼病"的人不少，如果你过分狂喜，能不逼得人家眼红吗？

有一位列森先生很有能力，他是一家出版社的编辑，并担任下属的一个杂志的主编。平时在单位里上上下下关系都不错。有一次，他主编的杂志在一次评选中获了大奖，他感到十分荣耀，逢人便提自己的努力与成就，同事们当然也向他表示祝贺。但过了一段时间，他却失去了往日的笑容。他发现单位同事，包括他的上司和下属，似乎都在有意无意地和他过不去，并回避着他。

列森为什么会遇到这种结局？其实原因很简单，他犯了"独享荣誉"的错误。就事论事，这份杂志之所以能得奖，主编的贡献当然很大，但这也离不开其他人的努力，他们当然也应分享这份荣誉。他们不会认为某个人才是唯一的功臣，总是认为"没有功劳也有苦劳"，所以这位主编"独享荣誉"，当然会引起别人的不满。尤其是他的上司，更会因此而产生一种不安全感，害怕他功高震主。

所以，当你在工作上有特别表现而受到别人肯定时，千万要记住一点——别"吃独食"，否则这份荣耀会给你的人际关系带来障碍。当你获得荣耀时，应该做到以下几点：

1. 与人分享

即使是口头上的感谢也算是与他人分享，而且你也可以让更多的人和你一起分享，反正说几句话对你也没什么损失！当然别人倒并不是非得要分你一杯羹，但你主动与人分享，这让旁人觉得自己受到尊重。如果你的荣誉事实上是众人协力完成的，那你更不应该忘记这一点。你可以采取多种与他人分享的方式，如请大家喝杯咖啡，或请大家吃一顿。吃人嘴软，拿人手短，别人分享了你的荣誉，就不会为难你了。

2. 感谢他人

要感谢同人的协助，不要认为都是自己一个人的功劳。尤其要感谢上司，感谢他的提拔、指导。如果事实正是这样，那么你本该如此感谢；如果同人的协助有限，上司也不值得恭维，你的感谢也就更为必要，虽然显得有点虚伪，但却可以使你避免成为他人的箭靶。为什么很多人上台领奖时，他们首先要讲的话就是："我很高兴！但我要感谢……"原因是这种"口惠而实不至"的感谢虽然缺乏实质意义，但听到的人心里都很愉快，也就不会妒忌你了。

3.为人谦卑

有些人往往一旦获得荣耀，就容易忘乎所以，并从此自我膨胀。这种心情是可以理解的，但旁人就遭殃了，他们要忍受你的嚣张，却又不敢出声，因为你正是春风得意时。可是慢慢地，他们会在工作上有意无意地让你为难，让你碰钉子。因此有了荣耀时，要更加谦卑。不卑不亢不容易，但"卑"绝对胜过"亢"，就算"卑"得过分也没关系，别人看到你如此谦卑，当然不会找你麻烦，和你作对了。

当你获得荣誉时，对他人要更加客气，荣耀越高，头要越低。另一方面，别老是说起你的荣耀，说得多了，就变成了一种自我吹嘘，既然别人早已经知道你的功劳，那你又何必总是经常提起呢？

其实，别独享荣耀，说穿了就是不要去威胁别人的生存空间，因为你的荣誉会让别人产生一种不安全感。而当你获得荣誉时，你去感谢他人、与人分享、为人谦卑，这正好让他人吃下了一颗定心丸。

因此，当你获得荣耀时，一定要记住以上几点。如果你习惯了独享荣誉，那么总有一天你会独吞苦果！

奢侈换不来面子

都说现在钱难赚，有越来越多的人感到自己必须节衣缩食才能维持生活，可是挥霍无度的人数却未见减少，甚至还有往上攀升的迹象，呈现两极化的奇特现象。

很多大型的百货公司在周年庆的时候，屡屡传出一出手就刷卡百万的顾客，更有香港艺人因为理财不当、入不敷出，于是宣布破产的消息。

老实说，钱是拿来用的，而不是拿来浪费的，一个人可以用钱买心爱的物品、买安全感、买快乐的感觉，无论你买的是什么，有一个最重要的原则就是当用则用、当省则省，这才是用钱的最高境界。

许多习惯于挥霍的人，往往不是因为自己觉得这件物品非买不可，而是想要享受一掷千金的快感、享受让人羡慕的虚荣感。这种人觉得没钱就代表丢面子，所以非要展现出富豪之家的气势。为的就是逞一时之快，却没想到当习惯变成瘾，而瘾又戒不掉的时候，就必须付出惨痛的代价了。结果，之前辛辛苦苦建立的豪华排场、华丽形象，在一夜之间瓦解，那种从云端重重摔下的感觉其实才是真正的丢面子。

有些人平时为了赚钱，像拼命三郎一样地努力工作，上下班塞车要忍耐、被老板骂要忍耐、工作压力大要忍耐、薪水低要忍耐……一切的忍耐就是想要多赚一些钱，让自己有更好的生活品质。

可是，有时候却因为自己一时的情绪不佳，或是遭受某些挫折，就拿辛苦挣来的血汗钱发泄，于是开始疯狂地"血拼"，没有节制地刷卡，因冲动而买了一堆用不着的东西……这些都是很不理智的表现，也可以被解释为当省不省的错误行为。

等到自己的存款数目不断下降之后，才忽然发现自己可用的筹码所剩无几了，于是又开始节衣缩食，天天吃泡面，造成营养不良；该付的费用不付，造成恶性循环，负债累累……这就是当用不用而造成的更大损失。

有些人永远都无法面对自己现在所站的位置，一心一意想把自己和不同阶层的人放在同一个天平上比较，然后只好用不健康的心态去面对残酷的事实。

当自己没钱的时候，喜欢和有钱人比较；当自己有钱的时候，喜欢和更有钱的富豪比较。一路比较下来，除多了一层又一层的假面具之外，还养成了打肿脸充胖子的习惯，得不偿失。

无法过优裕的生活，无法全身上下都是名牌，无法任意挥霍，这些都不应该是让一个人丢脸的原因。因为它们本来就只存在于一小部分人的身上，而这也表示那属于小众的生活方式，大部分的人都是过着必须精打细算，必须为了打卡受塞车之苦，必须有选择性消费的生活，这些都是多么平常而大众化的现象，哪里有可耻之处呢？

相比之下，明明没有钱，还装阔佬和别人抢付账单，只好挨饿度日，或是三天两头跟朋友借钱过日子；明明连吃饭钱都成问题了，还学人家买名牌，只好用光鲜亮丽的外表遮掩丑陋难堪的背后，这才是打肿脸充胖子最大的悲哀。

自欺欺人，只能作茧自缚

为了面子，自欺欺人，是不成熟的标志。更可悲的是，欺心会让我们活在痛苦之中。

王青一直认为自己很幸运，找了一个帅哥做丈夫，找了一个被众姐妹羡慕的白马王子。但那是白天的戏，夜晚来临，她就得扮演披头散发的女奴。

丈夫比自己小三岁，家庭背景体面，又在外资企业里做主管，风度翩翩。但实际上，这个男主角外壳坚硬，善于虚张声势，而内心却很自卑。

可是，这个在外被大家"宠"坏的长不大的孩子，占有欲又极强。于是，便借一次又一次对妻子的征服、欺凌、虐待，来确定自己的权威与魄力。

在这桩婚姻里，男主角不想承担什么责任，也害怕责任；可他又要耍家长威风，最变态的，便是几乎夜夜都要打太太出气。

而更可悲的是，女主角王青居然忍了近十年，她总以为他还小，耍小孩子脾气，忍一些时日，他会浪子回头的。

这一切都只是王青的美好愿望而已，最终一一化为泡影。这种人格不成熟的男人，或许只适合谈恋爱，却不适合做丈夫和父亲。每次丈夫动粗时，王青只是苦苦哀求，别打她的脸就好，因为那会被别人看到，那很丢人！

总以为哀兵政策会软化他冷酷的心，总以为他会长大，不再分裂成白天与夜晚截然不同的两种角色。但一年一年过去了，王青仍然没有等来那一天！

或许，爱神真的是个瞎子。他只负责给你冲动、感动、激动，他只诱发你幻想、变傻、变痴，然后只见树木，不见森林……他让当局者迷失方向，情不自禁，却又不自知、不觉醒，赔了青春之后，才发现一切已晚了，只好忍着，以为太阳下山了，还有星星会缀补那颗受伤的心……

忠贞，但不要愚忠；放弃，但不要失去自我。幸福如同穿鞋，是否舒服，只有自己知道，不是做给人看的。有些幸福，对自己而言，是如此真实，但在外界看来，却不精彩；有些"体面"与"光荣"，人们是如此看好，但身陷其中的你，才真正体会到各种无奈。

在婚姻生活中如此，在社会交往中也是如此，我们不能为了一时的面子，而自欺欺人，那样只能打碎了门牙往肚里咽，最后受伤的还是我们自己。

走出虚荣的死胡同

要想在世上寻找一个毫无虚荣心的人，就和寻找一个内心毫不隐藏低劣感情的人一样困难。其实，虚荣不过是人们想借它来遮掩低劣的心理罢了。

说起来，现实中你也许把非常多的时间用在了努力征得他人的同意上，或者说用在了担心他人不同意你做的那些事情上。如果他人的赞同或同意成了你生命中的"必需"，那么，你又多了一件要干的事。你可能开始时认为，我们都喜欢掌声、恭维和表扬。别人拍我们的马屁时，我们感觉都非常好。谁不愿意被人奉承、恭维呢？没有必要不允许人们这样做。他人的赞同本身并没有害处，只有刻意去寻求他人的赞许，并把它当成了一种必需而非一种渴望的时候才是一种误区，才成为一种爱慕虚荣的表现。

如果你渴望他人的赞许或同意，那么，一旦获得了他人的认可，你就会感到幸福、快乐。但是，如果你陷入这种无法摆脱的虚荣之中，那么，一旦没有得到它，你就会感到身价暴跌。这时候，自暴自弃的因素就会潜入进来。同样，一旦征求他人的同意成了你的一种必需，那么，你就把你自己的一大部分交给了他人。在爱慕虚荣心理的驱使下，为得到他人的认可，外人的任何主张你都必须听从，甚至是在很小的事情上。如果他人不同意你，你就不敢轻举妄动。在这种情况下，虚荣心使得你选择的是让他人去找回你的尊严或留给你面子。只有当他们给予你表扬时，你才会感觉良好。

这种征得他人同意的虚荣心极其有害，真正的麻烦随着事事必须请示他人而来。如果你有这样一种虚荣心，那么，你的人生就注定会有许多痛苦和挫折。而且，你会感到自己的自我形象是软弱无力的，是没有社会地位的。如果你想获得个人的幸福，你必须将这种征得他人同意的虚荣心从你的生命中根除掉。这种虚荣心是心理上的死胡同，你从中绝不可能得到任何好处。

虚荣的圈子是整个的，自古到今，人类的舞台都在上演着虚荣的故事。

虚荣是一种特性，是取攻势不是取守势的，所以虚荣的人，不但会拿利刃刺向自己，而且还会把利刃掉转头去，去刺别的人。所以凡是虚荣的人，他周围便都是他的仇敌，因此他享受不到生活上互助的快乐。

由于虚荣引发的竞争惨剧，是最不幸最恶劣的事。人们因虚荣的竞争而送掉性命的惨例是举不胜举的，而虚荣的人能够永远维持他的虚荣的例子却屈指可数！凡虚荣的人，总有一天，他会和他的邻人、同事、老婆、儿女，甚至不知虚荣为何事的自然界发生冲突，最后一败涂地。虚荣虽然可以自欺欺人，但它欺骗不了自然。虚荣是对自然的一种侮辱，但自然是不容任何侮辱的。

虚荣就是爱面子的一个极端的体现，因此在应酬活动中，我们不能只顾虚荣而去交往，那样就会得不偿失，也达不到我们交往的目的，还有可能引起大家的不满和鄙视。

不要把得失看得太重

在交际应酬中我们会发现，只有那些要面子的人才会把得失看得很重。过度爱面子让他们不懂得放弃，他们的心像钟摆一样在得失间摇摆。

汉代司马相如所著《谏猎书》有云："明者远见于未萌，而智者避危于未形。"卧薪尝胆的故事说的便是这一道理。

春秋时期，吴国军队把越国的军队打得落花流水，越王勾践被迫放弃了王位和自己的国家，忍辱负重，给吴王夫差当了奴仆。三年以后，勾践被释放回国，他立志洗雪国耻、发愤图强，每天睡在草堆上，吃饭时尝尝苦胆的滋味，以不忘亡国之耻。公元前473年，勾践率领大军灭了吴国，做了春秋时期最后的一个霸主。

在我们现实生活中，也需要有一种放弃的智慧。当你与人发生矛盾或冲突时，只要不是什么原则性问题，你完全可以放弃争强好胜的心理，甚至甘拜下风，就可能化干戈为玉帛，避免两败俱伤；当你在家庭生活中发生摩擦时，放弃争执，保持缄默，就可以唤起对方的理智，使家庭保持和睦温馨。

得失都是一样，有得就有失，得就是失，失就是得，所以一个人最高的境界，应该是无得无失。但是人们通常都是患得患失、未得患得、既得患失。我们的心，就像钟摆一样，得失、得失，就这么摇摆，非常痛苦。塞翁失马，你怎晓得是福还是祸呢？所以，在得失之间，不要把它看得太重。

莫因怕出丑而失去尝试的机会

人们都希望自己是聪明的，都怕在众人面前出丑。这似乎是决然对立的两件事，聪明人绝不会出丑，出丑的人必然是笨蛋。然而，实际生活并非如此。

最聪明的人有时简直如一个大傻瓜，他们不在乎当众出丑，出丑了却若无其事，他们被人嗤笑却自得其乐。然而，他们就这样走向了成功。

安娜读书时网球打得不好，所以老是害怕打输，不敢与人对垒，至今她的网球技术仍然很蹩脚。安娜有一个同班同学，她的网球比安娜打得还差，但她不怕被人打下场，越是输越打，后来成了令人羡慕的网球手，成了大学网球代表队队员。

聪明令人羡慕，出丑总使人感到难堪。但是聪明是在无数次出丑中练就的，不敢出丑，就很难聪明起来。

那些勇敢地去干他们想干的事的人是值得赞赏的，即使有时在众人面前出了丑，他们还是洒脱地说："哦，这没什么！"就是这么一类人，他们还没学会反手球和正手球，就勇敢地走上网球场；他们还没学会基本舞步，就走下舞池寻找舞伴；他们甚至没有学会屈膝或控制滑板，就站上了滑道。

伊米莉只会说一点点法语，她却毅然飞往法国去做一次生意旅行。虽然人们曾告诫她：巴黎人对不会讲法语的人是很看不起的，但她坚持在展览馆、咖啡店、爱丽舍宫用法语与每个人交谈。不怕结结巴巴遭人耻笑吗？一点也不。因为伊米莉发现，当法国人对她使用的虚拟语气大为震惊之状过去后，许多人都热情地向她伸出手来，为她的"生活之乐"所感染，从她对生活的努力态度中得到极大的乐趣。他们为伊米莉喝彩，为所有有勇气干一切事情而不怕出丑的人欢呼。

生活中有些人由于不愿成为初学者，就总是拒绝学习新东西。他们因为害怕出丑，宁愿封闭自己，限制自己的乐趣，禁锢自己的生活。

若要改变自己在交际中的形象和角色总要冒出丑的风险，除非你决心在一个地方、一个水平上"钉死"了。不要担心出丑，否则你就会无所收获，而且更重要的是你同样不会心绪平静、生活舒畅。你会受到囿于静止的生活而又时时渴望变化的愿望的痛苦煎熬。在社交中，我们也许应该记住这一点，由于我们害怕出丑也许会因此失去许多机会而长久感到后悔。而且我们也应该记住一句法国谚语："一个从不出丑的人并不是一个他自己想象的聪明人。"

第二章

脸皮练得"厚"一些：
你必须过去的"不好意思"心理关

不要太在意别人的眼光

在社会生活中，往往会发现这样一群人：他们总是很在意别人的眼光和说法。过分在意别人的人总是随着别人的意见转，甚至跟在别人后面亦步亦趋地爬行，丧失自我。

太多的时候，人是生活在别人的眼光中，生活在别人的价值观里。事实上，这是因为我们常常高估了自己在别人心目中的地位，努力想去扮演一个完美者的形象。所以，我们有的时候当众摔了一个跟头首先不是觉得疼痛而是觉得很没面子。

从前，有个老人带着孙子，牵着一头驴准备到市场卖掉。走了一段路，那位老人听到有个路人说："这祖孙俩放着驴不骑，真是傻瓜。"二人听后觉得有道理。祖孙俩便一起骑上驴背继续行程。

走了不久，又遇见一个路人，那人指着他们说："这祖孙俩真是够狠心的，两个人骑驴，快把驴压死了。"

听路人这么一说，那个老人觉得也有道理，赶忙下来，让孙子一人骑在驴背上，自己牵着驴步行。

过了不久，又遇到了一个老太太。那老太太说道："这是什么世道呀，这个小孩子这么不懂事，自己享受，让老人家走路。"

老人听了，觉得老太太说得也在理，便让孙子下来，他自己骑上驴。

走着走着，他们来到一条热闹的街上。那里有三五个妇女对他们指指点点："哎，这个老人怎么这么没有爱心，光顾自己享受，让小孩受苦。"

听后，那老人脸红了。

"这也不是，那也不是，到底怎样才是对的呢？"

最后，祖孙俩抬着驴走了。

这个故事告诉人们：事物总有多面性，其中任何一个方面，都不能排除和掩盖另一个方面。

社会中的每个人对别人的缺点往往都很在意，也喜欢谈论别人隐私，可是，从另一个角度想想，社会并不是只注意你一个人，如果你以为大家都在谈论你，这就可能有某种精神倾向问题了。不必过分在乎别人对你的看法，这种多心只会使你步入不幸之途。只要记住，做好你自己就足够了！

在应酬处世的过程中，一个人如果太爱面子，再怎么快乐的事情在他眼中也会变得不快乐了。亲爱的朋友们，不要为了别人的想法而改变自己的生活方式，不要为了别人的看法而盲目地让自己服从。所以说，一个快乐的人不是他拥有得多，而是他计较得少。过去的事情，不要再去想它。历史，我们是无法改变的。因此，走自己的路，让别人说去吧！

舍得面子才能得人心

所谓"周公吐哺，天下归心"，得人才者得天下。但是"千军易得，一将难求"，为了求得人才，许多成大事之人都是礼贤下士，可见要想求得真正的栋梁之材，大人物首先要放下架子，舍得脸面。

刘备为得到诸葛亮，三顾茅庐，当他第三次去的时候，关羽很不高兴，张飞说，干脆用一根麻绳把诸葛亮捆来算了。刘备呵斥他们说："汝二人岂不闻周文王谒姜子牙之事乎？文王且如此敬贤，汝何太无礼！"三人离茅庐还有半里之遥，刘备便下马步行。来到诸葛亮家里，恰逢诸葛亮正高卧草堂，刘备不让通报，恭恭敬敬在阶前等候直到诸葛亮醒来。而正是因为刘备求得诸葛亮，才最终成就霸业。

在现代商业社会中，人的才能虽然主要靠管理发挥出来，但是情感因素的作用也绝不能小视，请看下面的例子：

汽车轮胎公司的经理肯特，有一次在一家酒馆饮酒时，无意中碰了一位喝得酩酊大醉的青年，醉汉借酒撒疯，对肯特大打出手。

事后，肯特从酒馆主人那里了解到，这位青年发明了一种能增加轮胎强度的方法，而且申请到了专利。但他找了好几家生产汽车轮胎的厂商，请求他们购买他的专利，都碰了壁，而且被他们视为异想天开，所以，他感到怀才不遇，整日闷闷不乐，来这里借酒消愁。

肯特得知这些情况后，对这位青年对他的不恭毫不介意，决定聘请他来自己公司做事。一天早晨，他在工厂的门口等到了这位青年，但青年却心灰意冷，不愿向任何人谈起他的发明。他不理肯特，径自进工厂干活去了。但是，肯特却一直等在工厂的大门口。中午，工人下班了，却不见那位青年的踪影。有人告诉肯特，那青年干的是计件的工作，上下班没有一定的时间。这天，天气很冷，风也很大，但肯特一直不敢离去，只好忍饥受冻，因为他怕就在他离开的那一会儿，那位青年下班走了。

就这样，肯特从早上8点一直等到傍晚6点。这时，那位青年才走出厂门就被肯特深深地感动了，他很爽快地答应了与他合作的要求。原来吃午饭时，那位青年出来看到肯特等在门口，便转身回去了。但后来，他知道肯特一天不吃不喝，在寒风中等了近10个小时之久，不禁动心了。肯特正是求得了这位青年后，才推出了新的汽车轮胎产品，并使自己的品牌最终享誉全球。

成就事业必须靠人才，这是人人都懂的道理。获得了人才，对一个求贤者来说，可谓增加了一条有力的臂膀，但在实际生活中，人才有大有小、有真有假，并不是一眼就能看得出来的。人才一般不是蝇营狗苟之徒，他们有士人的清高和冷漠。这就要求求贤之人屈尊相求，礼贤下士，只有这样才能将人才尽收囊中。

关键时刻，要敢于抛颜面保全身

做人要脸皮厚一些，为了保全自己，就要向势不两立但势头盖过自己的人显出诚恳之心来，这样才能免于祸害。

1076年，德意志民族神圣罗马帝国皇帝亨利与教皇格里高利争权夺利，斗争日益激烈，发展到了势不两立的地步。亨利想摆脱罗马教廷的控制，教皇则想把亨利所有的自主权都剥夺殆尽。

在矛盾激烈的关头，亨利首先发难，召集德国境内各教区的主教开了一个宗教会议，宣布废除格里高利的教皇职位。而格里高利则针锋相对，在罗马的拉特兰宫召开了一个全基督教会的会议，宣布驱逐亨利出教，不仅要德国人反对亨利，也在其他国家掀起了反亨利的浪潮。

教皇的号召力非常之大，一时间德国内外反亨利力量声势震天，特别是德国国境内大大小小的封建主都兴兵造反，向亨利的王位发起了挑战。

亨利面对危局，被迫妥协，于1077年1月身穿破衣，只带着两个随从，骑着毛驴，冒着严寒，翻山越岭，千里迢迢前往罗马，向教皇请罪忏悔。

但格里高利不予理睬，在亨利到达之前躲到了远离罗马的卡诺莎行宫。亨利没有办法，只好又前往卡诺莎拜见教皇。

到了卡诺莎后，教皇紧闭城堡大门，不让亨利进来。为了保住皇帝宝座，亨利忍辱跪在城堡门前求饶。

当时大雪纷纷，天寒地冻，身为帝王之尊的亨利屈膝脱帽，一连在雪地上跪了三天三夜，教皇才开门相迎，饶恕了他。

这就是历史上著名的"卡诺莎之行"。

亨利恢复了教籍，保住帝位返回德国后，集中精力整治内部，然后派兵把封建主各个击破，把那些曾一度危及他王位的内部反抗势力逐一消灭。在阵脚稳固之后，他立即发兵进攻罗马，以报跪求之辱。在亨利的强兵面前，格里高利弃城逃跑，最后客死他乡。

成功的路上障碍重重，清除不掉这些障碍，且极可能被这些障碍所伤时，一定要厚着脸皮，屈膝求饶，从而保全自己，积蓄实力，待他日反击。人的一生，难保一帆风顺，尤其是大人物，站在权力的风口浪尖上，如果力不如人，很可能要遭受屈辱，这时候，是冲冠一怒，粉身碎骨，还是忍辱负重，以图后报，聪明人自然会做出聪明的选择。亨利的例子告诉我们：在某些情况下，丢弃暂时的面子是必要的，保住自身的安全才是主要的，留得青山在，不怕没柴烧。

以退为进，把面子包袱丢给别人

面对复杂多变的客观世界，就某个具体的事情来说，也有其"时""势"的问题，在某些特定的时间里、环境下，采取以退为进的方法，把面子包袱丢给别人，也是一种积极的人生策略，而并非是消极退让。

原美国总统克林顿跟莱温斯基的那场"拉链门"风波仍在我们的记忆之中。我们可以想一想，当克林顿与莱温斯基的事情东窗事发，克林顿死不承认，采取死撑着的态度，这也是一种选择。当着全世界人的面，堂堂的美国总统承认自己的丑事，这是多让人难为情的事情啊！但克林顿聪明之处就在于，他采取了一种以退为进的策略，承认了自己的错误。这么做，其实是将包袱扔给了所有的美国人：我已经承认了我自己的错误，你们有权利让我下台，你们也有权利让我继续留在总统的位子上；对一个已经承认错误的人，你们就看着办吧！

生活中不乏这样的例子，也许我们都会碰到进退两难的事情，如果为了可怜的面子，依然做一种无谓的坚持，只会让局势变得越来越糟，最终落得鱼死网破的下场，这显然是不理智的。聪明的做法是彻底放下面子包袱，退到大众所能宽容的底线，再以退为进，获得最后的成功。司马相如和卓文君就是这方面的高手。

汉代的大辞赋家司马相如出川漫游，以一篇《子虚上林赋》闻名四海。博雅之士无不以结识司马相如为荣。但司马相如放荡不羁，又不治事业，一派浪荡公子相。

有一年，司马相如外游归来，回来的路上路过临邛。临邛县令久仰司马相如之名，恭请至县衙，连日宴饮，写赋作文，好不热闹。

这件事惊动了当地富豪卓王孙。他想结识一下司马相如，以附庸风雅。但他仍摆脱不了商人的庸俗，故而实为请司马相如，但名义上却是请县令王吉，让司马相如作陪，司马相如本看不起这班无才暴富之人，所以压根没准备去"陪宴"。

到了约定日期，卓王孙尽其所能，大排宴席。县令王吉因平日依仗卓王孙钱财之事甚多，所以一早就到了，但时辰早过，司马相如却没有来，卓王孙如热锅上的蚂蚁一样，王吉只好亲自去请。

司马相如正在高卧独饮，驳不过王吉面子，来到卓府，卓王孙一见其穿戴，心中早怀轻视之意，心想自己是要脸面之人，请来的却是这样一个放荡无礼之辈。

司马相如全然不顾这些，大吃大嚼，只顾与王吉谈笑，早把卓王孙冷在一边。

忽然，司马相如听到内室传来凄婉的琴声，琴声不俗，司马相如一下子停止了说笑，倾耳细听起来。

卓王孙原被冷落在一边，讪讪地无意思，但见琴声吸引住了这位狂士，于是夸耀说这是寡女卓文君所奏。司马相如早已痴迷在那里，忙请求让卓文君出来相见。卓王孙禁不住王吉撺掇，派人唤出卓文君。

司马相如一见卓文君，两眼直勾勾愣在那里，他万万没想到这俗不可耐的卓王孙竟有这般美丽高雅的女儿。于是要过琴来，弹了一曲《凤求凰》向卓文君表达爱意。卓文君爱慕司马相如的相貌和才华，当夜便私奔到司马相如处，以身相许。经过商量，两人一起逃回成都。

卓王孙知道后，气得暴跳如雷，又是骂女儿不守礼教，又是骂司马相如衣冠禽兽，发誓不准他们返回家门。

卓文君随司马相如回到成都后才知道，她的夫君虽然名声在外，但家中却很贫寒。万般无奈，他们只好返回临邛，硬着头皮托人向卓王孙请求一些资助，不料，卓王孙破口大骂，并一口回绝。

夫妇俩见父亲的态度如此坚决，心都凉了半截，可是眼下身无分文，无法度日，到底他们俩都有"才"，很快想出了一个"绝招"。

第二天，司马相如把自己仅有的车、马、琴、剑及卓文君的首饰卖了一笔钱，在距卓府不远的地方租了一间屋子，开了一个小酒铺。

司马相如穿上伙计的衣服，卷起袖子和裤腿，像酒保一样，又是擦桌椅，又是搬物件；卓文君穿着粗布衣裙，忙里忙外，招待来客。

酒店刚开张，就吸引了许多人来。这倒不是因为他们卖的酒菜价廉物美，而都是前来目睹这两位远近闻名的落难夫妇。司马相如夫妇一点也不感难堪，内心倒很高兴，因为这正好达到了他们的目的——给顽梗不化的老爷子现现眼。

很快，临邛城里人人都在议论这件事，有的对这一对夫妇表示同情，有的责备卓王孙刻薄。卓王孙毕竟是一位有身份、有脸面的人物，很爱面子，十分顾忌流行一时的风言风语，居然一连几天都没有出门。

有几个朋友劝卓王孙说："令爱既然愿意嫁给他，就随她去吧。再说司马相如毕竟当过官，还是县令的朋友。尽管现在贫寒，但凭他的才华，将来一定会有出头的日子，应该接济他们一些钱财，何必与他们为难呢？"

这样一来，卓王孙万般无奈，分给卓文君夫妇仆人百名，钱财百万，司马相如夫妇大喜，带上仆人和钱财，回成都生活去了。

卓文君与司马相如的爱情故事，千百年来一直被人们津津乐道，其一是缘于这对郎才女貌的恩爱夫妻冲破封建礼教的束缚，追求爱情的自由幸福；其二是夫妇俩当垆卖酒，以放下面子来换得万贯家财，可谓是名利双收，哪管时人评说。

人要面子活受罪，看样子这句话一点不假，假如司马相如夫妇太注重面子的话，他们也只能清苦度日了。相反，他们抓住了人爱面子的特点，巧用"心机"，以退为进，让自己过上了富足的生活，也为历史留下了一段千古佳话。

人前放下面子，内心挺起腰杆

生活中有很多人总是奉行低调行事的原则，他们不爱慕虚荣，也不会去争取所谓的尊严和面子，但是在其内心深处却有着强烈的自尊。平日里虽不张不扬，不温不火，但内心自信自尊，他们"上交不谄，下交不渎"，以一种儒雅的风范维护自己的尊严。

如今已是某保险公司股东会成员之一的赵丽回忆起她的成功经历时说，她所卖出的数额最大的一张保单不是在她经验丰富后，也不是在觥筹交错中谈成的，而是在她第一次推销的时候。

晨光电子是某市最大的一家合资电子企业，向这样的企业进行推销，赵丽不免有些敬畏，有些胆怯，何况这是她的第一次推销。再三思虑后，她还是壮着胆子进去了。当时，整个楼层只有外方经理在。

"你找谁？"他的声音很冷漠。

"您好，我是保险公司的业务员，这是我的名片。"赵丽双手递上名片，心里有些发虚。

"推销保险？今天已经是第三个了，谢谢你，或许我会考虑，但现在我很忙。"老外的发音直直的，像线一样，因此听不出任何感情色彩。

赵丽本来也不指望那天能卖出保险，所以说了一声"sorry"就离开了。如果不是她走到楼梯拐角处下意识地回了一下头，或许她就这么走了，以后也不会有任何事情发生。

当赵丽回过头去的时候，看见自己的名片被那个老外扔进了废纸篓里，赵丽感到非常气愤。于是她转身回去，用英语对那个老外说："先生，对不起，如果你现在不考虑买保险的话，请问我可不可以要回我的名片？"

老外的眼中闪过一丝惊奇，旋即平静了，耸耸肩问她："Why？"

"没有特别的原因，上面印有我的名字和职业，我想要回来。"

"对不起，小姐，你的名片让我不小心洒上墨水了，不适合还给你了。"

"如果真的洒上墨水，也请你还给我好吗？"赵丽看了一眼废纸篓。

片刻，老外仿佛有了好主意："OK，这样吧，请问你们印一张名片的费用是多少？"

"五毛，问这个干什么？"赵丽有些奇怪。

"OK，OK，"他拿出钱夹，在里面找了片刻，抽出一张一元的，"小姐，真的很对不起，我没有五毛零钱，这是我赔偿你名片的，可以吗？"

赵丽想夺过那一块钱，撕个稀烂，告诉他她不稀罕他的钱，告诉他尽管她是做保险推销的，可也是有人格的。但是她忍住了。

她礼貌地接过一元钱，然后从包里抽出一张名片给了他："先生，很对不起，我也没有五毛的零钱，这张名片算我找给您的钱，请您看清我的职业和我的名字！这不是一个适合扔进废纸篓的职业，也不是一个应该扔进废纸篓的名字！"

说完这些，赵丽头也不回地转身走了。

没想到，第二天赵丽就接到了那个外方经理的电话，约她去他的公司，这次他打算从她这里为全体员工购买保险。

赵丽不卑不亢的做法赢得了外方经理的尊重，也书写了大大的一个"人"字。她并没有因为别人有地位、有金钱就自降身价，甚至对侵犯人格的举动视而不见，而是以实际行动让对方明白尊严的真正意义。因为自重，她赢得了对方的尊重。

低调的人就是这样，他们能够正确认识、分析自我，正确认识自己的优势和劣势，懂得自己在乎和不在乎的东西，不以自己的短处与人家的长处相比，更不以自己的劣势与人家的优势相提并论。他们能摆正自己的位置，摆脱"低人一等"的心理，发挥自己的所长，以平常心看待生活和工作，显出足够的自信，从而在处世过程中从容自如，游刃有余。

自己少爱点面子，给别人多点面子

你给了对方面子，对方无疑会记住你的宽容和大度，也会想尽办法回报你的"恩惠"。

在生活中，每个人都无法回避尴尬和难堪的局面。遇到这样的情形，我们常常习惯于牺牲别人的面子来顾全自己的面子，其实这样的方法是错误的。因为你伤害了对方的面子，就会让对方觉得难堪，他一定会记住你的过失并且会找机会对你进行报复。所以，为了自己一时的面子而给自己树立一个敌人，是很不值得的。

在人际关系的处理当中，聪明的人总是会舍弃自己的利益，而想办法给足对方面子。正如纽约中央铁路局的前总经理克劳利所说的那样，即使某人在什么事情上分明做错了，有包容心的人也不会穷追不舍的，而会适当地给他退路，因为人都是有自尊的，如果你过分伤了别人的面子，别人迟早会找机会报复你。只有那些没有经验的掌权者，才会不管三七二十一地去严格执法，而不管这种严格对被处分者会产生如何恶劣的影响。

在克劳利任某段段长期间，一次差点出了大事故。有两个工程师，他们都在铁路上服务了很长时间，但就是这样的两个人犯下了大错：由于他们的疏忽，差点使两列火车迎头撞上。这么严重的事是完全无可推诿的，上司命克劳利解雇这两名员工，但是克劳利持反对意见。

"像这样的情况，应当给予相当的考虑，"他反对说，"确实，他们的这种行为是不可宽恕的，理应受到严厉惩罚。你可以对他们进行严厉的处罚和教训，但是不可剥夺他们的位置，夺去他们唯一赖以为生的职业。总的看来，这些年，他们不知创造了多少好成绩，为铁路事业的发展立下了多少汗马功劳。仅仅由于这次的疏忽，就要全盘否定他们以前的功绩，未免太不公平了。你可以惩治他们，但是不可以开除他们。如果你一定要开除他们的话，那么，就连我也一并开除吧！"

结果克劳利取得了胜利，两名工程师被留了下来，一直都在那里，后来他们都成了忠诚而效率极高的员工。

如果你遇到了这种情形，就不会为他们为什么忠心耿耿地为克劳利做事而感到奇怪了。显然，克劳利帮了他们一个大忙，但同时他的包容心也帮了自己一个忙。他本来可以因为他们犯了错而刻薄、严厉地对待他们，这种态度也无可厚非。他甚至可以开除他们，而他们也无可反抗，但是如果他这样硬着心肠秉公执法的话，无疑会失去两个忠心的助手。与此相反，他选择了合乎人情的办法，所以得到了这两个得力助手。

一个追求成功的人，应该深刻领悟这种做法。在别人犯错之后，不应该只想着怎样去指责，而应给对方留有余地，给对方弥补的机会。如果对方产生的尴尬与难堪是跟我们没有关系的，也应该尽量去帮助他，让他有挽回面子的机会。我们给了对方面子，对方无疑会记住我们的宽容和大度，也会想尽办法回报我们。

第三章

学会拒绝的艺术：你可以说"不"

委婉地说"不"，让被拒绝的人有面子

自尊之心，人皆有之。因此在拒绝别人时，要顾及对方的尊严。人一旦进入社会，无论他的地位、职务多高，成就多大，他们无一例外地都关心外界对自己的评价。由于来自外界评价的性质、强度和方式不同，人们会相应地做出不同反应，并对交际过程及其结果产生积极或消极的影响。通常的规律是：尊之则悦，不尊则哀。也就是说，当得到肯定的评价时，人们的自尊心理得到满足，便会产生一种成功的情绪体验，表现出欢愉乐观和兴奋激动的心情，进而"投桃报李"，对满足自己自尊欲望的人产生好感和亲近力，采取积极的合作态度，交际随之向成功的方向发展。反之，当人们不受尊重、受到不公正的评价时，便会产生失落感、不满和愤怒情绪，进而出现对抗姿态，使交际陷入危机。

顾及对方的尊严是拒绝别人时必不可少的注意事项，有这样一个例子：

某校在评定职称时，由于高级职称的名额有限，一位年龄较大的教师未能评上。他听说了这一消息后就向一位负责职称评定的副校长打听情况。副校长考虑到工作迟早要做，便和这位老教师促膝交谈：

副校长：哟，老李，什么风把你给吹来了。

老师：校长，我想知道这次评高级职称我有希望吗？

副校长：老李，先喝杯茶，抽支烟。我们慢慢聊，最近身体怎么样？

老师：身体还说得过去。

副校长：老教师可是我们学校的宝贵财富，年轻教师还要靠你们传帮带呢！

老师：作为一名老教师，我会尽力的。可这次评定职称，你看我能否……

副校长：不管这次评上评不上，我们都要依靠像你这样的老教师。你经验丰富，教学也比较得法，学生反映也挺好。我想，对于一名教师来说，这一点，比什么都重要，你说呢？

老师：是啊！

副校长：这次评职称是第一次进行，历史遗留的问题较多，可僧多粥少，有些教师这次暂时还很难如愿，要等到下一次。这只是个时间问题。相信大家一定能够谅解。但不管怎样，我们会尊重并公正地评价每一位教师，尤其是你们这些辛辛苦苦工作几十年的老教师。

老教师在告辞时，心里感觉热乎乎的，他知道自己这次评上的希望不大，但由于自身得到了别人的尊重，成绩受到了别人的肯定，他能接受那样的结果。用他对副校长的话讲："只要能得到一个公正的评价，即使评不上我也不会有情绪的，请放心。"

这位副校长可谓是顾及别人尊严的典范，如果一开始他就给这位老教师泼一桶冷水，那么后果就不堪设想了。

在社交场合上，无论是举止或是言语都应尊重他人，即使在拒绝别人的时候也要顾及对方的尊严。也只有这样，才能赢得别人的尊重。

拖延、淡化，不伤其自尊也将其拒绝

一般人都不太好意思拒绝别人，但在很多情况下，我们为了避免多余的困扰，对一些不合理或不合自己心意的事有必要拒绝，但怎样既不伤害对方自尊心又能达到拒绝的目的呢？当对方提出请求后，不必当场拒绝，你可以说："让我再考虑一下，明天答复你。"这样，不仅为你赢得了考虑如何答复的时间，也会使对方认为你是很认真对待这个请求的。

某单位一名职工找到上级要求调换工种。领导心里明白调不了，但他没有马上回答说"不可能"。而是说："这个问题涉及好几个人，我个人决定不了。我把你的要求带上去，让厂部讨论一下，过几天答复你，好吗？"

这样回答可让对方明白：调工种不是件简单的事，存在着两种可能，使对方思想有所准备，这比当场回绝效果要好得多。

一家汽车公司的销售主管在跟一个大买主谈生意时，这个买主突然要求看该汽车公司的成本分析数字，但这些数据是公司的绝密资料，是不能给外人看的。可如果不给这位大买主看，势必会影响两家和气，甚至会失掉这位大买主。

这位销售主管并没有说"不，这不可能"之类的话，但他的话中婉转地说出了"不"。"这个……好吧，下次有机会我给你带来吧。"知趣的买主听过后便不会再来纠缠他了。

某位作家接到老朋友打来的电话，邀请他到某大学演讲，作家如此答复："我非常高兴你能想到我，我将查看一下我的日程安排，我会回电话给你的。"

这样，即使作家表示不能到场的话，他也就有了充裕的时间去化解某些可能的内疚感，并使对方轻松、自在地接受。

陈涛夫妻俩下岗后，自谋职业，利用政府的优惠贷款开了一家日用品商店，两人起早摸黑把这个商店办得红红火火，收入颇丰，生活自然有了起色。陈涛的舅舅是个游手好闲的赌棍，经常把钱输在麻将台子上，这段时间，手气不好又输了，他不服气，还想扳回本钱，又苦于没钱了，就把眼睛瞄准了外甥的店铺，打定了主意。一日，这位舅舅来到了店里对陈涛说："我最近想买辆摩托车，手头尚缺五千块钱，想在你这借点周转，过段时间就还。"——他也知道用模糊语言。陈涛了解舅舅的嗜好，借给他钱，无疑是肉包子打狗。何况店里用钱也紧，就敷衍着说："好！再过一段时间，等我有钱把银行到期的贷款支付了，就给你，银行的钱可是拖不起的。"这位舅舅听外甥这么说，没有办法，知趣地走了。

陈涛不说不借，也不说马上就借，而是说过一段时间，等支付银行贷款后再借。这话含多层意思：一是目前没有，现在不能借；二是我也不富有；三是过一段时间不是确指，到时借不借再说。舅舅听后已经很明白了，但他并不心生怨恨，因为陈涛并没有说不借给他，只是过一段时间再说而已，给了他希望。

因此，处理事情时，巧妙地一带而过比正面拒绝有效，且不伤和气。

先承后转，让对方在宽慰中接受拒绝

日常生活中，我们经常会遇到这样的情况，对方提出的要求并不是不合理，但因条件的限制无法予以满足。在这种情况下，拒绝的言辞可采用"先承后转"的形式，使其精神上得到一些宽慰，以减少因遭拒绝而产生的不愉快。

李刚和王静是大学同学，李刚这几年做生意虽说挣了些钱，但也有不少的外债。两人毕业后一直没有来往，一天，王静突然向李刚提出借钱的请求，李刚很犯难，借吧，怕担风险；不借吧，同学一场，又不好拒绝。思忖再三，最后李刚说："你在困难时找到我，是信任我、瞧得起我，但不巧的是我刚刚买了房子，手头一时没有积蓄，你先等几天，等我过几天账结回来，一定借给你。"

有的时候对方可能会因急于事成而相求，但是你确实又没有时间，没有办法帮助他的时候，一定要考虑到对方的实际情况和他当时的心情，一定要避免使对方恼羞成怒，以免造成误会。

拒绝还可以从感情上先表示同情，然后再表明无能为力。

黄女士在民航售票处担任售票工作，由于经济的发展，乘坐飞机的旅客与日俱增，黄女士时常要拒绝很多旅客的订票要求，黄女士每次都是带着非常同情的心情对旅客说："我知道你们非常需要坐飞机，从感情上说我也十分愿意为你们效劳，使你们如愿以偿，但票已订完了，实在无能为力。欢迎你们下次再来乘坐我们的飞机。"黄女士的一番话，叫旅客再也提不出意见来。

先扬后抑这种方法也可以说成是一种"先承后转"的方法，这也是一种力求避免正面表述，而采用间接拒绝他人的方法。先用肯定的口气去赞赏别人的一些想法和要求，然后再来表达你必须拒绝的原因，这样你就不会直接地去伤害对方的感情和积极性了，而且还能够使对方更容易理解你，同时也为自己留下一条退路。

一般来说，你还可以采用下面一些话来表达你的意见："这真的是一个好主意，只可惜由于……我们不能马上采用它，等情况好了再说吧！""这个主意太好了，但是如果只从眼下的这些条件来看，我们必须要放弃它，我想我们以后肯定是能够用到它的。""我知道你是一个体谅朋友的人，你如果对我不十分信任，认为我没有能力做好这件事，那么你是不会找我的，但是我实在忙不过来了，下次如果有什么事情我一定会尽我的全力来支持你。"等等。

带着友善表情说"不"，保存和气将其拒绝

当遇到别人不合理的请求时，我们是否也要委曲求全答应对方呢？这个时候，你千万不要因为不能说"不"而轻易地答应任何事情，而应该视自己能力所及的范围，一定不要明明做不到，却不敢说"不"，结果既造成了对方的困扰，又失去了别人对你的信任。

30岁出头就当上了20世纪福克斯电影公司董事长的雪莉·茵，是好莱坞第一位主持一家大制片公司的女士。为什么她有如此能耐呢？主要原因是，她言出必践，办事果断，经常是在握手言谈之间就拍板定案了。

好莱坞经理人欧文·保罗·拉扎谈到雪莉时，认为与她一起工作过的人，都非常敬佩她。欧文表示，每当请雪莉看一个电影脚本时，她总是马上就看，很快就给答复。不过好莱坞有很多人，给他看个脚本就不是这样了，若是他不喜欢的话，根本就不回话，而让你傻等。

通常一般人十之八九都是以沉默来回答，但是雪莉看了给她送去的脚本，都会有一个明确的回答，即使是她说"不"的时候，也还是把你当成朋友来对待。这么多年以来，好莱坞作家最喜欢的人就是她。

拒绝别人不是一件什么罪大恶极的事情，也不要把说"不"当成是要与人决裂。是否把"不"说出口，应该是在衡量了自己的能力之后，做出的明确的回应。虽然说"不"难免会让对方生气，但与其答应了对方却做不到，还不如表明自己拒绝的原因，相信对方也会体谅你的立场。

不过，当你拒绝对方的请求时，切记不要咬牙切齿、绷着一张脸，而应该带着友善的表情来说"不"，才不会伤了彼此的和气。

利用对方的话回绝，干脆又不伤人

拒绝不一定非要表明自己的意思，许多时候，利用对方的话来拒绝，是更聪明的选择。只要合理地从对方的话语里引出一个合乎逻辑的相同问题，巧踢"回旋球"，就能让对方"哑巴吃黄连——有苦说不出"。

小李从旅游局一个朋友那里借了一架照相机，他一边走一边摆弄着，这时刚好小赵迎面走来了。他也知道小赵有个毛病：见了熟人有好玩的东西，非得借去玩几天不可。这次看见了他手中的照相机又非借不可了。尽管小李百般说明情况，小赵依然不肯放过。小李灵机一动，故作姿态地说："好吧，我可以借给你，不过我要你不要借给别人，你作得到吗？"小赵一听，正合自己的意思。他连忙说："当然，当然。我一定做到的。""绝不失信。"小李还追加一句说，"绝不失信，失信还能叫做人？"小李斩钉截铁地说："我也不能失信，因为我也答应过别人，这个照相机绝不外借。"听到这，小赵也目瞪口呆了，这件事也只有这样算了。

还有这样一个例子：

1972 年 5 月 27 日凌晨一点，美苏关于限制战略武器的四个协定刚刚签署，基辛格就在莫斯科一家旅馆里向随行的美国记者团介绍情况，当他说到"苏联每年生产的导弹大约 250 枚"时，一位记者问："我们的情况呢？我们有多少潜艇导弹在配置分导式多弹头？有多少'民兵'导弹在配置分导式多弹头？"基辛格回答说："我不太肯定正在配置分导式多弹头的'民兵'导弹有多少。至于潜艇，我的苦处是数目我是知道的，但我不知道是不是保密的。"一个记者连忙说："不是保密的。"基辛格反问道："不是保密的吗？那你说是多少呢？"记者们都傻眼了，只好嘿嘿一笑了之。

有一大部分人会产生这样的想法，难道我们在现实生活中都非要拒绝别人不可吗？我们在拒绝他人时都要采用这些委婉的方法吗？这个问题问得恰到好处。

在现实生活中，关于拒绝他人，我们还要注意以下问题：

第一，在日常生活中，我们就应该真诚地对待朋友和同学，积极地帮助他们。每个人都应该明白一个简单的道理——"平时帮人，拒人才不难"，以上方法主要应用于那些的确违背我们意愿的事情。

第二，如果是由于自己能力或客观原因必须拒绝，我们应该坦诚相对，说明自己的实际情况，同时，要积极帮对方想办法。

第三，对于某些情况，直接说"不"的效果更好，特别是对于那些违法乱纪的事情，应持坚决的态度来拒绝。对于那些可能引起误解的事情，也应该明确自己的态度，否则会"当断不断，反受其乱"。此外，由于拒绝不明可能会影响对方，也影响事情发展方向，也应该直截了当地拒绝它。

第四，即使我们掌握了一些比较好的方法，在一般的拒绝中，我们也应该语气委婉，最好还能面带微笑，这样既达到自己拒绝他人的目的，又消除由于拒绝给对方带来的不快。

先说让对方高兴的话题，再过渡到拒绝

对于他人的话，人们总是会表现出情感反应。如果先说让人高兴的话，即使马上接着说些使人生气的话，对方也能以欣然的表情继续听。利用这种方法，可以拒绝不受喜欢的对象。

有一个乐师，被熟人邀请到某夜总会乐队工作。乐师嫌薪水低，打算立即拒绝。但想起以往受过对方照顾，他不便断然拒绝。他心生一计，先说些笑话，然后一本正经地说："如果能使夜总会生意兴隆，即使奉献生命，在下也在所不辞。"

此时夜总会老板自然还是一副笑脸，乐师抓住机会立刻板起面孔说："你觉得什么地方好笑？我知道你笑我。你看扁我，不尊重我，这次协议不用再提，再见！"

这样，乐师假装生气，转身便走。夜总会老板却不知该如何待他，虽生悔意，但为时已晚。

因此，面对不喜欢的对象，要出其不意地敲他一下，以便拒绝对方。若缺乏机会，不妨参照上例，制造机会，先使对方兴高采烈，然后趁对方缺乏心理准备，脸上仍在笑嘻嘻时，找到借口及时退出，达到拒绝的目的。

一位名叫金六郎的青年去拜访本田宗一郎，想将一块地产卖给他。

本田宗一郎很认真地听着金六郎的讲话，只是暂时没有发言。

本田宗一郎听完金六郎的陈述后，并没有做出"买"或者"不买"的直接回答，而是在桌子上拿起一些类似纤维的东西给金六郎看，并说："你知道这是什么东西吗？"

"不知道。"金六郎回答。

"这是一种新发现的材料，我想用它来做本田宗一郎汽车的外壳。"本田宗一郎详详细细地向金六郎讲述了一遍。

本田宗一郎共讲了 15 分钟之久。谈论了这种新型汽车制造材料的来历和好处，又诚诚恳恳地讲了他明年拟采取何种新的计划。这些内容使得金六郎摸不着头脑，但感到十分愉快。在本田宗一郎送走金六郎时，才顺便说了一句，他不想买对方的那块地。

如果本田宗一郎一开始就将自己的想法告诉金六郎，金六郎一定会问个究竟，并想方设法劝说本田宗一郎，让他买下这块地。本田宗一郎不直接言明的理由正是如此，他不想与金六郎为此争辩什么。

拒绝对方的提议时，必须采用毫不触及话题具体内容的抽象说法，先说点与拒绝无关的话。这种欲抑先扬的方式，可以给人一个缓冲和铺垫，不至于让拒绝进行得很直接、僵硬。

通过暗示巧说"不"

很多时候，我们不得不拒绝别人，但是怎样将这个难说的"不"说出口呢？暗示，是一种不错的选择。

美国出版家赫斯脱在旧金山办第一张报纸时，著名漫画大师纳斯特为该报创作了一幅漫画，内容是唤起公众来迫使电车公司在电车前面装上保险栏杆，防止意外伤人。然而，纳斯特的这幅漫画完全是失败之作。发表这幅漫画，有损报纸质量。但不刊这幅漫画，怎么向纳斯特开口呢？

当天晚上，赫斯脱邀请纳斯特共进晚餐，先对这幅漫画大加赞赏，然后一边喝酒，一边唠叨不休地自言自语："唉，这里的电车已经伤了好多孩子，多可怜的孩子，这些电车，这些司机简直不像话……这些司机真像魔鬼，瞪着大眼睛，专门搜索着在街上玩的孩子，一见到孩子们就不顾一切地冲上去……"听到这里，纳斯特从座椅上弹跳起来，大声喊道："我的上帝，赫斯脱先生，这才是一幅出色的漫画！我原来寄给你的那幅漫画，请扔入纸篓。"

赫斯脱就是通过自言自语的方式，暗示纳斯特的漫画不能发表，让纳斯特欣然接受了意见。

另外，通过身体动作也可以把自己拒绝的意图传递给对方。当一个人想拒绝对方继续交谈时，可以做转动脖子、用手帕拭眼睛、按太阳穴及按眉毛下部等漫不经心的小动作。这些动作意味着一种信号：我较为疲劳、身体不适，希望早一点停止谈话。显然，这是一种暗示拒绝的方法。此外，微笑的中断，较长时间的沉默，目光旁视等也可表示对谈话不感兴趣、内心为难等心理。

一天，为了配合下午的访问行程，小王想把甲公司的访问在中午以前结束，然后依计划，下午第一个目标要到乙公司拜访。但是，甲公司的科长提出了邀请：

"你看到中午了，一起吃中饭吧？"

小王与甲公司这位科长平时交情不错，又是非常重要的客户。不能轻易地拒绝。但是，和这位爱聊天的科长一起吃中饭，最快也要磨蹭到下午一点才能走。小王怎样才能不伤和气地拒绝呢？

答案就是在对方表示"要不要一起吃饭"之前，小王就不经意地用身体语言表示出匆忙的样子，例如：说话语速加快或自然地看看表等。但记住：这种时候千万不要提早露出坐立不安的神情，急得让人怀疑你合作的诚心。

巧妙地学会用暗示的方法拒绝别人，让对方明白你在说"不"，不仅能把事情办妥，而且不伤和气。

不失礼节地拒绝他人的不当请求

老周在法院工作，他好朋友的亲戚犯了法，正好由他审理，好朋友的亲戚托好朋友请老周吃饭，并且给老周包了一万元钱的红包，要老周网开一面，从轻发落。如果老周接受了钱，那么就是知法犯法，到时弄不好会给自己招惹不必要的麻烦。而如果不接受，又可能伤了朋友之情，并让对方在亲戚面前脸面无光。老周左右为难，不知如何是好。

与人相处，人们经常会遇到老周这样的情况，即面对爱人、亲人、好友等亲密之人的请求，比如借钱，帮忙做某事，等等。许多时候，我们并不愿意答应这些请求，却又不好意思说"不"，就会使自己陷入十分为难的境地。如果违心地答应下来，是为自己添烦恼；如果假装答应却不做，又失信于人。

一般来说，尽可能地帮助自己的亲密之人，这是人之常情。但是，面对亲密之人的不当要求，我们一定要坚持自己的原则。特别是当他们的要求有违国家法律法规，有违社会公共道德或有违家庭伦理时，我们更应坚守自己的原则立场，毫不留情地予以拒绝，还应帮助对方改变那些错误的思想和行为。

拒绝亲密之人的不当要求是一门学问，是一项应变的艺术。要想在拒绝时既消除了自己的尴尬，又不让对方无台阶可下，这就需要掌握一些巧妙的拒绝方法，比如：

1.巧用反弹

别人以什么样的理由向你提出要求，你就用什么样的理由拒绝，这就是巧用反弹的方法。在《帕尔斯警长》这部电视剧中，帕尔斯警长的妻子出于对帕尔斯的前程和人身安全考虑，企图说服帕尔斯终止调查一位大人物虐杀自己妻子的案子。最后她说："帕尔斯，请听我这个做妻子的一次吧。"他却回答说："是的，这话很有道理，尤其是我的妻子这样劝我，我更应该慎重考虑。可是你不要忘记了这个坏蛋亲手杀死了他的妻子！"

2.敷衍拒绝

敷衍式的拒绝是最常用的一种拒绝方法，敷衍是在不便明言回绝的情况下，含糊回绝请托人。拒绝亲密之人的不当要求也可采用这一方法。运用这种方法时，也需对方有比较强的领悟能力，否则难以见效。具体采用这种方法时，我们可以运用推托其辞、答非所问、含糊拒绝等具体方式。

3.巧妙转移

面对别人的要求，你不好正面拒绝时，可以采取迂回的战术，转移话题也好，另有理由也罢，主要是善于利用语气的转折——绝不会答应，但也不致撕破脸。比如，先向对方表示同情，或给予赞美，然后再提出理由，加以拒绝。由于先前对方在心理上已因为你的同情而对你产生好感，所以对于你的拒绝也能以"可以谅解"的态度接受。

总之，面对亲密之人提出的不当要求时，切忌直接拒绝。尽量使用间接拒绝的方法。从对方的立场出发，阐明自己的观点，就会使对方自然而然地接受了。

此外，拒绝别人时，也要有礼貌。任何人都不愿被拒绝，因为被别人拒绝，会使人感到失望和痛苦。当对方向自己提出不合理要求时，你可能感到气愤，甚至根本无法忍受，但你也要沉住气，千万不可大发雷霆、出言不逊、恶语伤人。在拒绝对方时，更要表现出你的歉意，多给对方以安慰，多说几个"对不起""请原谅""不好意思""您别生气"之类的话。由于你的态度十分有礼貌，即使对方想无理取闹，也说不出什么，这样别人也会觉得你是一个彬彬有礼的人而愿意与你亲近。

绕个"圈子"再拒绝

断然拒绝别人可以显得一个人不拖泥带水，但对遭到拒绝的人来说，却是很不够义气的。聪明人这时会绕个圈子，不直接说出拒绝的话，而让对方明白意思。

1799 年，年轻的拿破仑·波拿巴将军在意大利战场取得全胜凯旋。从此，他在巴黎社交界身价倍增。也成为众多贵妇追逐青睐的对象。

然而，拿破仑对此却并不热衷。可是，总有一些人紧追不放，纠缠不休。当时的才女、文学家斯达尔夫人，几个月来一直在给拿破仑写信，想结识这位风云人物。

在一次舞会上，斯达尔夫人头上缠着宽大的包头布，手上拿着桂枝，穿过人群，迎着拿破仑走来。拿破仑躲避不及。于是，斯达尔夫人把一束桂枝送给拿破仑，拿破仑说道："应该把桂枝留给缪斯。"

然而，斯达尔夫人认为这只是一句俏皮语，并不感到尴尬。她继续有话没话地与拿破仑纠缠，拿破仑出于礼貌也不好生硬地中断谈话。

"将军，您最喜欢的女人是谁呢？"

"是我的妻子。"

"这太简单了，您最器重的女人是谁呢？"

"是最会料理家务的女人。"

"这我想到了，那么，您认为谁是女中豪杰呢？"

"是孩子生得最多的女人，夫人。"

他们这样一问一答，拿破仑也达到了拒绝的目的。斯达尔夫人也知道了拿破仑并不喜欢自己，于是作罢。

绕着圈子拒绝别人，是讨人喜欢的一种说话方式。但绕圈子必须做到不讨人厌，也就是说必须巧妙，三言两语能够把拒绝的意见表达出来。如果绕了半天，对方还是一头雾水，那就弄巧成拙了。

贬低自己，降低对方期望值顺势将其拒绝

用自我贬低的方法或者在玩笑的氛围中拒绝他人，不仅维护了别人的面子，也使自己全身而退。

小王毕业以后分到一个小地方打杂，开始很失意，成天和一帮哥们喝酒、打牌。后来逐渐醒悟过来，开始报名参加等级考试。

有一天晚上，他正在埋头苦读，突然一个电话打过来叫他去某哥们家集合，一问才知道他们"三缺一"。小王不好意思讲大道理来拒绝他们的要求，也不想再像以前没日没夜地玩了，便回答说："哎呀，哥们儿，我的酸手艺你们还不清楚啊，你们成心让我'进贡'嘛，我这个月的工资都快见底了，这样吧，一个小时，就打一个小时，你们答应我就去，不答应就算了。"一

阵哄笑后，对方也不好食言，后来他们都知道小王已经另有他事，也就不再打扰了。

比如朋友想邀你一起去玩电游，你就可以说："我们都是好朋友了，说出来不怕你们笑话，我学了几年一直玩得不像样，你们看了都会觉得扫兴，为了不影响你们的兴致，我还是不去为好。"又比如说，在同学聚会的时候，你确实不会喝酒，你可以说："我是爸妈的乖儿子，在家里面又没有什么地位，要是喝了酒，那回去后肯定会被我爸揍死的，甚至还会被我妈骂死，你们就饶了我吧。"同时，你还可以举一些其他的事例进行说明，或者找一些比较好的借口来增强这种自我贬低的效果。

在贬低自己的策略中，"装疯卖傻法"是一种特殊形式，即"表示自己无能为力，不愿做不想做的事"。也就是说："我办不到！所以不想做！"

心理学家调查发现，人们的确有在日常生活中故意装傻的现象。例如在上班族中，有20%的人曾对上司装过傻，而14%的人对同事装过傻。虽然它跟"楚楚可怜法"一样，会导致评价降低，但令人惊讶的是，仍有一成以上的人是在自己有意识的情况下用了这个办法。

1. 适合使用"装疯卖傻法"的三种情况

（1）不愿做不想做的事。例如像是打杂般的工作，很花时间的工作，或单调的工作等。还有像公司运动会之类，公司内部活动的筹办委员也是其中之一。像这种情形便有不少人会用"我不会呀"或"我对这方面不擅长"等理由，把不想做的事巧妙地推掉。

（2）拒绝他人的请求。当别人找上你，希望你能帮他的忙时，你很难直接说"不"吧！因此便以"我很想帮你，可是我自己也没有那个能力"的态度来婉转拒绝。拒绝别人这种事，很难直接以"我不愿意"这种态度来拒绝，而且还可能会让对方怀恨在心。因此，若是用能力，也就是自己无法控制的原因来拒绝（想帮你，可是帮不了）的话，拒绝起来便容易多了。

（3）降低他人对自己的期望值。一个人若能得到他人的高度期待，固然值得高兴，但压力也会随之而来。因为万一失败，受到高度期待的人，所带给其他人的冲击性会更大。

因此，借由表现出自己的无能，来降低期望值，万一将来失败，自己的评价也不会下降得太多；相反地，如果成功，反而会得到预期之外的肯定。

2.“装疯卖傻法”的两种实用技巧

（1）表明自己无能为力。就像前面所说，这招便是表明“我没有能力做那件事，因此我不愿意做”的一种方法。根据工作的内容，“无能”的内容也有所不同。例如：

> 别人要求你处理电脑文书资料时，你可以说：“电脑我用不好，光一页我就要打一个小时，而且说不定还会把重要的资料弄丢！”
>
> 别人要求你做账簿时，你可以说：“我最怕计算了，看到数字我就头痛！”

不过，所表明的“无能”的理由不具真实性，那可就行不通。例如刚才电脑处理的例子，如果是在电脑公司，说这种话谁信？后面那个例子，如果发生在银行，也绝对会显得很突兀。平常越少接触到的工作，说这种话时，所获得的可信度也就越大。所以要说“我没做过”“我做得不好”这些话的时候，这些话一定要具有可信度才行。

（2）将矛头指向他人。这招是接着“表示无能”的用法之后，以“我办不到，你去拜托某某比较好”的说法，来将矛头指向他人的做法。

> “我对电脑不在行，不过小王对电脑很熟，你去拜托他看看怎么样？”
>
> “我对计算工作最头大了，小芸好像是会计师中级，她应该做得来！”

像这样搬出一位在这方面能力比自己强的人，然后要对方去拜托他就行了。只有在大家都知道那个人的确比较胜任时才能用这招。这个办法有一个问题就是，可能会招致那个被你“转嫁”的人怨恨。想拜托人的人一定会说："是某某说请你帮忙比较好！"对方也就会知道是你干的"好事"。这么一来，那个人心里一定会想："可恶的家伙，竟然把讨厌的事推给我！"尤其当需要帮忙的工作内容，是人人都不想做的事情的时候，这种惹来怨恨的可能性就越高。所以，最好在多数人都知道"某某事情是某某最擅长的"这样的条件下再用此招。

第四章

借人之力，成己之事：
这么做才"有点意思"

关系当用则用，否则是一种浪费

人生在世，有时需要一个伯乐提拔帮助，有时又需要一个高人指点迷津；在得意时需要有人泼泼冷水，在失意时需要有人欣赏相助。其实，每个人身边总会有一些这样的"贵人"在关键时刻能助你一臂之力。只是看你能否识别出来，并且动用这些关系。

有时候遇到困境时，并不是没有出路，而是你没有想出来怎么开辟新的出口。这个时候，寻求别人的帮助，借来一点力量，就可以让自己突破重围，找到新的机遇。记住，要善于借力。个人的力量对自然对社会而言，都是渺小的。因此，要完成一件个人之力所不能及之事，须善于借用外界、他人的力量，才能达到目的。

贵人最重要的作用就是助你一臂之力，让你顺利达成自己的目标，甚至超越别人的期望。有时候，你并不知道谁会是那个最终帮你超越自我的人，那就需要培养好人脉关系，让自己成为一个别人都愿意接近、都愿意

48

帮助的人。

有良好人际关系的人，在工作和生活中办起事来自然会事半功倍。成功者都善于借力、借势去营造成功的氛围，从而攻克一件件难事，为他们的成功铺平道路。最重要的是，成功者还明白各种关系的良好互动，这是借力的第一步。

马克在索尼做人力资源主管的时候遇到了一件棘手的事。公司的一位员工在出差的时候摔折了胳膊。这样的事情以前从未发生过，公司怎么处理这件事，是否赔付，赔付多少合适，都没有先例可以参照。因为这件事涉及员工的利益，老板要求马克尽快地处理，因为拖沓会显得公司对这件事不重视。要妥善处理这件事，必须兼顾公司和员工的利益，对内对外都不能留下任何隐患。

马克一时无从下手，还剩最后半天的时间，他想到了外援。他给做人力资源的朋友们打电话，这些朋友给他提供了至少十条有用的信息。根据这些信息，他马上拿出了这个事件的处理意见，还写了部门处理类似事情的流程，并上报。老板对此给予了极高的评价。

在成功地处理这件事上，在大型跨国公司任职的朋友们给了他莫大的帮助。马克感慨地说："我常参加人力资源圈子里各方面的活动，并认识了许多同行，虽然大家没有固定在某一个时间见面，但经常通过电话沟通一些信息，形成了一个无形的关系网。如果谁有什么不懂的地方，只要打一个电话，大家都会积极热心地给予帮助。另外在专业方面，通过关系网里的人帮助也不会出问题。"

得到老板赏识，避免工作中的错误，这就是人力资源关系网带给马克的好处。只要善于利用，一个人的人脉网络能够为他提供足够的资源和力量。你所交往的人，包括你的亲人和朋友，以及你认识甚至不认识的人，都是你潜在的资源和能量，都会成为借力给你的贵人。

因此，不管做人做事，有心人大都精通借助关系的力量和智慧之道，发挥别人的优势，成就自己的事业。

其实，在当今社会，不管是同学关系、亲人关系、同事关系，如果办事求到他们中间的任何一个，只要你用心去办了，再难的事也不难。

你所认识的每一个人都有可能成为你生命中的贵人，成为你事业中重要的顾客。人脉资源的积累和利用很重要，如果你想获得事业的成功，就一定要懂得怎样把关系变成办事资本。小智者，借物；中智者，借钱；大智者，借人；超智者，借势。善于借力，才能事半功倍。借普通人之力，成一时之小事；借贵人之力，成千秋伟业。关系当用则用，不要让资源白白浪费，让机会悄然逝去。

乾坤大挪移，化人之力为我所用

古话说得好："三个臭皮匠，赛过诸葛亮。"个体不同，就各有各的优势和长处，所以一定要善于发现别人的优势和长处，取其所长，补己之短。

一个人不能单凭自己的力量完成所有的任务，战胜所有的困难，解决所有的问题。须知借人之力也可成事，善于借助他人的力量，既是一种技巧，也是一种智慧。

当我们无力去完成一件事时，不妨向身边可以信任的人求助，也许对我们来说费力不讨好的事情，对他们来说却可能不费吹灰之力就能轻松"搞定"。与其自己苦苦追寻而不得，不如将视线一转，呼唤那些有能力解决问题的人，这样取得成功的过程自然会顺利不少。

一个小男孩在沙滩上玩耍。他身边有他的一些玩具——小汽车、货车、塑料水桶和一把亮闪闪的塑料铲子。他在松软的沙滩上修筑公路和隧道时，发现一块很大的岩石挡住了去路。

小男孩企图把它从泥沙中弄出去。他是个很小的孩子，那块岩石对他来说相当巨大。他手脚并用，使尽了全身的力气，岩石却纹丝不动。小男孩一次又一次地向岩石发起冲击，可是，每当他刚把岩石搬动一点点的时候，岩石便又随着他的稍事休息而重新返回原地。小男孩气得直叫，使出吃奶的力气猛推猛挤。但是，他得到的唯一回报便是岩石滚回来时砸伤了他的手指。最后，他筋疲力尽，坐在沙滩上伤心地哭了起来。

这整个过程，他的父亲在不远处看得一清二楚。当泪珠滚过孩子的脸庞时，父亲来到了他的跟前。父亲的话温和而坚定："儿子，你为什么不用上所有的力量呢？"男孩抽泣道："爸爸，我已经用尽全力了，我已经用尽了我所有的力量！""不对，"父亲亲切地纠正道，"儿子，你并没有用尽你所有的力量。你没有请求我的帮助。"说完，父亲弯下腰抱起岩石，将岩石扔到了远处。

可见，不要羞于向强者求助，有时对自己来说是天大的难事，对强者而言不过是动动手指头的小事。甚至在另外一些时候，即使是敌人，也可为己所用。

借人之力，请他人为自己帮忙，以让自己能够获得成功，这是一个人很难能可贵的地方。尤其对自己所欠缺的东西，更需要多方巧借。善于借助别人的力量，善于学习别人的智慧，广泛地接受多方的意见，多和不同的人聊聊自己的构想，多倾听别人的想法，多用点脑子来观察周遭的事物，多静下心来思考周遭发生的一些现象，将让你受益匪浅。正如奥地利著名作家斯蒂芬·茨威格说的："一个人的力量是很难应付生活中无边的苦难的。所以，自己需要别人帮助，自己也要帮助别人。"

在这个世界上没有完美的人，巧妙地借助他人的力量为我所用，自然会有事半功倍的效果。

给他人一个头衔，让他鼎力相助

虽然头衔是虚的，不能增加人的经济收益，但却可以在极大程度上满足人的自我成就感。很多人都通过给予对方一个光辉闪耀的头衔来获得对方的鼎力协作。

斯坦梅茨是一位拥有异常敏锐的观察力和无法估计的才能的人。然而，在他就任通用电气公司的行政主管时，他所管理的事务却乱作一团，因此，他被撤销了行政主管一职，而担任顾问兼工程师。那么，怎样才能使这样一个事业上受挫的人不遗余力地投入到工作中，为公司效力呢？

这时，高层管理人员运用了一些奇妙的用人策略。他们给予了斯坦梅茨一个耀眼的头衔——"科学的最高法院"。一时之间，几乎公司上下所有的人都知道：有一个叫斯坦梅茨的工程师非常了不起，他被称为"科学的最高法院"。而斯坦梅茨也极力维护这个头衔所带给他的荣誉，他不遗余力地工作着，创造了很多奇迹，为通用电气的发展做出了极大的贡献。

头衔是一种公开化的赞誉，面对它，几乎没有人能够真正抗拒。头衔能够让许多人激动不已，能够激发他们的工作热情，当然，还能够赢得他们的忠诚。一个小小的头衔真的拥有这么巨大的魔力吗？

其实，这当中是有其心理学依据的。

首先，从个体心理学的角度看，当一个人被赋予某种头衔的时候，他对自己的自我认知就发生了改变。潜意识中，他将自己和这种头衔统一起来，如果他不按头衔的要求去做的话他就会产生认知失调，也就是自我认知和言行冲突，从而产生心理不适。因此，为了避免认知失调产生，他一定会以积极的言行来极力维系头衔带给他的荣誉。

再则，从社会心理学的角度看，当一个人被赋予某种头衔的时候，实际上是被赋予了某种社会角色。

著名心理学家津多巴曾经做了一个这样的实验：

参加实验的志愿者都是男性。津巴多将他们分成两组，一组扮演监狱里的"看守"，另一组扮演"犯人"。

一天后，几乎所有的参与者都进入了角色。"看守"变得十分暴躁而粗鲁，甚至主动想出许多方法来体罚"犯人"。而"犯人"则"垮"了下来，有的消极地逆来顺受，有的开始积极反抗，有的甚至像个看守一样去欺辱其他犯人。

人有一种将自身的言行与自己所扮演的角色统一起来的本能，人很难抛开自己所拥有的头衔而做出格的事情。

作为美国劳工协会缔造者的塞缪尔·冈伯斯就是凭借这个策略走向成功的。在刚开始的时候，他所面临的困境除了缺少资金之外，还缺少同盟者。为此，他创立了"民间委任状"，专门对那些愿意组织工会的人授予荣誉称号。采用这种方式，一年之中他就获得了 80 个人的鼎力支持。从此以后，美国劳工协会的会员数目开始直线攀升。

横扫欧洲大陆的拿破仑毫不吝啬地创设了许多崇高的头衔和荣誉。他制定了一种十字荣誉勋章，授予了 1500 多个臣民；他重新启用了法兰西陆军上将的官衔，并将官衔授予了 18 位将官；他还以"大军"头衔授予那些优秀的士兵……他通过给予他人头衔的方式赢得了众人的支持。

在应酬社交中，要想获得他人的鼎力支持，给予他人合适的头衔是非常有效的方式，这被无数事实反复证明着。

求人帮助时要动之以情

当我们有求于人时，如果别人用一般理由来搪塞拒绝，我们往往会发现对方其实没有经过深思熟虑，只是因为一些细小的原因而做出了拒绝的决定。如果我们能帮助对方分析现状，用真情打动对方，对方一般会欣然相助。

20世纪80年代初，引滦入津工程正在加紧进行。担负隧洞施工任务的部队因炸药供应不上，面临停工和延误工期。部队领导心急如焚，派李连长带车到东北某化工厂求援。李连长昼夜兼程千余里赶到该厂供销科，可是得到的答复只有一句话："现在没货！"他找厂长，厂长很忙，没时间听他陈述，他就跟进跟出，有机会就讲几句，但厂长不为所动，冷冷地说："眼下没货，我也无能为力。"厂长给他倒了杯茶水劝他另想办法。李连长并不死心，他喝了口茶，说："这水真甜啊！天津人可是苦啊，喝的是从海河槽里、各洼淀中集的苦水，不用放茶就是黄的。"他瞥见厂长戴的是天津产的手表，就接着说："您也是戴的天津表！听说现在全国每10块表中就有1块是天津的，每10台拖拉机中就有1台是天津的，每4个人里就有1个人用的是天津的碱。您是办工业的行家，最懂得水与工业的关系。造1辆自行车要用1吨水，造1吨碱要160吨水，造1吨纸要200吨水……引滦入津，解燃眉之急啊！没有炸药，工程就得延期……"厂长一听，心中受到触动，就问："你是天津人？""不，我是河南人，也许通水时，我也喝不上那滦河水！"厂长彻底折服了。他抓起电话下达命令："全厂加班三天！"三天后，李连长带着一卡车炸药返程了。

在求人办事的时候，能跳出自己的狭小圈子，而从对方内心深处的角度去说话，才更容易引起对方的共鸣，从而答应你的请求。

在美国经济大萧条时期，有一位17岁的姑娘好不容易才找到一份在高级珠宝店当售货员的工作。在圣诞节的前一天，店里来了一位30岁左右的贫民顾客，他衣衫褴褛，一脸的悲哀、愤怒，他用一种不可企及的目光盯着那些高级首饰。

姑娘要去接电话，一不小心，把一个碟子碰翻，6枚精美绝伦的金戒指落到地上，她慌忙捡起其中的 5 枚，但第六枚怎么也找不着。这时，她看到那个 30 岁左右的男子正向门口走去，顿时，她知道了戒指在哪儿。

当男子的手将要触及门柄时，姑娘柔声叫道："对不起，先生！"

那男子转过身来，两人相视无言，足足有一分钟。

"什么事？"

他问，脸上的肌肉在抽搐。

姑娘一时竟不知说些什么。

"什么事？"他再次问道。

"先生，这是我第一份工作，现在找个事儿做很难，是不是？"

姑娘神色黯然地说。

男子长久地审视着她，终于，一丝柔和的微笑浮现在他脸上。

"是的，的确如此。"他回答，"但是我能肯定，你在这里会干得不错。"

他停了一下，向前一步，把手伸给她：

"我可以为您祝福吗？"

他转过身，慢慢走向门口。

姑娘目送着他的身影消失在门外，转身走向柜台，把手中握着的第六枚金戒指放回了原处。

这位姑娘成功地要回了青年男子偷拾的第六枚金戒指的关键是，在尊重谅解对方的前提下，以"同是天涯沦落人"的凄苦的言语博得对方的同情。对方虽是流浪汉，但此时握有打破她饭碗的金戒指，极有可能使她也沦为"流浪汉"。因此，"这是我第一份工作，现在找个事儿做很难"，这句真诚朴实的表白，却饱含着惧怕失去工作的痛苦之情，也饱含着恳请对方怜悯的求助之意，终于感动了对方。对方也巧妙地交还了戒指。试想，如果姑娘怒骂，甚至叫来警察，也可能找回戒指，但姑娘的饭碗还保得住吗？

在今天的社会，求人帮忙是越来越难了，别人首先想到的是有没有物质上的好处。但人总有一个特点，就是可以被感动，在求人帮助时能动之以情，就会容易许多。

激起心理共鸣，让他感觉像是在帮助自己

在人际交往过程中，"心理共鸣"是一种以心交心的有效方式，也是一门非常微妙的相处艺术。它不仅可以拉近交际双方心灵的距离，而且可以在你求人办事的过程中发挥强大的促进作用。

不过，虽然人与人之间本来就有许多地方是相同的，但是要产生共鸣，还需要一定的说话技巧。当你对另一个人有所求的时候，最好先避开对方的忌讳，从对方感兴趣的话题谈起，不要太早暴露自己的意图，让对方一步步地赞同你的想法，当对方跟着你走完一段路程时，便会不自觉地认同你的观点。

伽利略年轻时就立下雄心壮志，要在科学研究方面有所成就，为此，他希望得到父亲的支持和帮助。

一天，他对父亲说："父亲，我想问您一件事，是什么促成了您同母亲的婚事？"

"我看上她了。"父亲不假思索地答道。

伽利略又问："那您有没有娶过别的女人？"

"没有，孩子。家里的人要我娶一位富有的女士，可我只钟情于你的母亲，她从前可是一位风姿绰约的姑娘。"

伽利略说："您说得一点也没错，她现在依然风韵犹存。您不曾娶过别的女人，因为您爱的是她。您知道，我现在也面临着同样的处境。除了科学以外，我不可能选择别的职业，我对它的爱有如对一位美貌女子的倾慕。"

父亲说："像倾慕女子那样？你怎么会这样说呢？"

伽利略说："一点也没错，亲爱的父亲，我已经18岁了。别的学生，哪

怕是最穷的学生，都已想到自己的婚事，可是我从没想过那方面的事，以后也不会。因为我只愿与科学为伴。"

伽利略继续说："亲爱的父亲，您有才干，但没有力量，而我却能兼而有之。为什么您不能帮助我实现自己的愿望呢？我一定会成为一位杰出的学者，获得教授身份。我能够以此为生，而且比别人生活得更好。"

说到这，父亲为难地说："可我没有钱供你上学。"

接着伽利略又说："父亲，您听我说，很多穷学生都可以领取奖学金，这钱是宫廷给的。我为什么不能去领一份奖学金呢？您在佛罗伦萨有那么多朋友，您和他们的交情都不错，他们一定会尽力帮忙的。他们只需去问一问公爵的老师奥斯蒂罗·利希就行了，他了解我，知道我的能力……"

父亲被说动了："嗯，你说得有理，这是个好主意。"

伽利略抓住父亲的手，激动地说："我求求您，父亲，求您想个法子，尽力而为。我向您表示感激之情的唯一方式，就是……就是保证成为一个伟大的科学家……"

伽利略最终说动了父亲，他实现了自己的理想，成为了一位闻名遐迩的科学家。

这里，伽利略请求父亲帮忙，采用的是"心理共鸣"的说服方法。这种方法一般可分为以下四个阶段：

1. 导入阶段

先顾左右而言他，以对方当时的心情来体会现在的心情。例如，伽利略先请父亲回忆和母亲恋爱时的情形，引起了父亲的兴趣。

2. 转接阶段

伽利略巧妙地通过这句话把话题转到自己身上："我现在也面临着同样的处境。"

3. 正题阶段

提出自己的建议和想法。伽利略提出"我只愿与科学为伴"，这也正是他要说服父亲的主题。

4. 结束阶段

明确提出要求。为了使对方容易接受，还可以指出对方这样做的好处。伽利略正是这样做的，他说："……为什么您不能帮助我实现自己的愿望呢？我一定会成为一位杰出的学者，获得教授身份。我能够以此为生，而且比别人生活得更好。"

正是巧妙运用了"心理共鸣"的方法，伽利略终于达到了自己的目的，为最终实现自己的理想奠定了基础。那么，在日常生活中，我们也不妨试着用这种方法求助别人，这往往会带来让你满意的结果。

用利益驱动别人为己所用

如果我们想要成就一番大事业，单靠自己一人的力量是不行的，必须善于借助别人的力量。而要想借助别人的力量，我们就可用利益驱动别人为己所用。

在长篇历史小说《曾国藩》中，有这么一节：

曾国藩初握兵权时，对属下要求极其严格。曾国藩治下的湘军，以"扎硬寨，打死仗"闻名。曾国藩追求的是"多条理而少大言""不为圣贤，便为禽兽""莫问收获，但问耕耘"。梁启超称赞他是"其一生得力在立志，自拔于流俗""历百千艰阻而不挫屈；不求近效，铢积寸累，受之以虚，将之以勤，植之以刚，贞之以恒，帅之以诚，勇猛精进，艰苦卓绝"，其"非有地狱手段，非有治国若烹小鲜气象，未见其能济也"。

但是，曾国藩对待下属比较"吝啬"：在向朝廷保荐有功人员时，"据实上报"，一是一，二是二，有多大功劳就是多大功劳，不肯多报一点，更别说虚报那些无功人员了。这样一来，那些为他出生入死的属下就不乐意了，在以后的战役中，明显没有以前勇猛。

曾国藩不明就里，直到有一天，其弟曾国荃对他说："大哥，弟兄们现在不卖力干活全是因为你的'据实上报'啊，你是朝廷大员，你可以'修身齐家治国平天下'，你可以百世流芳，这是你的追求。可弟兄们没有你那么高的追求，他们要的就是眼前的利益。弟兄们流血卖命打仗，图的是金银财宝和有个官职以封妻荫子，你不给人家好处，谁给你卖命啊？"

一番话点醒梦中人，尽管曾国藩是个理想主义者，但在现实面前也只能妥协。

我们如何才能让别人追随自己、帮助自己呢？当然，这也是因人而异的。对于一等人才，讲究的是志同道合，即有共同的理想和奋斗目标。这样的人物，是与自己在同一层面上的合作者。

然而，对于次等的人才，除了理想、人格魅力以外，也许更重要的就是实在的利益和好处。就像那些普通的"湖湘子弟"，他们不可能都在历史上留下自己的名字，也许他们也有对理想的追求，但眼前的实际利益无疑更能打动他们。

一等的人才毕竟有限，我们更多需要倚靠的是那些次等人才，所以在与这些人才博弈的过程中，我们一定要用利益驱动他们为己所用。

"我们没有永远的朋友，也没有永远的敌人，只有永远的利益"，这是一百多年前英国首相帕麦斯顿留下的名言。

从政也好，经商也好，若无利可图，谁也不会和你合作，为你所用。看透这一点，在博弈中才能进退自如。

所以，要打动对方，首先要考虑能够给对方什么，你得了解对方要什么。然后考虑自己能否给对方这些东西。简而言之，打动对方的方法是：首先考虑在自己能够接受的范围内能给对方什么好处。

不给对方好处对方就不予合作，你也无法获利。给的好处小了对方劲头不高，合作程度也小，你获利也就少。只有给对方最大程度的好处，对方才能全力以赴，你也才能取得最大的利益。

恰当的反馈能使对方积极地为你办事

心理学家赫洛克曾做过一个有关反馈的著名实验：

他把 106 名四五年级的小学生分成四个组，让他们每天练习相同的数学题目。不过，不同的组练习后所受到的"待遇"是完全不同的。

第一组为受批评组，每次练习后，都挑出学生们的错误，并严加批评。

第二组为受表扬组，当学生们练习完以后，针对他们不同的良好表现予以表扬和鼓励。

第三组为被忽视组，对这组的成员，既不批评也不表扬，只让其静听其他两组挨批评和受表扬。

第四组为控制组，这组和前三组是隔离的，并且也不会得到来自于外界的任何评价。

一段时间后，赫洛克对四个组的练习效果进行了考察，结果表明：控制组的练习效果是最差的。在前三组中，被忽视组的练习效果明显低于其余两组。而在练习效果相对较好的受表扬组和受批评组中，受表扬组的练习效果最好，并且呈现不断上升的趋势。

由此可见，不同的评价对学生们的活动效果有着不同的影响，而没有评价是最坏的情况。评价就是对他人活动的一种反馈，而反馈能够使行为者了解自己行为的结果，这种了解能够强化先前行为的作用，从而使行为者更加积极地做出类似的行为，提高行为的效率，这一现象，被心理学家称为"反馈效应"。也就是说，给予对方合适的反馈信息，能够使他更加积极地付出努力。

生活中，反馈效应是普遍存在的。我们应该记住：有反馈比没有反馈好，正面反馈比负面反馈好，即时反馈比远时反馈的效果更佳。我们在请他人帮忙的时候，也要适当地给予反馈，这样才能得到他人更多的帮助。

诚挚感谢，是你再次获得他人帮助的保证

有一位父亲正在和朋友讨论生意上的问题，这时，他9岁大的小女儿笑眯眯地走过来，手里拿着自己专门为父亲烘烤的甜饼。因为小女儿打扰了父亲和朋友之间的谈话，所以父亲有点不高兴，便随手拿了一块甜饼，低声斥责了小女儿，然后马上又投入到与朋友的谈论中。小女儿伤心极了，拿着剩下的饼沮丧地走了出去。

几个星期以后，父亲显然已经忘记了这件事情，他已经有一段时间没有看到爱烤甜饼的小女儿烤甜饼了，他问女儿怎么不烤甜饼了。女儿一下子哭了起来，很伤心地说："我再也不烤甜饼了。"

从那以后，小女儿真的再也没有烤过甜饼，也绝口不提有关烤甜饼的事情。而父亲一直为那件事遗憾着。

的确，积极为他人效力以后却得不到对方的肯定和感谢，是一件非常难过的事情。从心理学的角度说，轻率地对待那些帮助过你的人，不给予对方诚挚的感谢，在一定程度上会伤害对方，否定了对方的自我价值，而寻求自我价值的实现却是人最本能的需求之一。因此，当他人为你效力以后，无论结果如何，你都应该诚挚地感谢他人，否则就会伤害他人。一旦对方因此而受到伤害，就不会再为你效力。在对方给予你帮助之后，回以诚挚的感谢，是获得良好人际关系的前提。

当然，诚挚的感谢并不是指你一定要给予对方相当的物质回报，而是指让对方感受到：他的努力是有价值的，他的付出对你来说是有用的，他的存

在是有意义的。

一般来说，你可以从以下几个方面来表达自己诚挚的感谢：

一是及时用言语向对方表示感激。你可以说："如果不是你，恐怕我……""真的要感谢你……我才能……"

二是充分利用肢体语言。球场上队员们常常热烈地拥抱，这是一种相互鼓励，也是一种祝贺，更是一种对默契合作的感激；还有谈判结束后的握手，是一种感激对方友好合作的方式；爱人间情意绵绵的亲吻，不也正是"谢谢你爱我"的一种表现吗？

三是间接表达。有的人生性腼腆，不善于用言语或动作表达自己的感恩之心，可以采取一些间接的方式来表达，比如，送一些信件、卡片、小礼物、鲜花等。

四是实际行动。投桃报李，礼尚往来。感激对方给予的帮助，就在对方需要的时候，给予更多的帮助；感恩于对方的关怀和爱心，就同样以关怀和爱心作为回报。这样，在投送和往来之间，人情脉络就建立起来了。

此外，当你感谢他人的时候，还要注意以下几个原则：

一是表示感谢要及时而主动，这样才显得有诚意。不要等到偶然碰到对方，才忽然想起应该感谢对方，于是就顺便感谢一下；也不要等到再次需要对方帮助的时候才找上门去感谢对方。这些行为都会给对方带来伤害。及时、主动地向对方致以谢意，是一种十分尊重对方的表示，有助于进一步加深彼此的感情。

二是要根据不同的对象，选择恰当的途径和方法。对上面提到的4种表达谢意的主要方法，到底采取哪一种方式最为恰当，要根据为你效力者的身份、职业、性格、文化程度及经济状况等具体情况来选择。选错方式的话，不但不会对你的人际关系有所帮助，而且极有可能带来严重的负面影响。比如说，对方是因为看重自己与你的情谊才帮助你，可是，你事后却送给对方一笔钱当作谢礼，这势必会引起对方的反感。显然，这种情况下，你以情感的方式感谢对方才是最恰当的。当然，如果对方为你效力本就是以获得物质利益为出发点，你就应该选择用相应的物质酬劳来感谢对方。总之，采用什么方式感谢对方，不能一概而论，要因人而异。

三是要掌握好感谢的度，力求做到合理与恰当。与做其他事一样，感谢他人同样要掌握分寸，过和不及都是不妥的。过分感谢他人，会让他人受之有愧，进而心理失衡，或者会让他人怀疑你的用心；感谢不足，会让对方觉得你不够尊重他，他的价值没有得到合理的评价，从而产生愤愤不平的情绪。

要做到合理适度地感谢他人，需要从两方面来考量：对方付出的多少和对方的帮助给你带来的益处的多少。比如，对方虽然给予的帮助并不是很多，但是却给你带来了很大的收益，这时如果你仅仅从对方付出了多少来进行考量，就极有可能引发对方的不满。

四是感谢他人是一种感情行为，不能像买东西一样做一次性"银货两讫"的处理。也就是说，对那些曾经帮助过你的人，应该尽可能和他们保持长久的联系，让彼此间的情分能够在时间中加深。

感谢对方是人际互动的一种重要形式，是对他人价值的肯定，也是你再次获得他人效力的保证。因此，当他人为你效力以后，千万不要忘了诚挚地感谢他。

事后不要过河拆桥，为下次办事铺好路

在人际交往的过程中，有许多人抱着"有事有人，无事无人"的态度，有事时就想起朋友来了，办完事后就过河拆桥，把朋友抛在了脑后，这无疑是断了自己的后路。此类人大多会被抛弃，没人愿意再给他帮忙。

王璐便有一个这样的朋友，那朋友是她高中三年的同学，而且十分要好。她们进入了同一所大学，刚开学，她就主动当了班级干部。有人说：地位高了，人就会变。自从她上任后，见到王璐，有时干脆装作没看见，日子久了，王璐就疏远她了。但她有时也会突然向王璐寻求帮助。出于朋友一场，王璐总是尽自己所能。可事后，她老毛病又犯了，王璐有种被利用的感觉，却无奈心太软。就这样她大事小事都找王璐，其他朋友劝王璐放弃这份友情，因为这种人不值得交。当王璐下决心与她分开时，她伤心地流下了眼泪——她除了王璐竟没有一个朋友。

像例子中王璐的那位朋友只会用"互相利用，互相抛弃，彼此心照不宣"来交际，而不去深思人情世故的奥秘之处，这种人很少会交到朋友，更不用说得到朋友的无私帮助了，他们更加无法达到人情操纵自如的境界。

值得注意的是，在某些"实用型"人物的眼中，所谓的"人情"便是你送我一包烟，我给你几块钱，就像借债还钱，概不赊欠。这种一次性的交际行为令人心里非常别扭。诚然，受助者也许在短时间内不愿再次开口求助，而实施援助行为的一方其实也没有必要固守"事不过三"的古训，当人家确实有困难而无能为力的时候，尽管你已经帮助过他，尽管他不好向你开口，但作为知情者，你不应无动于衷，而不妨再次主动伸出援助之手。事实上这种"后继"的交际行为能够赢得更大的"人情效应"。

但是，无论何种情况下你都应该将人情做好，尤其是办完事情后千万不要过河拆桥，而应该时时铭记着别人的好处，经常保持必要的联系。唯有这样，你的关系网才会牢不可破。

求人办事，先把架子放下

求人办事，因为是"求"，所以在大多数情况下，求人者都是处于一种被动的局面，而被求者往往是趾高气扬，不可一世。但是有些人却"脸皮薄"，放不下清高的架子，生怕自己开口就遭到别人的拒绝，没了面子，因此迟迟不肯开口；又或者好不容易开了一次口，只要对方一有为难情绪，或直接拒绝了，就会立刻感到无地自容，马上就会离开。这样做，自然很难成功。即便是身份再高贵，地位再高，要求人，也要放下架子和身段，至少不能让别人感觉到求人者还高高在上，盛气凌人。否则，绝大多数被求者都不会同意请求的。

大业十一年（615），隋炀帝任命李渊为山西河东慰抚大使，奉命讨捕"盗贼"。尽管都被称为"盗贼"，对于一般的盗寇如毋端儿、敬盘陀等，李渊都能手到擒来，毫不费力；但对于北方拥有精兵铁骑的突厥，李渊却是大伤脑筋。经过多次交战，李渊是败多胜少，而突厥兵更是肆无忌惮。李渊视之为不共戴天之敌，发誓一定要把他们彻底消灭。

第二年，李渊被封为太原留守，不料突厥竟用数万兵马多次冲击太原城池，李渊遣部将王康达率千余人出战，几乎全军覆没。后来，李渊使用了疑兵之计，这才勉强吓跑了突厥兵。这时，在突厥的支持和庇护下，刘武周、郭子和、薛举等纷纷起兵闹事，李渊防不胜防，随时都有被隋炀帝借口失责而杀头的危险。

在这种情况之下，人们都以为李渊怀着刻骨仇恨，会与突厥决一死战。不料，李渊竟派遣谋士刘文静为特使，向突厥屈节称臣，并愿把"美女玉帛"统统送给始毕可汗。李渊的这种行为，就连他的儿子都深感耻辱。李世民在继承皇位之后还念念不忘，说李渊"称臣于颉利"，自己痛心疾首。

但是，李渊却有自己的考虑。原来，当时李渊根据天下大势，已断然决定起兵反隋。要起兵成大事，太原虽是一个军事重镇，但还不很理想，必须西入关中，才能号令天下。但是，西入关中，太原又是李渊不能丢失的根据地。因此，李渊只有用这种办法才能保住太原，顺利西进。当时，李渊手下兵将不过三四万人马，即使全部屯驻太原，应付突厥和四周的盗寇，已是捉襟见肘。而现在要进兵关中，显然已经无能为力。因此，在这种情况下，唯一的办法就是采取和亲政策，让突厥"坐受宝货"。所以李渊不惜屈节让步，俯首称臣，且手书一封，请求突厥发兵相助，共定京师，并约定胜利后，美女玉帛都献给可汗。

始毕可汗果然同意与李渊修好。在李渊从太原进入长安这段最为艰难的时间里，李渊仅留下第三子李元吉率领少数人马驻扎太原，但却从未遭过突厥的侵犯，依附突厥的刘武周等也收敛了不少。这使得太原方面甚至还有能力源源不断地为前线输送人员和粮草。李渊的屈节请求，还得到了突厥的不少资助。始毕可汗一路上送给李渊不少马匹及士兵，李渊又乘机购来许多马匹，这不仅为李渊拥有一支战斗力极强的骑兵奠定了基础，而且使李渊军中有了英勇善战的突厥骑兵，就更增加了声势。等到619年，刘武周攻克晋阳时，李渊早已在关中建立了唐王朝。此时的李渊，已经在关中站稳了脚跟，拥有了新的幅员辽阔的根据地，刘武周再也不是李渊的对手了。李渊派李世民出马，不费多大力气便收复了太原。

李渊屈节让步的行为，虽为不少人所不齿，但是，如果考虑当时的情况，他的举动不失为一种明智的策略，它使弱小的李家军既平安地保住后方根据地，又顺利地西行打进了关中。如果再把眼光放远一点儿看，突厥在后来又不得不向唐求和称臣，即便是在当时，突厥可汗也还在李渊的使唤下"翩翩起舞"。

别把"冷遇"当回事

在求人办事的时候，受到冷遇也是最正常不过的事情。不过，有些人却因此拂袖而去，不再相求；有些人怀恨在心，伺机报复……这些都是一般人可能有的正常反应，但说到底，这种反应对于办事毫无益处，有时反而会因小失大，影响办事的效果。你应该对冷遇持不在乎的态度，以"厚脸皮"对待冷落，我行我素，以热报冷，以有礼对无礼，从而最终使对方改变态度。

1946 年 4 月，土光敏夫被推举为石川岛芝浦透平公司总经理。当时，日本大战刚败，百姓生计窘迫，企业的发展更是困难重重，其中最大的困难就是筹措资金。即便是那些著名的大企业，资金也相当紧缺，更何况芝浦透平这种没有什么背景的小公司，就更没有哪家银行肯痛快地借钱给它了。土光担任总经理不久，生产资金的来源就搁浅了。为了筹措资金，土光不得不每天去走访银行。

一天，土光端着盒饭来到第一银行总行，与营业部部长长谷川郎（后升为行长）商议贷款事项。土光一上来就摆出了不达目的誓不罢休的气势。长谷川则装出爱莫能助的无奈之态。双方你来我往，谈了半天也没谈出结果来。

时间过得飞快，一看到疲倦的长谷川有点像要溜走的样子，土光便慢条斯理地拿出了带来的饭盒，说："让我们边吃边谈吧，谈到天亮也行。"硬是不让长谷川与营业员走开。长谷川只好服输，最终借给了他所希望的款项。

后来，为了使政府给机械制造业支付补助金，土光曾以同样的方式向政府开展申诉活动。于是在政府机关集中的霞关一带，就传开了说客土光的大名。

土光的行为具备了"泡蘑菇"战术主要的要领：脸皮要厚，不至于一见到"钉子"就缩回头；明显地表达了不达目的不罢休的决心；表面上是软磨硬泡的无理性，实际上是以真诚感动了对方。换句话说就是要设法软化被泡对象，讲究"泡法"的礼貌性、合情理。要不温不火，而不能让对方真的生气而反脸相向。

求人需执着，撞了南墙不回头

有些人脸皮太薄，自尊心太强，在求人办事的时候，没有坚持到底的精神。在他们求人的过程中，只要遇到稍微大点的阻力，就立刻放弃，认为不可能成功。其实，事在人为，很多事情并不是没有成功的希望，而是我们没有尽力去做。遇到困难就放弃的行为，其实是过分脆弱的表现，对事业都没有益处。因此，我们在求人的时候，一定要增强抵抗挫折和失败的能力，碰了钉子之后，我们要依旧脸不红、心不跳，不气不恼，照样微笑和人周旋，除非万不得已，不然决不放弃，只要还有一分的希望，就要尽十分的力气，全力争取，不达目的决不罢休。有这样的顽强意志，无论有多大困难，都能把事情办成。

《三国演义》中刘备"三顾茅庐"，延请诸葛亮出山的典故早已家喻户晓，也是古代君主礼贤下士、求才若渴的典范。东汉末年，朝廷腐败，黄巾起义，天下大乱，曹操坐据朝廷，孙权拥兵东吴，汉宗室豫州牧刘备虽然声名在外，占有一方小地，但一直苦于没有可以重用的谋臣。他听徐庶和司马徽说诸葛亮很有学识，又有才能，于是当即就和关羽、张飞二人带着礼物，亲自前去隆中（今湖北襄阳城西南）卧龙岗，想要请诸葛亮出山辅佐他。恰巧诸葛亮这天出去了，刘备三人只得失望地转回去。不久，刘备又带关羽、张飞冒着大风雪第二次去请，没想到诸葛亮又外出闲游去了。张飞本不愿意再来，见诸葛亮不在家，就催着要回去。刘备只得留下一封信，表达自己对诸葛亮的敬佩和请他出来帮助自己挽救国家危险局面的意思。过了一些时候，刘备吃了三天素，以表达自己的心意，准备再去请诸葛亮。关羽说诸葛亮也许是徒有一个虚名，未必有真才实学，不用去了。张飞却主张由他一个人去叫，如他不来，就用绳子把他捆来。刘备把张飞责备了一顿，又和他俩第三次访诸葛亮。到时，诸葛亮正在睡觉。刘备不敢惊动他，一直站到诸葛亮自己醒来，才彼此坐下谈话。诸葛亮见刘备有志替国家做事，而且诚恳地请他帮助，就出来全力帮助刘备，刘备得到诸葛亮之后，形势立刻发生了巨大的变化，并在他的辅佐下建立了蜀汉王朝。

王均是保险业务员。据他的同事介绍，有一家餐厅可以说是毫无希望，前前后后有很多业务员都跑了这家店，但是却都无功而返。但王均却跟他们打赌，他一定会让店主买他的保险。

于是，他前去拜访了这家餐厅的店主。果然，店主一听是保险公司的人，刚摆起的笑脸倏地收了起来。

"保险这玩意儿，根本没用。必须要等我死了才能领钱，这算什么呢？"

"我不会浪费您太多时间。您只要挤几分钟的时间让我为您说明就行了。"

"我现在很忙，如果你的时间太多，为什么不帮帮我洗洗碗盘呢？"

店主原是以开玩笑的口吻戏谑王均的，没想到他竟然真的脱下西装外套，卷起袖子就开始洗了。老板吓了一跳，大喊说：

"你用不着来这一套。我们实在不需要保险。所以，不管你怎么说，怎么做，我们都绝对不会投保的，我看你还是别浪费时间和精力了。"

可是，王均每天都来洗碗盘，店主依旧是铁石心肠地告诉他："你再来多少次都没用。你也用不着再洗了，如果你够聪明，就赶快找别家吧！"

但是，王均却依然每天下班之后就来洗碗盘，10 天、20 天、30 天过去了，到了第 40 天，这个讨厌保险的店主，终于被王均感动了，最后答应投他的高额保险，还帮他介绍了不少的生意。

三顾茅庐的故事尽管不尽真实，但是却反映了刘备以皇叔、豫州牧等身份礼贤下士的态度。尽管刘备是延请自己的谋臣，和诸葛亮在身份上有着巨大的差别，但是毕竟当时是刘备有求于诸葛亮，而不是诸葛亮有求于刘备。如果不是像他这样不顾自己的身份，三番五次地前去相求，以诸葛亮自视甚高、傲视权贵的性格来说，是绝不会答应出山的。在商业活动中，许多从业人员之所以能够拥有突出的业绩，有时并非是因为才能上的差别，而是在于推销商品的时候，谁更加执着。如果能做到像王均一样执着，拥有不撞南墙绝不回头的冲劲，还有什么是不能成功的呢？

第五章

把话说到他心坎里：您可"真够意思"

给他最想要的那种"捧"

在人的一生中，有无数让他们引以为豪的事情，这些都是一个人人生的闪光点。这些东西又会不经意地在他们的言谈中流露出来，例如，"想当年，我在战场上……""我年轻的时候……"等等。对于这些引以为荣的事情，他们不仅常常挂在嘴边，而且深深地渴望能够得到别人由衷的肯定与赞美。

对于一位老师而言，引以为荣的往往是他教过的学生在社会上很有出息。你为了表达对他的赞美，不妨说："你的学生×××真不愧是你的得意门生啊！现在已经自己出书了。"对于一位一生都默默无闻的母亲，引以为荣的往往是她那几个有出息的孩子。你可以对她说："你有福气啊，两个儿子都那么有出息。"她一定会高兴不已。对于老年人来说，他们引以为荣的往往是他们年轻时的那些血与火的经历。

真诚地"捧"一个人，说说他引以为荣的事情，可以更好地与之相处。

乾隆皇帝喜欢趁处理政事之机品茶、论诗，对茶道颇有见地，并引以为荣。有一天，宰相张廷玉精疲力竭地回到家刚想休息，乾隆忽然来造访，张廷玉感到莫大的荣幸，称赞乾隆道："臣在先帝手里办了 13 年差，从没有这个例，哪有皇上来看下臣的！真是折杀老臣了！"张廷玉深知乾隆好茶，命人把家里的陈年雪水挖出来煎茶给乾隆品尝。乾隆很高兴地招呼随从坐下："今儿个我们都是客，不要拘君臣之礼。坐而论道品茗，不亦乐乎？"水开时，乾隆亲自给各位泡茶，还讲了一番茶经，张廷玉听后由衷地赞美道："我哪里晓得这些，只知道吃茶可以解渴提神。一样的水和茶，却从没闻过这样的香味。"李卫也乘机称赞道："皇上圣学渊源，真叫人瞠目结舌，吃一口茶竟然有这么多的学问！"乾隆听后心花怒放，谈兴大发，从"茶乃水中君子、酒乃水中小人"开始，论起"宽猛之道"。真是妙语连珠、滔滔不绝，众臣洗耳恭听。

乾隆的话刚结束，张廷玉赞道："下臣在上书房办差 30 多年了，两次丁艰都是夺情，只要不病，与圣祖、先帝算得是朝夕相伴。午夜扪心，凭天良说话，私心里常也有圣祖宽、世宗严，一朝天子一朝臣这个想头。只是我为臣子的，尽忠尽职而已。对陛下的旨意，尽力往好处办，以为这就是贤能宰相。今儿个皇上这番宏论，从孔孟仁恕之道发端，譬讲三朝政纲，虽然只是三个字'趋中庸'，却发聋振聩令人心目一开。皇上圣学，真是到了登峰造极的地步。"其他人也都随声附和，乾隆大大满足了一把。

张廷玉和李卫作为乾隆的臣下，都深知乾隆对自己的杂经和宏论引以为豪。而张李二人便投其所好，对其大加捧赞，达到了取悦皇帝的目的。

一个人到了晚年，人生快要走到尽头，当他回首往事的时候，更喜欢回味和谈论自己曾经经历的那些大风大浪，希望得到晚辈的赞美和崇敬。

例如，一位现在已经 80 多岁的老人，一生中最大的骄傲便是独自一个人将 7 个孩子养大成人。现在眼见一个个孩子都成家立业，他经常自豪地对孙子们说："你奶奶死得早，我就靠这两只手把你爸他们几个养大成人，真是不容易啊。"每当这时，如果他的孙子们能乘机美言几句，老人就会异常高兴。

抓住他人最胜过别人的、最引以为豪的东西，并将其放在突出的位置进行捧赞，往往能起到出乎意料的效果。在这一点上，有一个很经典的实例。

在镇压太平军的过程中，一次，曾国藩用完晚饭后与几位幕僚闲谈，评论当今英雄。他说："彭玉麟、李鸿章都是人才，为我所不及。我可自许者，只是生平不好谀耳。"一个幕僚说："各有所长：彭公威猛，人不敢欺；李公精敏，人不能欺。"说到这里，他说不下去了。曾国藩又问："你们以为我怎样？"众人皆低头沉思。忽然走出一个管抄写的后生过来插话道："曾师是仁德，人不忍欺。"众人听了齐拍手。曾国藩十分得意地说："不敢当，不敢当。"后生告退而去。曾氏问："此是何人？"幕僚告诉他："此人是扬州人。入过学，家贫，办事谨慎。"曾国藩听完后说："此人有大才，不可埋没。"不久，曾国藩升任两江总督，就派这位后生去扬州任盐运使。

他人最想要的捧一定是真诚的，不是那种公式般的"捧"，千篇一律，让人反感。

言之有物是指文章或讲话内容具体而充实。与其泛说久仰大名、如雷贯耳，不如说您上次主持的讨论会成绩之佳，真是出人意料等话。若恭维别人生意兴隆，不如赞美他推销产品的努力，或赞美他的商业手腕。泛泛地请人指教是不行的，你应该择其所长，集中某点请他指教，如此他一定高兴得多。

此外，捧人的话一定要切合实际，到别人家里，与其乱捧一场，不如赞美房子布置得别出心裁，或欣赏墙壁上的一幅好画，或惊叹一个盆栽的精巧。若要讨主人喜欢，你要注意投其所好，主人爱狗，你应该赞美他养的狗，主人养了许多金鱼，你应该谈那些鱼的美丽。赞美别人最近的工作成绩、最心爱的宠物、最费心血的设计，这比说上许多无谓的虚泛的客套话更佳。

找闪光点，捧起来省力又见效

每个人都有缺点，并都有想"淡化其缺点"的倾向。但当你能从别人的缺点中发现闪光之处时，这对别人来说就是一种最佳的"捧"。

事实上，由衷地赞美别人的闪光点，是人生中最令对方温暖、最不令自己破费的礼物。当你用心观察对方的优点，并且发自真心地赞美，友善的关系会在一言一语中逐渐建立起来。

凯丝·达莉想成为歌唱家，可是她的脸长得并不好看。她的嘴很大，牙齿也很龅，每一次公开演唱的时候，她一直想把上嘴唇拉下来盖住她的牙齿。她不想露出自己讨厌的牙齿。结果呢？她使自己大出洋相，注定了失败的命运。

可是，在听这个女孩子唱歌的人中间，有一个人却认为她很有天分。他很直率地说："我一直在看你的表演，我知道你想掩藏的是什么，你觉得你的牙长得很难看。"这个女孩子非常难为情，可是那个男人继续说道："不要想着去遮掩，张开你的嘴，如果你不在乎自己的牙齿的话，观众就会喜欢你的。再说，那些你想遮起来的牙齿，说不定正是你的宝贝呢！"

凯丝·达莉接受了他的忠告，没有再去刻意掩饰牙齿。从那时候开始，她只想到她的观众，她张大嘴巴，热情而高兴地唱着，她最终成为电影界和广播界的超级明星。

正如太阳会有黑子一样，短处有时并不影响其本身的优势。对其短处进行适当的分析，让对方接受它，面对它，这样会使他更自信，更有光彩。短处是不会消失的，不管你是否承认，它都是存在的。那么，勇敢地接受它，综合地分析它，就能从心里将它淡化开去。

有人认为，人不过是历史的符号，同时在每个人成长发展的历史过程中又满载着历史记录，其中不乏自己引以为荣的事情。对这些引以为荣的事情，每个人都渴望得到别人较高的评价，如果能够得到衷心的肯定和赞美，更是让人高兴和自豪的事。

了解一个人引以为荣的事情其实很简单。如果是经常接触的人，他的言谈之中常常会流露出一些线索，"兄弟在美国的时候……""我年轻的时候……"所以，一个人真正引以为荣的事情是常常挂在嘴边的。

对于陌生人，则可以从他的职业、所处环境及历史年代大体判断其引以为荣的事情的范围。一位将军引以为荣的往往是他曾经取得的赫赫战功。一位学识渊博的学者则必然对自己发表的论文和专著引以为豪，如果你想对一个陌生的学者尽一点赞美之意，不妨对他说："先生，您的论文和专著在学术界颇具影响力，久仰大名。"律师则会以自己办理影响力较大的案子而得意，碰到一名律师可以说："做律师的人都不简单，您办的好多案子都相当出色。"纵使是一个农民，也会为今年只有他多种了地瓜，又碰上地瓜行情出奇的好，而有几分成功感。你买瓜时不妨说："老兄，你真有眼力，今年这地瓜行情算是让你给瞅准了。"

楚汉之争的结果是刘邦打败了项羽，刘邦心里自然很骄傲，常常问他的大臣们自己为什么能打败项羽之类的问题。大臣们都非常了解刘邦"胜者为王"的心理，于是都对他的才能赞叹不已。刘邦逐渐产生了自满情绪，执政的积极性慢慢懈怠下来。

一次，刘邦生病后整日躺在宫中，下令不见任何人，不理朝政。周勃、灌婴等许多跟随他征战多年的元勋也都找不到劝说的办法。

大将樊哙想出了个办法，闯进宫中进谏，他掷地有声地先对刘邦的过去进行了一番赞美："想当初，陛下和我们起兵沛县定天下之时，何等英雄！上下团结，同甘共苦，打败了项羽，建立了汉朝社稷大业。"

几句话激起了刘邦对自己辉煌历史的自豪之情，然后樊哙话锋一转："现在天下初定，百废待兴，陛下竟这般精神颓废，大臣们都为陛下生病惶恐不安，陛下却不见大臣，不理朝政，而独与太监亲近，难道就不记得赵高祸国的教训吗？"

刘邦恍然大悟，自此以后，刘邦专心朝政，休养生息，汉朝出现一片兴旺发达景象。

事例中，樊哙先是称赞了刘邦征战时的辉煌战绩和勤政作风，而后又巧妙批评了当时刘邦的颓废和懈怠，赞扬与批评相结合。一席肺腑之言终于震醒了刘邦。

樊哙正是通过称赞刘邦引以为荣的历史，也就是他身上存在的闪亮点，进行劝谏，终于达到了说服刘邦勤政的目的。

很多人之所以无法讲出赞美的话，是因为没有认真去观察对方，找不到可以表达赞美的角度。其实，只要你用心观察，一定可以找出值得赞美的地方，哪怕只是对方打了一条特殊花色的领带，抹了看起来很有精神的口红，或气色十分爽朗，都值得你向他 / 她表达赞美。

从细微处开始，捧得更高

在交际中应善于发现细微处的用意，以赞美和感谢来回报对方的良苦用心，这不但会带给对方巨大的心理满足，而且会加深彼此的心灵默契。

很多人在"捧"别人时习惯于泛泛而论，抓不住"捧"的重点，其主要原因就是过分忽视细节。其实，对方之所以在细节上投入那么多的时间和心血，一方面说明对方对此有特别的偏爱，另一方面也说明对方渴望这一部分努力能够得到应有的报偿与肯定。因此，"捧"不能忽视细微之处。

法国总统戴高乐在访问美国时，在一次尼克松为他举行的宴会上，尼克松夫人费了很大的劲布置了一个美观的鲜花展台：在一张马蹄形的桌子中央，鲜艳夺目的热带鲜花衬托着一个精致的喷泉。精明的戴高乐一眼就看出这是女主人为了欢迎他而精心设计制作的，不禁脱口称赞道："女主人为举行一次正式的宴会一定花了很多时间来进行这么漂亮、雅致的计划与布置吧！"尼克松夫人听了，十分高兴。事后她说："大多数来访的大人物要么不加注意，要么不屑为此向女主人道谢，而他总是想到和讲到别人。"

戴高乐贵为元首，却能精细体察他人的用意，这使他成了一位格外受人尊敬的人。面对尼克松夫人精心布置的鲜花展台，戴高乐没有像其他大人物那样视而不见或见而不睬，而是即刻领悟到了对方在此花费的苦心，并对这一片苦心表示了特别的肯定与感谢。戴高乐赞美的言语虽然简短，但很显然，尼克松夫人获得了深深的感动。

大多数人不愿意从小事上去"捧"别人，这是因为现实生活中的重重障碍，遮住了他们的视线，比如：

有人胸怀治国平天下的大志，但眼高手低。对于"扫一屋"的小事不以为然，认为那些事普普通通，没什么了不起，小菜一碟，形同虚无。

"熟人效应"。周围的人对大家来说，太熟悉了。要么，就是区区小事，不足挂齿，不用说什么；要么，就是熟视无睹。每天我们走在干干净净的马路上去上班，都觉得无所谓，脏了却骂清洁工。父母为你呕心沥血，碾平了生活道路上的坎坷，我们却只知道衣来伸手饭来张口，他们在你眼里是"隐形人"。同事、亲戚、朋友时时都在关照你，你却受之泰然。

分工不同，责任不同，使人们认为别人做的都是分内之事，是应该的，无须大惊小怪，做不好就要批评，做好了是责任。在这种心理的驱动下，很多人不能正视别人的小成绩。

以上这些态度，都是应当改变的。

单就小事而论，它的确没有非常重要的意义，但我们若用辩证的观点去考察，却会发现一件小事往往会引发大事，几件小事加在一起就有可能产生意料之外的形态和意义。

一位巡警巡逻时发现仓库门口的灭火器坏了，及时报告给总经理。总经理安排相关负责人买了新的重新布置好。一晃半年过去了，谁也没有把这件事放在心上。有一天库房因电线短路突然起火，幸而被及时扑灭，忙乱中，总经理首先想到的是那位细心的巡警。如果不是他发现灭火器坏了，及时更换，那么库房恐怕完了，公司也保不住了。于是，总经理及时赞美了这位巡警，并代表公司向他致谢，号召全体员工向他学习。事过半年了，总经理在日理万机中竟然还记得巡警的报告。

我们如果把事情割裂开想，一个小小的巡警恐怕早已被遗忘在某个角落里了，谁也不会发现报告的重大意义。

生活中的小事犹如一块块未经雕琢的璞玉，如果你没有一双识别它们的慧眼，细心鉴别，它们就永远埋在山野石林之中，我们也很难发现它们真正的价值所在。

如果我们每一个人都去关注自己身边的一切，去发掘一滴水中的世界，那么在彼此的赞美声中，人们获得的是世间荡漾着的温情。

借他人名义，让你的"捧"更受宠

俗话说："雾里看花花更美。"赞美之词未必要从你嘴里说出来，可以以他人的名义。比如，若当着面直接对对方说"你看来还那么年轻"之类的话，不免有点恭维、奉承之嫌。如果换个方法说："你真是漂亮，难怪某某一直说你看上去总是那么年轻！"可想而知，对方必然会很高兴，而且没有阿谀之嫌。

在一般人的观念中，总认为他人所说的话是比较公正的、实在的。因此，以他人的口吻来赞美，更能得到对方的好感和信任。

1997年，金庸与日本文化名人池田大作展开了一次对谈，对谈的内容后来辑录成书出版。在对谈刚开始时，金庸表示了谦虚的态度，说："我虽然过去与会长（指池田）对谈过，但与世界知名人士不是同一个水平，不过我很高兴尽我所能与会长对话。"池田大作听罢赶紧说："您太谦虚了。您的谦虚让我深感先生的'大人之风'。在您的72年的人生中，这种'大人之风'是一以贯之的，您的每一个脚印都值得我们铭记和追念。"池田说着请金庸用茶，然后又接着说："正如大家所说'有中国人之处，必有金庸之作'，先生享有如此盛名，足见您当之无愧是中国文学的巨匠，是处于亚洲巅峰的文豪。《春秋左传》有云：'太上有立德，其次有立功，其次有立言，是之谓三不朽。'在我看来，只有先生您所构建过的众多精神之价值才是真正属于'不朽'的。"

在这里，池田大作主要采用了"借用他人之口予以评价"的赞美方式，无论是"有中国人之处，必有金庸之作"，还是"太上……三不朽"等，都是舆论界或经典著作中的言论，借助这些言论来赞美金庸，既不失公允，又能恰到好处地给对方以满足。

假借他人之口来赞美一个人，可以避免因直接恭维对方而导致的吹捧之嫌，还可以让对方感觉到他所拥有的赞美者为数众多，从而心里获得极大的满足。

在生活中，要善于借用他人，特别是权威人士的言论来赞美对方，借此达到间接赞美他人的目的。权威人士的评价往往最具说服力，因此引用权威言论来赞美对方是最让对方感到骄傲与自豪的，如果没有权威人士的言论可以借用，借用他人的言论也会收到不错的效果。

出其不意，捧得他喜出望外

很多人在公共场合捧赞别人时，自己想不出怎样好的赞美之言，只能跟着别人说重话，附和别人的赞美。事实上，这样捧人很难收到好的效果，甚至适得其反。不是有这样一句话吗，"别人嚼过的肉不香"，说得非常有道理。

朱温手下有一批鹦鹉学舌溜须拍马的人，一次，朱温与众宾客在大柳树下小憩，独自说了句："柳树好大！"宾客为了讨好他，纷纷起来互相赞叹："柳树好大。"朱温听了觉得好笑，又道："柳树好大，可做车头。"实际上柳木是不能做车头的，但还是有五六个人互相赞叹："可做车头。"朱温对这些鹦鹉学舌的人烦透了，厉声说："柳树岂可做车头！"于是把说"可做车头"的人抓起来杀了。

在整日聚首的人际关系中，一家人之间或一个科室的同事之间，有些捧赞很可能多次重复，已经形成某种公式和习惯了，这就没什么意义和作用。比如，某个处长每次开会总结工作的时候，都像例行公事一样对大家赞扬几句，其内容和说法总是笼统的那么几句话，就像是同一张唱片或同一盘录音带只是在不同的时间播放一样，让人感觉乏味。

如果捧赞能够出其不意，其鼓励作用会更大。正如有人说的"一点新意，一片天空"，这样的话赞美之术会更趋完美。

捧赞要出其不意，当然更要独具慧眼，善于发现一般人难以发现之处，即使你一时还没有发现更新的东西，也可以在表达的角度上有所变化和创新。

法国某将军屡战屡胜，有人称赞他："你真是个了不起的军事家。"他无动于衷，因为他认为打胜仗是理所当然的事。而当那人指着他的鬓须说："将军，你的鬓须真可与美髯公相媲美。"这次，将军欣然地笑了。

新颖的语言，是有魅力的，有吸引力的。简单的捧赞也可能是振奋人心的，但是一种本来是不错的捧赞如果多次单调重复，也会显得平淡无味，甚至令人厌烦。一个女人就曾说过，她对别人反复告诉她，说她长得很漂亮，已经感到很厌烦，但是当有人告诉她，像她这样气质不凡的女人应该去演电影时，她笑了。

新颖的赞语，给人清爽、舒心之感。毛阿敏在哈尔滨演出时，《当代大舞台》的节目主持人是如此将她介绍给观众的：

主持人："请问毛阿敏小姐，您是从哪里来的？"

毛阿敏："哦，我从北京来。"

主持人："您像一只美丽的蝴蝶给冰城哈尔滨带来了欢乐，请问这次能停留几日呢？"

毛阿敏："五日。"

主持人："我们冰城的朋友热烈欢迎您的到来，但愿您与《当代大舞台》永不分手！"

主持人巧借毛阿敏的成名歌曲《思念》来向她发问，亲切而诙谐，同时也激起了演唱者与观众的热情，创造了良好的舞台气氛。

如果主持人只是公式化地套词，那么，观众觉得乏味，毛阿敏也可能会腻味。妙语连珠的赞美，既能显示捧赞者的才能，也能使被捧赞者更快乐地接受。只要你多琢磨，多运用，你的赞语就会更新颖，更容易打动人心。

几乎所有的女人，都是很质朴的，但仪态万方这一目标，却是她们孜孜以求的。这是她们最大的虚荣，并且常常希望别人赞美这一点。但是对那些有沉鱼落雁之容、闭月羞花之貌的倾国倾城的绝代佳人，就要避免对其容貌的过分赞誉，因为对于这一点她已有绝对的自信。你可以转而去称赞她的智慧、她的品格。

日本著名心理学家多湖辉先生在一本书里举了这么一个例子：

有位杂志社的记者，有一次去采访一位地位很高的财经界人士。话匣一打开，记者就首先称赞对方的理财手段如何高明，继而想打听一些对方成功的奥秘。但由于这是初次采访，不容易快速地接触到问题的实质。

这时，那位记者灵机一动，将话题一转，说道："听说您在业余时间很喜欢钓鱼，在钓鱼上是行家里手。在下偶尔也喜欢钓钓鱼，不知道您是否可以介绍一些这方面的经验？"那位大人物一听此话，笑颜顿开，侃侃谈起钓鱼经来。结果不用说，宾主双方俱欢，尔后的采访自然容易了许多。

分析一下这位大人物的心态，不难看出，有关经营方面的捧赞早已经听得耳根生茧了。这个记者看到了大人物的另一个不太为人所知的优点，从该大人物的业余生活入手，最后完满地达到了预期目的，其方法令人叹服。

所以，捧赞的新意很重要，需要我们综合各方面的因素来翻出恰当的新意，否则便会弄巧成拙、适得其反。如果我们每天都能让新鲜的赞美流淌入他人的生活中，那么彼此的生活就会更美好。

故意在背后捧，他在明处更感激

大家都知道，背后说人闲话是不好的。但很少有人知道，背后赞美别人却往往比当面赞美效果更好。

《红楼梦》中有这么一段描写：史湘云、薛宝钗劝贾宝玉做官为宦，贾宝玉大为反感，对着史湘云和袭人赞美林黛玉说："林姑娘从来没有说过这些混账话！要是她说这些混账话，我早和她生分了。"凑巧这时黛玉正来到窗外，无意中听见贾宝玉的话，不觉又惊又喜、又悲又叹。结果宝黛两人互诉肺腑，感情大增。

在林黛玉看来，宝玉在湘云、宝钗、自己三人中只赞美自己，而且不知道自己会听到。这种好话就不但是无意的，还是最真心实意的。倘若宝玉当着黛玉的面说这番话，好猜疑、使小性子的林黛玉可能就认为宝玉是在打趣她或想讨好她。

不用担心，我们在背后说他人的好话，是很容易就会传到对方耳朵里去的。

当面说人家的好话，对方会以为我们可能是在奉承他、讨好他。当我们的好话是在背后说时，人家会认为我们是出于真心的，是真诚地说他的好话，人家才会领情，并感激我们。假如我们当着上司和同事的面说上司的好话，我们的同事会说我们是在讨好上司，拍上司的马屁，从而容易招致周围同事的轻蔑。另外，这种正面的歌功颂德所产生的效果是很小的，甚至还会有起到负面效果的危险。同时，上司脸上可能也挂不住，会说我们不真诚。与其如此，还不如在上司不在场时，大力地"吹捧一番"。而我们说的这些好话，总有一天会传到上司耳中的。

有一位员工与同事们闲谈时，随意说了上司几句好话："梁经理这人真不错，处事比较公正，对我的帮助很大，能够为这样的人做事，真是一种幸运。"这几句话很快就传到了梁经理的耳朵里，梁经理心里不由得有些欣慰和感激。而那位员工的形象，也在梁经理心里上升了。就连那些"传播者"在传达时，也忍不住对那位员工夸赞一番：这个人心胸开阔、人格高尚，难得！

在日常生活中，背着他人赞美他往往比当面赞美更让人觉得可信。因为你对着一个不相干的人赞美他人，一传十，十传百，你的赞美迟早会传到被赞美者的耳朵里。这样，你赞美的目的也就达到了。

足球教练陈亦明为人爽朗，心直口快，极善处理与球员、官员、球迷及媒体的关系。记者问陈亦明："张宏根和左树声都有执教甲A的资历，如何能成为你的助手？"陈亦明先以简明之言道出了"团结就是力量"这个道理，再道出："国内名气比我们大的不少。一个人斗不过，三个人组合就强大多了。张导是我的老师，左导是我的师兄弟，我们的组合可谓是强强联手、梦幻组合。"此话令人不由想到了当年那集NBA所有高手的美国国家篮球队——梦之队的威风八面。

其语既自我褒扬，又夸张、左二人，敷己"粉"而不显白，赞他人又不显媚，显示出一种极高超的"自我标榜"及"恭维他人"的言语艺术。

张艺谋做人很随和，做导演却极富个性。对其同班同学另一位名导演陈凯歌，他的评价如下："凯歌是个很出色的导演，我跟凯歌的特点在于：我们都保持自己的个性。这个个性你可以不喜欢，不欣赏，但凯歌从不妥协，他保持他的个性。而中国这样的导演很少。不能因为凯歌的作品没有得奖，就说这说那的，我觉得这是一种短视。"

因此，我们要想让对方感到愉悦，就更应该采取这种在背后说人好话、赞扬别人的策略。因为这种赞美比当面赞美更容易让人相信它的真实性。

推测性地捧，给对方"妙上加妙"之感

借用推测法来赞美他人，虽然这种方式有一定的主观意愿性，未必事实，但是能从善意的想象中推测出他人美好的东西，就能给人以美好的感受。

有个善良的小女孩，总觉得自己长得丑，总是含羞草似的低着头，就连圣诞节也不例外。就在圣诞节这天，因为低着头走路而撞倒了一个老人——一个白发苍苍的盲人。

小女孩吓了一跳，赶紧说了声"对不起"，她的声音挺小，一听就充满了深深的自责。于是，盲人说了一句："没关系。"

小女孩挺感动，赶紧扶起老人："老爷爷，是我把您碰倒的，我……我搀着您，送您回家，好吗？"小女孩的声音挺甜，细细的，像一阵柔柔的风。

但盲人却摇了摇头："不，孩子。听声音就觉得你特别善良。你一定长

得很美……"那个"美"字说得挺明亮，使女孩听了怦然心动。

"可我……"小女孩一时不知说什么好。

"去吧，孩子。"老人觉察到小女孩还站在自己面前，真诚地对她又叮嘱了一句。

小女孩很感动，深深地点了点头。她已坚信对方能看到写在自己脸上的深深的歉意。

老人转过身，拐杖敲着地面，走了。

小女孩的眼里流出了一行热泪。她感激那位老人居然那么真切地夸她"美！"

她看着老人——就这么站着，站着，泪汪汪地看着老人离去的方向。过了好长时间，小女孩才从梦幻般的感觉中回到现实。

也就是打这天起，她走路时也抬起了头，因为她已坚信，美像阳光，也同样簇拥着她！

瞧！这就是推测性赞美创造的奇迹！它使一个自卑的小女孩阳光起来，找到了自信！

一般来说，推测性赞美有两种，一种是祝愿式的推测，一种是预言式的推测。

所谓祝愿式推测，主要强调一种美好的意愿，用一种友好的心情去推测对方，带有祝愿的特点。这种推测也未必很可行，但推测者是诚挚而善意的。

所谓预言式推测，带有一些必然性、预见性，可以针对工作、生活中可能会取得的成绩进行预测。

1988年10月，一位来自台湾的客人来到金陵饭店公关部售票台前。

"早上好！"公关经理很有礼貌地站起来招呼。

"我要3张后天去上海的91次软座票。"这人不耐烦地说。

见客人情绪不好，公关经理立即将订票单取出，帮客人登记。当写到车次时，公关经理习惯性地发问："先生，万一这趟车订不到，311、305 可以吗？它们的始发时间是……"

没等公关经理说完，客人连说："不行！不行！我就要 91 次！"

公关经理又强调了"万一……"，这番好心反而把客人惹火了："什么万一，万一，你们是为客人服务的，就不能这么说。"

这时，公关经理立即意识到自己的说话方法不妥，差一点把客人赶跑了。她根据对方反馈的信息，立即调整话语，转换语气说："我们一定尽最大努力设法给您买到。"这时客人脸上才露出了笑容。

第二天客人来取票。根据头天打交道的情况，公关经理一改过去公事公办的办事态度，笑眯眯地说："先生，您的运气真好。车站售票处明天 91 次车票好紧张，只剩 3 张票，全给我拿来了，看来先生您要发财了。"

客人闻听此言，立即转身跑到宾馆小卖部，买了一大包糖回来请公关经理吃。

自那以后，客人每次见到公关经理都打招呼，点头微笑。临走时，他高兴地说："下次来南京，一定还住金陵。"

这个故事中公关经理就用了祝愿式推测。公关经理从买票的幸运"推测"出"发财"一说，这里面没有必然性可言，并不具备多少合理性，但它是一句吉言，能使人听着顺心顺意。祝愿式推测有浓厚的情感色彩。需要真实的情感，并给予最为贴切的赞美。

小白的同事小金自幼爱好音乐，受过专门的音乐训练，颇擅长流行音乐，曾获过市级音乐大赛的三等奖。小金刚参加完地区音乐大赛回来，小白热烈地夸她："这次'金榜题名'定是命中注定的。"小金很高兴地说她发挥得不错，不过，对手也较多……

小白的推测是有根据的，建立在小金平时的能力及以前的成绩上。当然，推测并不等于明确的结果，而是具有多种可能性，但前提是被赞美者本身有实力，有可能获得好结果。

预言式推测较适用于同事与同事之间，或父母对孩子的推测。总之，是对身边较熟悉的人所采用的方式，它起到一定的激励作用。

真诚地"捧"，才能动人心弦

捧赞他人是社交场上的一种生存能力，与溜须拍马不同，捧赞必须是真诚的发自内心的实话。

不真诚的捧赞，给人一种虚情假意的印象，或者会被认为怀有某种不良目的，被捧赞者不但不感激，反而会讨厌。言过其实的捧赞，不能实事求是，会使受捧赞者感到窘迫，也会降低捧赞者的水准。虚情假意的奉承对人对己都是有害而无利的。

有一次一群朋友在一起聚会，吃饭的时候，大家交换名片，其中有一位来自报社，另一位试图对其进行称赞，一看是报社的，便稀里糊涂地说："哇，您是有名的大作家！"人家问："我怎么有名？"他说："我每次都看见你写的文章。"人家说："我的文章都在哪里？"他说："每次都是头版头条啊！"然后人家告诉他："真的吗？我是专门写讣告的。"讣告能在头版头条吗？显然是虚假的赞扬，引起了别人的反感。但是这位先生仍然没有意识到自己的错误，看到旁边有一位小姐，聊了没几句，本来这位小姐长得很胖，他说："小姐，您真苗条！"小姐说："什么，说我苗条，我知道你是在骂我。"

真诚的捧赞和"拍马屁"最大的区别在于是否发自内心。真诚的捧赞起源于内心深处的一种欣赏、一种冲动，它反映了一个人对另一个人的认可：外表漂亮、言谈合自己的口味、行动敏捷、品格高尚……即在两个人之中，其中一个人在另一个人身上发现了符合自己理想和价值标准的可贵之处。我们认识这个人、了解这个人的时候，已经有一种无形的力量促使自己要去捧赞他的一些优点。

真诚的捧赞应该是合乎时宜的，在合适的氛围里发出的捧赞会让人内心明亮，灿烂无比。当别人感觉到你的捧赞是由衷的，那捧赞的话就很容易被接受。

大音乐家勃拉姆斯是个农民的儿子，生于汉堡的贫民窟，没有受教育的机会，更无从系统地学习音乐，所以，对自己未来能否在音乐事业上取得成功缺乏信心。然而，在他第一次敲开舒曼家大门的时候，他一生的命运就在这一刻决定了。当他取出他最早创作的一首 C 大调钢琴奏鸣曲草稿，手指无比灵巧地在琴键上滑动，弹完一曲站起来时，舒曼热情地张开双臂抱了他，兴奋地喊道："天才啊！年轻人，天才……"正是这发自内心的由衷赞美，使勃拉姆斯的自卑消失得无影无踪，也赋予了他从事音乐艺术事业的坚定信心。在那以后，他便如同换了一个人，不断地把心底里的才智和激情流泻到五线谱上，成为音乐史上一位卓越的艺术家。

正是这一句由衷的捧赞，创造了一位音乐大师。

那么，无论对象是谁，当你再想开口捧人的时候，务必记得表现出你的真诚。

捧人要高低有"度"

捧人如果把握不好"捧"的分寸和尺度，肤浅的"捧"会让人感到乏味与空洞，使被捧者丝毫感觉不到一种荣耀，并会在你的言语中产生一种不安与困惑，进而对双方交际产生一些不良的影响。而适度的"捧"，可以使被"捧"者迅速产生认同感，进而对你抱以信赖的态度，产生与你积极沟通交流的愿望。

总体来说，掌握适度捧赞他人的艺术，需要我们在生活中多观察、多总结，只有这样，才能够准确恰当地运用它来达到我们与他人沟通的目的。对此，有些必须重视的问题我们万万不可忽视。

1."捧"要得体，不可过于夸张

夸张是语言的一种修辞方法，在捧赞他人时适当地夸张一点能够有利于表达自己的感情，对方也乐于接受；但过分地夸张就有阿谀奉承、溜须逢迎之嫌，甚至会让对方怀疑你捧赞他的真实目的。

董明新婚，娶了一个漂亮的妻子，大家都夸他妻子漂亮，董明心里也美滋滋的。他夸张地对妻子说："你真漂亮，自从我娶了你之后，连电视都不想看了。"电视中美女如云，不可能个个都比不过他妻子。听了董明的捧赞，妻子不屑地扔出"虚伪"二字。

夸张总归是夸张，如果夸张过度，捧赞也就变了味。过分地夸张往往使捧赞脱离了实际情况，让人感觉到缺乏真诚的东西。再如，对于一般知识分子，你夸他智力超群，独树一帜，会令人生厌；对长相丑陋的女性，你夸她美貌过人，她会认为你在讽刺她。

2.不要滥用吹捧

这里讲的滥用是指相对时期内对一个对象捧赞的次数。次数太少，起不到应有的作用；次数太多，也会削弱应有的效果。而捧赞的频率是否适中，是以受捧赞者优良行为的进展程度为尺度的。如果被捧赞者的优良行为同捧赞的频率成正比，则说明捧赞的频率是适度的；如果捧赞的频率远远超过其优良行为，则说明捧赞已经到了"滥施"的程度。

3.不要说外行话

捧赞他人是对他人的认可和肯定。所以在捧赞时，不能说外行话，要慎重选择捧赞的角度，不要不懂装懂，落下笑柄。

有个年轻人本不懂诗，但一个偶然的机会，他有幸遇到了一位诗人。年轻人趁机恭维道："您的诗写得再好不过了，我读了好几遍也没读懂。"年轻人是只知其然，而不知其所以然，这位诗人的诗写得好，但究竟好在哪里？年轻人就说了外行话，用读不懂来形容，简直是在亵渎诗人的作品。

要想不说外行话，在捧赞时需要注意：

第一，美言适可而止。心里要谦虚，赞美别人时有所保留，不要打肿脸充胖子，硬装内行。

第二，多用模糊语言。赞美行家，不要说得过细，因为他比你懂得多。如对书法家，说"你的字写得太好了，什么时候指点指点我？"即可。

第三，类比熟悉事物。选择自己熟悉的事物做类比，以免出漏洞。

第四，看得远一点儿。赞美不仅要符合眼前实际，而且要高瞻远瞩，具有一定的前瞻性和预见性。

还有，某些东西具有相对稳定性，比如人的容貌、性格、习惯等，这方面比较容易捧赞。而有些东西则不稳定，如人的行为、成绩、思想、态度等，若从长远考虑，捧赞时要谨慎。

例如，有些人入党之前各方面表现都很积极，领导便开始称赞他："该同志一直……"有经验的人就会想，先别夸那个，慢慢儿看吧。果然，他入党之后，各方面就开始松懈了。人迫于某种压力或某种需求，做一件好事很容易，难的是一辈子都做好事。

如果捧赞人时仅限于就事论事，极易犯目光短浅的错误。

第六章

酒香也怕巷子深：
推销自己没什么"不好意思"

王婆卖瓜，必须自夸

有句俗话叫："王婆卖瓜，自卖自夸。"虽然这句话蕴含了一些自吹自擂的意味，但这种自吹并不是没有道理的。

社会就如同一个大丛林，许多机会都是要靠我们自己去争取的。如果有能力，就应该自告奋勇地去争取那些许多人无法胜任的任务，千万不要把自己淹没在人群中，或者躲在被人们遗忘的角落里。成功者会让自己闪耀夺目，像磁铁一样吸引各方的注意。

有一匹千里马，身材非常瘦小，它混在众多马匹之中，黯淡无光。主人不知道它有与众不同的奔跑能力，它也不屑表现，它坚信伯乐会发现它的过人之处，改变它被埋没的命运。

有一天，它真的遇到了伯乐。这位救星径直来到千里马面前，拍了拍马背，要它跑跑看。千里马激动的心情像被泼了盆冷水，它想，真正的伯乐一眼就会相中我，为什么不相信我，还要我跑给他看呢？这个人一定是冒牌！千里马傲慢地摇了摇头。伯乐感到很奇怪，但时间有限，来不及多做考察，只得失望地离开了。

又过了许多年，千里马还是没有遇到它心中的伯乐。它已经不再年轻，体力越来越差，主人见它没什么用，就把它杀掉了。千里马在死去的一刹那还在哀叹，不明白世人为什么要这么对待它。

客观而言，千里马的一生非常悲惨，甚至有些"怀才不遇"的意味。它终年混迹于平庸之辈中，普通人不能看出它的不凡之处，伯乐也错过了提拔它的机会。但是，造成这种悲剧的是谁呢？是它的主人吗？是伯乐吗？都不是！怪只能怪千里马自身，假如它当初能够抓住机遇，勇敢地站出来，在伯乐面前它能不顾一切地奔跑起来，表现出自己与众不同的优秀品质来，用速度与激情证明自己的实力，恐怕它早就可以离开那个狭窄的空间，到属于自己的广阔天地尽情施展了。

曾经人们总说"酒香不怕巷子深"，其实非也，这甚至会耽误很多英雄。试想，要有多么浓郁的芳香才能从深巷里传入人们的鼻端呢？又有多少人能够静下心来寻找这芳香的源头呢？只怕最终也不过落得个"长在深巷无人识"。有些人常慨叹怀才不遇，却不知何时才会自我醒悟，因为有能力是需要表现出来的，有本事就要发挥出来，不吭声、不动作，谁会知道你胸中的万千丘壑，谁会将你这匹千里马从马群中挑选出来呢？

不少人总是满怀希望地等待着，期待伯乐从远方来发现自己、提拔自己。只可惜千里马常有，而伯乐不常有。并不是所有领导、上司都独具慧眼，将机会拱手送上。在你做白日梦的时候，别的千里马，甚至是九百里马、八百里马们早已迎风疾驰，令众人瞩目，获得了展示自己的舞台。而默不作声的你，自然被淹没在无人问津的平庸者当中。

现实终究是现实，美好的东西不会主动跑到你面前来，一切都要靠你自己主动争取。要知道，就算天上掉下馅饼，也要你主动去捡，而且你还必须抢先别人一步。金子如果被埋在土里就永远不会闪光。如果要闪光只有两种可能：一种是被矿工侥幸发掘，而这需要有千载难逢的机会；另外一种是通过自己的力量破土而出。如果你努力，如果你是真金，这种可能几乎等于必然。

因此，即便是实力爆棚的人，也要学会表现自己，要善于表现自己，才能让自己的优势展现于世人面前，才能使自己成为求才若渴的人们心目中的抢手货。

以当代职场为例，默默无闻、埋头苦干的人，往往不能被重用。一个人要想成功，不仅仅要拥有雄厚的实力，还要会表现自己，这样才有机会脱颖而出。

正如美国著名演讲口才艺术家卡耐基所言："你应庆幸自己是世上独一无二的，应该把自己的禀赋发挥出来。"在如今这个凸显自我价值的时代，实力已不是成功的唯一条件，还需把自己"捧红"，把自己"炒热"，这是一种主动把握人生的方式。

自卑者错过机遇，自信者创造机遇

自卑的人总喜欢低估自己，自愧无能，甚至自怨自艾、悲观绝望。他们不会在别人面前表达自我，更不用说自我夸赞了。他们就像乞讨者一样，永远卑微地活着。即使有好的机遇降临身边，他们也很容易错过。

自信的人却恰恰相反，因为坚信自己一定会成功，他们做事往往胸有成竹，能勇敢地迈出每一步，从而最大限度地挖掘自身的潜力。在他们眼里，外来的挑战虽然很残酷，但不管能不能克服，总有过去的时候。对他们来说，只要心中充满了信念，即便身处逆境，也能够为自己创造好的机遇，同样能赢得无数的掌声。

举世闻名的指挥家小泽征尔，成名之前，在一次世界优秀指挥家大赛上，他发现了不和谐的声音，觉得乐谱有错。这时，评委们却坚持说乐谱没有问题。面对这些权威人士，小泽征尔斩钉截铁地说："不！一定是乐谱错了！"话音刚落，评委们便报以热烈的掌声。原来，这正是比赛的一部分，小泽征尔的勇敢、自信征服了所有评委。

正是因为相信自己，小泽征尔才果断地跳过了"圈套"。这次的夺魁，也正如一盏明灯，照亮了他的前程！

成功不一定站在智慧的一方，但一定会站在自信的一方。相信自己，就会拥有自己的成就与幸福。如果你真的相信自己，并且深信自己一定能实现梦想，你就一定会成功。因为你相信"我能做到"时，自然就会想出"如何去做"的方法。

有的时候别人（或者整个大环境）会怀疑我们的价值，久而久之，连我们本人都会对自己的重要性感到怀疑，接受了社会强加给我们的角色，变得自甘堕落起来。如果你任由这种事情发生在你身上，你将一辈子都无法抬起头来，只能沿着"乞丐"的道路无奈地走下去。

但如果你能跳过那个"圈套"，一切就会在那一瞬间变得很不同。那是自信的力量，是敢于向自我挑战、超越自我的精神，唯此才能重新评价自我，认真审视自我，深刻反省自我，不断总结自我，从而更好地深化、发展、完善自我；才能焕发心底的勇气与动力，才能经受磨炼和考验，才能承担更多的责任，铸造更辉煌的人生！

请相信自己，如果我们不能做到心灵统一，就不可能发挥出生命的潜在力量，不发挥出潜在力量，就是自己埋没自己。也许你并没有意识到：在大部分时间里、大多数事物中，不是别人限制你，而是你埋没了你自己。行动起来，去创造你需要的机遇吧！

聪明人，就要自我推销

表现欲是人们有意识地向他人展示自己才能、学识、成就的欲望。对于我们来说，增强自己积极的表现欲尤为重要。实践证明，积极的表现欲是一种促人奋进的内在动力。谁拥有它，谁就会争得进一步发展自己的机会，从而接近成功的彼岸。

然而在现实生活中，有些人并不这样看问题，他们对表现欲存有偏见，以为那是出风头，是不稳重、不成熟。这样一来，他们不但失掉了很多机会，而且给人留下了平庸无能、无所作为的印象，自然得不到好评和重用。这些现象反而告诉我们，表现欲不足无疑是一种缺憾，积极的表现欲应该成为现代人必备的心理。

自我表现的目的是成功地把自己推销出去，让人们看到自己真正的才干与实力，把那些原本可能不属于自己的机会拉到自己的面前，这样成功的机会将会大大增加。

有这样一个故事，讲的是一个多次失业者在面试时推销自己的妙招：

某大公司招聘人才，应者云集。其中多为高学历、多证书、有相关工作经验的人。

经过3轮淘汰，还剩11个应聘者，最终将留用6人。因此，第四轮总裁亲自面试，将会出现十分残酷的场面。可奇怪的是，面试现场出现了12个考生。

总裁问："谁不是应聘的？"

坐在最后一排的男子一下子站了起来："先生，我第一轮就被淘汰了，但我想参加一下面试。"

在场的人都笑了，包括站在门口闲看的老头子。总裁饶有兴趣地问：

"你连第一关都过不了，来这儿又有什么意义呢？"

男子说："我掌握了很多财富，我本人即是财富。"

大家又一次笑得很开心，觉得此人不是太狂妄，就是脑子有毛病。

男子接着说："我只有一个本科学历，一个中级职称，但我有 11 年工作经验，曾在 18 家公司任过职……"

总裁打断他："你学历、职称都不算高，工作 11 年倒是很不错，但先后跳槽 18 家公司，太令人吃惊了。我不欣赏。"

男子站起身："先生，我没有跳槽，而是那 18 家公司先后倒闭了。"在场的人第三次笑了。一个应聘者说："你真是倒霉蛋！"男子也笑了："相反，我认为这是我的财富！我不倒霉，我只有 31 岁。"

这时，站在门口的老头子走进来，给总裁倒茶。男子继续说："我很了解那 18 家公司，我曾与大伙努力挽救那些公司，虽然不成功，但我从那些公司的错误与失败中学到了许多东西，很多人只是追求成功的经验，而我，更有经验避免错误与失败！"

男子离开座位，一边转身一边说："我深知，成功的经验大抵相似，而失败的原因各不相同。与其用 11 年学习成功的经验，不如用同样的时间去研究错误与失败；别人成功的经历很难成为我们的财富，但别人的失败过程却是！"

男子就要出门了，忽然又回过头说："这 11 年经历的 18 家公司，培养和锻炼了我对人、对事、对未来的洞察力，举个例子吧，真正的考官不是您，而是这位倒茶的老人。"

全场 11 个应聘者哗然，惊愕地盯着倒茶的老头。那老头笑了："很好！你第一个被录取了，因为我急于知道，我的表演为何失败。"

在这里，该男子的面试过程可谓一波三折，但整个过程却都是该男子推销自我的表演。因此，要想使别人接纳自己，并重用自己，你必须使出全部招数，竭尽全力去游说，必须有创意，而且具有鲜明的印象，让用你之人因佩服而接纳你。

推销是一种才华，就像是绘画一样，两者都需要培养个人的风格；没有风格的话，你只是芸芸众生中的一个而已。推销自己是一种才能，也是一种艺术。有了这种才能，人们才可能安身立命，才能抓住机遇使自己处于不败之地。能够将自己推销给别人的人才能推销世界上任何有价值的东西。

一个真正有心机的人，不仅要有能力、会做事，还要会表现自己、推销自己。绝大多数人都有自己的理想和目标，但人生的第一步是学会醒目地亮出自己，为自己创造机会。说到底，这是一种观念，是主动出击还是被动选择？其实，这在很大程度上决定着你的成功与否。

往脸上贴黄金，增加办事筹码

一般人求人，态度一定会低三下四，让对方怜悯，好像只有这样才容易获得救助。这种人见得多了，也就见怪不怪了。如果你一反常规，巧用手段为自己贴金，从气势上并不输给对手，然后你再故意说一些抬高自己身价的话语，对方肯定会想到你或许真的实力不凡。

要知道，人际场上，本来就虚虚实实，谁也无法完全摸清伙伴和对手的底细。在这种大环境下，如果你势力较弱而又想把自己事业做大，那么你就应该多往脸上贴些"黄金"，抬高身价，至少给对方一个你实力强大的假象，这样你才能成功地借助对方的力量。

有一年国际木材市场需求增加，价格上扬，某大型林场看准这一时机，将林场的木材推入国际市场，市场反应良好。然而好景不长，几个月后，由于市场竞争激烈，木材的价格大幅下跌，如果继续坚持出口，林场每年将亏损上千万元。面对危机，场长认为，在国际交易中他们是后起者，在强手如林的情况下，挤进去非常不容易，应想办法站稳脚跟才行。如果一遇风险和危机就退出来，那么，想再占领市场就会更困难。于是他决心带领大家从夹缝中冲出去。为此，他亲自参加一些大型宴会，借此收集信息，寻找合伙对象，开辟新市场。

在一次宴会上，场长遇到国外一家著名的家具生产集团的总经理。场长开门见山，表明希望那家公司能够把他们的林场作为原料采购基地。对方公司总经理说："现在我们的原料供应系统很稳定，你有什么优势让我们放弃别的公司，而选用你们的木材？"场长不卑不亢地列举了该林场三大优势：第一，我们林场的木材质量有保证，有很高的信誉；第二，我们可以长期合作，保证长期供货，长期供应价格上我们可以给予一定的优惠；第三，我们林场有自备码头，能保证货运及时，并有良好的售后服务，更重要的一点是保证信守合同。场长在大谈林场的三大优势后，还不紧不慢地对外方总经理说，林场刚刚与国际上另一家知名公司签订了供货合同。那位经理听说连 A公司那样的大公司都与中方的这家林场签订了合同，看来林场实力不弱啊！他立即同意就供货问题正式洽谈。签订合同之前对木材进行现场检测。经检测，木林质地良好，是家具原材料的上上之选，经过一番讨论，双方正式签订了合同，从此该林场在国际市场上站稳了脚。

上例中，那位场长没有刻意地恭维对方，而是底气十足地向对方提出要求，紧接着在不经意中道出自己与另一家公司签订了合同，无形中抬高了林场木材的身价，让对方对他刮目相看，如此一来，事情自然好办多了。

足见，求人办事，手段一定要灵活，特别是在商业场合求陌生人时，如果自身力量较弱，处于劣势，那么你不妨巧用一些手段，往自己脸上贴金，把身价抬高，增加自身分量，为自己办事创造一些更好的条件。

当然，脸上的"黄金"是有一定限度的，否则无限度地拔高自己只能是玩火自焚。

以小搏大，"炒"出你的最大价值

赌博的时候，人人都渴望以小搏大，因为这样相对而言赚得最多。其实，在这个凸显自我价值的时代，运用"炒"的技巧彰显自己的价值和突出自己的地位，是人生的一大学问，也是取得成功的一种智慧。

战国时，齐王听信谗言，认为孟尝君的名望高过自己，会威胁到自己的统治地位，于是罢免了孟尝君的职位。孟尝君的门客知道了这个消息后，纷纷离去，只剩冯谖一个人。

冯谖对孟尝君说："请派我到魏国去，我一定有办法让你重新受到国君的重用，增加封地。"

于是孟尝君备好礼物，派冯谖去魏国。

来到魏国，冯谖对梁惠王说："天下的游士驱车入魏，都想使魏国强盛，使齐国削弱；而驱车入齐的都想使齐国强盛，使魏国削弱。这是因为魏齐两国势不两立，谁能称雄谁就能拥有天下。"

梁惠王听了，问道："那么怎样才能使魏国称雄呢？"

冯谖并没有直接回答，而是进一步问道："大王知道齐国罢免孟尝君的事吗？"

梁惠王说："知道。"

冯谖说："辅佐齐国使之在天下举足轻重，都是孟尝君的功劳。现在齐王听信别人的谗言，罢免孟尝君，孟尝君心中怨恨，一定会背叛齐国。如果他能投奔魏国，齐国的人心自然随之倒向魏国，齐国的国土就在您的掌握之中了，这岂止是称雄而已？大王应该赶快派使者带着厚礼，去迎聘孟尝君，千万不要错失良机。否则，如果齐王醒悟过来，再次重用孟尝君，那么魏齐两国谁能称雄天下，就未可预知了。"

梁惠王听了很高兴，当即派出 10 辆车，载着百镒黄金去齐国迎聘孟尝君。

冯谖辞别梁惠王，先行赶回齐国，游说齐王："天下的游士驱车入齐的，都想使齐国强盛，使魏国削弱；驱车入魏的，则想使魏国强盛，使齐国削弱。这是因为齐魏两国势不两立，一旦魏国强盛，齐国就会因此削弱。现在我听说魏国派遣专使，带 10 辆车，载着黄金百镒来迎聘孟尝君。孟尝君不去魏国就罢了，一旦他去辅佐魏王，天下人都会归附于他。到那时魏国强盛，齐国削弱，齐国的临淄、即墨地区就危险了。大王何不在魏国使者到来之前，恢复孟尝君的职位，增加他的封邑，向他表示歉意呢？这样做，孟尝君一定会欣然接受。魏国再强大，又怎么能强请别国臣子去当丞相呢？"

齐王说："你说得很有道理。"他当即召见孟尝君，恢复原来的相国职位和封地，还增加 1000 户封邑。魏国使者恰好在这时来到齐国，听说此事，只好无功而返。

在这个事例中，门客冯谖凭三寸不烂之舌，说服魏王派出 10 辆车，又载百镒黄金去迎聘刚刚被齐王解除相国职位的孟尝君，之后，冯谖又去面见齐王，报告魏王要重用孟尝君的事情，同时劝说齐王恢复孟尝君的职务。这是一种策略，用现代的话说，冯谖必须先把已经下野的孟尝君在魏王那里"炒"起来，给齐王施加压力，让齐王认识到孟尝君的价值，这样，齐王才能再度起用孟尝君。

在人才竞争的社会里，适当地运用以小搏大的炒作技巧，是很有必要的。从某种意义上来讲，它是一种实现自我价值简捷而高效的手段。如果四两拨千斤用得恰当，可收到事半功倍的效果。

给魅力加点"磁性"，吸引更多的人

美国著名成功学大师拿破仑·希尔博士说："真正的领导能力来自让人钦佩的人格。"积极、真诚、守信、勇敢……能将这些世人向往的因素集于一身者，其富有魅力的人格便会在无意间吸引许多人，视其为一种信仰，甘愿成为其信徒。

无数事实证明，想要成为精神领袖，让周围的人们追随你，形成一个凝聚人心、催人奋进、具有强大吸引力的领导核心，仅仅依靠体制和职务赋予的权力是远远不够的，还需要给自身的魅力加一些众望所归的"磁性"。

在封建社会，统治者为了加强君权，经常采用的一个手段便是极力美化君主的人格："神圣者王，仁智者君，武勇者长，此天之道、人之情也。"统治者总是力图使人民相信：君主的人格是完美的，君主即代表着伟大、睿智、圣明、仁德、英武。

其实，古代不少君主不可能兼具上述美德，但他们十分注意不从自己的口中露出一言半语违背上述美德的话，并且注意使那些看见君主和听到君主谈话的人都觉得君主是位非常之人。这样才能达到"顺应民心"的目的，为自己创造一大批忠心追随的信徒。

从积极的角度看，封建统治者非常重视提升自己的人格魅力，以此来加强自己的精神感召力和影响力，让人们心甘情愿地追随自己。人格魅力能创造多大的影响力？时代华纳总裁史蒂夫·罗斯为我们做出了回答。

虽然罗斯的生活沉浸在幻想之中，他的行事作风专擅独裁，但他绝不露出一副高高在上的模样，即使对地位低下的人也绝不摆出一副盛气凌人的架势。他至少不会给人以妄自尊大的感觉，他能顾及别人应有的尊严。

得力干将达利是这样表述罗斯的"亲和力"的："罗斯对周围人物的感

受处处可见，他和每一位秘书都曾亲切地交谈。如果他离开时忘了向安或玛莉莎（达利的助理）道再见，他会说'天啊！我忘了说再见'，然后再折回去。如果他留在公司而由安替他做什么事情的话，第二天就会有一打红玫瑰放在她的桌上。"为了和公司低层的员工打成一片，罗斯可以说费尽了心思。他确实成功了。所有人都从内心深处尊敬他、感激他，并自动自发地追随他。

对于手下的得力干将，罗斯则另有一套方案创造信徒。他赋予部门主管绝对的自主权，他告诉他们犯错无妨，但就是不要太离谱。因此，他鼓励主管要有自己就是老板的意识。罗斯言行如一，从不干涉主管的决策，无论是否景气，他永远是他们忠实的支持者。这种亲切、温厚、如慈父般的作风完全符合他的个性，并且深入人心。当其他同行的管理阶层因流动率太高而元气大伤之际，华纳的高级主管一律长期留任。每当他的控制权受到来自合并的挑战时，他手下的主管便群起反对他的对手，从而帮助他度过一次次的权力危机。

罗斯知道，要使员工真正成为信徒，还必须给他们以实惠。无论如何，运用各种手段将公司的财富与同僚共享，对罗斯而言似乎是天经地义的事。谈起薪资、津贴和一些千奇百怪的福利措施，华纳可说是一应俱全，称得上真正的全能服务公司。罗斯让他手下大将个个成为千万富翁，他们对他奉若神明，事实上，他的周遭人士对他不但绝对忠诚，而且近乎个人崇拜。

除以上几点之外，罗斯获得人们信仰的保证是他迷人的梦想以及凭借实现梦想的超凡能力所建立起来的良好信誉。"要与罗斯相处，就必须是他忠诚的信徒。一旦进入他的世界——那里强调的是忠诚——则你的梦想（依照他的指示）都能够实现。"

古往今来，信徒式文化一直是维系人心的重要因素。就拿世界 500 强的宝洁公司来说，信徒式文化也产生了良好的效果。

宝洁长期以来一直细心挑选新员工，雇用年轻人做最初级的工作，然后把他们培养成具有宝洁思维和行为方式的人，再让这些在宝洁文化中成长起来的"宝洁信徒"做中高级管理人员。这些忠实的员工在宝洁内部形成了上下一心、团结奋进的气氛，大家群策群力，以公司发展为信念，以信徒式的狂热，贡献出自己的全部力量。

足见，充满"磁性"的人格魅力，才是聚集众人的精神力量。当你带着动人的人格魅力站在人们面前时，无需聒噪的鼓动与召唤，他们也会紧紧地追随在你身边，为你的目标而奋斗，为你的梦想而努力。

形象名片上下功夫，谁都会对你印象深刻

交际场上，有的人能如鱼得水，有的人却跌跌撞撞。对此，人们总喜欢用"同人不同命"这个词进行解嘲式的概括。那么，为什么同样的人生，却有着不同的境遇、不同的结果呢？

生活经验告诉我们，每个人都想追求完美的人生，但很少有人真正注意自己在社会交往中的形象。这种形象不仅仅是仪容仪表的刻意修饰，更是温和的性格、积极的心态、文雅的修养带给人的影响力。

正如古代哲人穆格发所言："良好的形象是美丽生活的代言人，是我们走向更高阶梯的扶手，是进入爱的神圣殿堂的敲门砖。"一个注意形象并自觉保持好形象的人，总能得到人们的信任，总能在逆境中得到帮助，也必定能在人生的旅途中不断找到发挥才干的机会，最终做到时刻用自己的风采魅力影响别人，活出真正精彩的人生。

可以毫不夸张地讲，好形象是人生的一种资本，充分利用它不仅能给你的日常生活增光添彩，更有助于提升你的影响力。

宋庆龄女士是全世界公认的伟大女性，她除了拥有崇高的品质、高尚的人格外，还具有美好的仪表形象。

美国作家艾斯蒂·希恩曾在作品里这样描写她："她雍容高贵，却又那

么朴实无华，堪称稳重端庄。在欧洲的王子和公主中，尤其年龄较长者的身上，偶尔也能看到同样的影响力。但对这些人而言，这显然是终生培养训练的结果，而孙夫人的雍容华贵却与众不同，这主要是一种内在的影响力。它发自内心，而不是伪装出来的。她的胆略见识之高，人所罕见，从而能使她在紧要关头镇定自若。同时，端庄、忠诚和胆识又使她具有一种根本的力量，这种力量能够消除人们由于她的外表而产生的那种柔弱羞怯的印象，使她具有坚毅的英雄主义的影响力。"

宋庆龄女士的一生成功印证了这样一个观点：一个人具有好形象，除了展示个人的气质风度外，更有助于提升自己的影响力。形象是人生的一种潜在影响力。

由于每个人都是这个世界上独一无二的，所以每个人的形象，无论好坏，也都是充满着独特影响力的。因此，形象是每个人向世界展示自我的窗口，向社会宣传自我的广告，向别人介绍自我的名片。别人从我们的形象中获取对我们的印象，而这个印象又影响着他们对我们的态度和行为。我们也正是在这个最基本的互动过程中，追逐着自己人生的梦想，实现着生命的价值。

同时，良好的形象有助于增进人际关系，营造和谐气氛，令你在社会中左右逢源，无往而不利，从而促进你的成功。

红顶商人胡雪岩在上海新开张的商行遭到当地商人的联合挤对，不久就波及了大本营杭州。一些大客户生怕胡雪岩垮台，闻风而动，都准备中止和他的生意往来。

这天胡雪岩从上海回来了，他们悄悄躲在暗处观看，以为会看到胡雪岩灰头土脸的样子。结果他们失望了，他们看到了衣着鲜亮、精神抖擞的胡雪岩。

他们还不放心，又跟踪胡雪岩到他的商行去。他们认为胡雪岩会暂停生意进行整顿。可是胡雪岩的商行不仅没有关闭，而且他还亲自坐镇，在柜台上悠然自得地喝起茶来。这令他们糊涂了，一个人遭受这么大的打击，竟然还能够如此镇定从容？最终，胡雪岩的气度征服了他们，他们又对胡雪岩恢复了信心。

其实，当时胡雪岩的处境已是山穷水尽，就是凭他那坚如磐石的镇定形象，才稳住了不利的局面。

曾有人说过："形象是一个人的招牌，坏形象会毁了你的一生，而好形象会令你的影响力迅速提升。"

没错，在今天竞争日益激烈的社会里，每个人都承受着巨大的压力，同时又被利益驱使着，犹如急流中团团旋转的浮萍。如果我们能静下心来，认真地树立起自己的好形象，那就好比给自己的人生打造了一块金字招牌，能令你在风高浪险的生命历程中从容地经营人生，从容地成就人生。

好形象如果能够充分运用，将有助于提升你的影响力，促进你的成功。

所以在交际前先把自己的仪表、形象修饰好。"欲把西湖比西子，淡妆浓抹总相宜。"只有掌握了修饰美的"修饰即人"的指导思想及"浓淡相宜"的美学原则，才能使美的修饰映照出一个人蓬勃向上的精神风貌，才能帮助我们提高办事能力。

"修饰即人"是说修饰美能反映一个人的追求及情趣。美的修饰要考虑被修饰者的年龄、身份、职业等，教师、医生就不宜打扮得过艳，学生应当讲究整洁。例如，《小二黑结婚》里的"三仙姑"，醉心于"老来俏"，可是"宫粉涂不平脸上的皱纹，看起来好像驴粪蛋上下了霜"。这样的打扮如果说是跟她的年龄、身份不符的话，那么这和她这个人物的那种虚荣、轻浮和愚昧的人格倒是挺相称的。

"浓淡相宜"是说修饰不能片面追求某一局部的奇特变化，而应注意统一协调，否则会失去比例平衡，以致俗不可耐，弄美为丑。一个人如果想受人尊敬，首先必须注意的是衣着的整齐清洁，让人觉得自己为人端庄、生活严谨。况且化妆的本意是为了掩饰缺点以表现优点，所以，如果为了掩饰缺点而化妆过浓，优点反而被破坏无遗。因此，欲将良好的风度、气质呈现在众人面前，应该淡雅宜人地化妆，不可把脸当作调色盘，不可把身体当作时装架，这也就是所谓有个性的妆饰，它是在表现本身的修养，同时也表现人格，因此必须使看的人感到清爽和产生好感才行。

总之，你与他人打交道时，要留给别人一个深刻的、难以磨灭的印象。这会为你的成功办事增"辉"不少。

在重要场合"曝光"，让更多人认识你

日常生活中，人们总喜欢用"曝光率高"来形容成功人士或知名人士。其实，真正出色的人士，都懂得利用一切机会让自己在重要场合"抛头露脸"，因为这样可以让更多的人认识自己，扩大自己的影响力，提升知名度。

由于在重要场合"曝光"自己需要面对很多人，有认识的，也有不认识的，所以对个人来说是需要很大勇气的。想做到这一点，必须克服胆怯、羞涩的心态，要对自己充满自信，讲话或办事应当底气十足，这样才能赢得诸多人的青睐。

平时，我们应该关注身边的各种仪式，积极甚至自荐地前往参加。例如，你的公司因职员有红白喜事而进行的仪式，因有人要出国或退休而举办的派对，因有人得到提升或费尽周折挖过来某个能人而举行的欢庆，或因解决了一个大难题而举办的小庆典……这些都是你"曝光"自己的好机会。尽量多地参与这种活动，并在这种场合里做段精彩的演说，或者送点什么礼物，举止得体，饮酒有度，保证不显尴尬、不出洋相，你的个人形象、知名度一定会增色不少。

当朋友举行婚礼的时候，我们也可以借此机会，在朋友的亲人及朋友面前"曝光"自己。一般而言，这种情况下大家还都不认识你。那么，你不妨在婚礼正式开始前向新郎新娘、其父母们做一番自我介绍，说说你是谁，为什么会前来参加婚礼，代表谁来的，等等，然后呈上你的礼物，并适当地祝福新人。这样他们一定会对你的举止印象深刻并心存感激。婚礼开始后，你

可以在享受这种喜气聚会的气氛和环境中，观察一下周围形形色色的人，通过聊天、献歌或敬酒等活动，让自己充分"曝光"，使更多的人认识你。

除了自己主动去参加别人的活动外，你还可以自己组织愉快的聚会，如生日宴会、孩子满月、乔迁新居等等。一旦你成为聚会的主人，应好好计划一下，或者将它委托给某个具有丰富组织经验的高手，尽量让你的客人和你都感到有趣，要让他们记住这段快乐的时光，并觉得你不愧为一位细心而好客的主人。这样，一定会有很多人在这次聚会上记住你。

要记住，你在重要场合仅仅是"曝光"自己还远远不够，因为"曝光"的真正意义是要给在场的人留下深刻印象。你在"曝光"的同时必须不断地寻找机会宣传你自己——你的主张和你的价值等等。你可以通过发言、演讲等自我宣传的形式，也可以请知名人士或朋友进行当众介绍，总之要让自己深入人心。

此外，宣传自己也要遵循一定的原则，过于明显的个人宣传恰恰适得其反，会让别人误以为你在自我吹嘘、炫耀价值，因此在宣传时不要弄许多花招噱头，应当谦和地、不温不火地展现你自己，以免哗众取宠、吹毛求疵。

制造一些神秘感，勾起他人好奇

虽然我们常说爱情应该是纯真、圣洁的，但在爱情中，却不能一切如白开水一般透明清澈，而是应该"汪汪如万顷之陂，澄之不清，扰之不浊"。

小萌和男朋友恋爱七年了，虽然一直没有步入婚姻的殿堂，但两人感情非常好，而且对未来的婚姻充满信心。不少人逗小萌说："人家都说七年之痒，到现在还没有领证，你怎么还那么死心塌地跟着他呀？"对此，小萌每次都是毫无忌讳地回答："看多了和我一样工作背景的人，对异性有些麻木了。而他从事的职业比较特殊，身为公安干警，他从不和我谈工作上的事。

常常一个电话打来，他就马上从恋人的角色中跳出来，匆匆赶去工作。无论我怎么问，他都不说去干什么，而他越是不说自己去干什么，我就越想知道，我会坐在约会的地方慢慢地想他，等他的电话——觉得很过瘾。或许正是因为这种神秘感让我始终对他着迷。"

小萌的男友是在无意间给她留下了神秘感，通过激起小萌的好奇心，将小萌的心牢牢地抓住了。不过，让自己有神秘感，还要求在表白爱意时不能太直白，要含蓄一些。如某些恋爱高手只是对一个女孩好，可就是不说自己喜欢她，搞得对方牵肠挂肚，最后他朦朦胧胧地说了心思，女孩就成了他的女朋友。

人常说"得不到的东西总是最好的"，因为想象力比视力能量更大。不仅爱情如此，社会上的一些非常重要的人物，也总是为保持神秘感偶尔故意减少自己在公众场合的露脸次数，吊大家的胃口。例如，有些明星故意缺席自己的新片宣传会，有些名人故意让别人代替自己出席某些颁奖典礼，等等。

所以，我们在现实的生活中也应学会巧妙地给自己制造些神秘感。那么，具体该如何去做呢？下面三点是较好的参考。

1. 语言搪塞

很多社交高手在被问及近况时，总是不假思索地回答"好忙喔！时间好像都不够用呢！"之类的话，并且显露出一副满足的表情。如果问话方继续说道："没关系，能者多劳嘛！"或者："哇，那真是辛苦啊！"高手们必定神气活现，却装着谦虚地回答说："唉，属黄牛的，劳碌命啊！"

其实，虽然他们口头上是抱怨，内心却存着炫耀。对于生活的繁忙，他们未必介意，多数是想借着声称自己忙碌，来展示自己的能力，提高自己的身价。所以，你不妨运用些语言的搪塞技巧，把自己扮演成一个大忙人，从而吊起想见你的人的胃口。

2. 表示你胸怀大志

让别人钦佩自己的方法很多，其中最有效的方法是让人感到你非常有发展前途。一位著名作家曾在杂志上发表大作，介绍他年轻时的一个同事。这个同事年轻时就很有抱负，常对人说："我今后一定要成为国会的议员。"然而这个同事到最后仍未实现当议员的梦想。但在当时，许多同事都认为他有远见，很了不起，甚至公司方面也对他产生了"能有这种志气的人在我们公司服务，真是难得"的评价。所以，他很快就升为部长，并在不久后被提升为公司经理。

就像老师喜欢有远大抱负的学生一样，人们总是欣赏胸怀大志的人。要知道，即使你的蓝图完全不可能实现，同样能给人留下很好的印象。所以，你不妨对你的同事或朋友说："我将来要拥有自己的公司，而且一定要实现这个计划。"并将这样的话重复数次。这样，连那些原本不太相信的人，也会不知不觉地认为："他很有可能干出一番轰轰烈烈的事业来，不可小觑啊！"有一个将来的发达者做朋友，人们会有沾光的心理，于是对你更加关注。

3. 表现得非常能干

无论在职场，还是商场，人们总喜欢对能干的人竖起大拇指。所以，你如果自己的记事本或备忘录写得满满的，然后有意无意地拿给别人看，就会给对方造成这样的感觉："这个人太能干了！"因为在人们眼中，整日繁忙、交际广泛的人大多是神通广大的，从而为自己打造出万人求的样子。

经营你的长处，招揽更多追随者

曾有一个叫奥托·瓦拉赫的人，中学时，父母为他选了文学之路，可一学期下来，老师给他的评语竟然为："瓦拉赫很用功，但过分拘泥，这样的人即使有着完美的品德，也绝不可能在文学上发挥出来。"无奈，他又改学油画，但这次得到的评语更令人难以接受："你是绘画艺术方面的不可造就之才。"面对如此"笨拙"的学生，大多数老师认为他已成才无望，只有化学老师觉得他做事一丝不苟，具有做好化学实验应有的品格，建议他试学化学。谁料，瓦拉赫的智慧火花一下子被点燃了，并最终成了诺贝尔化学奖的得主……

这就是人们广为传颂的"瓦拉赫效应"。该效应告诉我们，人的智能发展都是不均衡的，都有智能的强项和弱项，人一旦找到自己的智能最佳点，使智能潜力得到充分的发挥，便可取得惊人的成绩。

比尔·盖茨，这位赫赫有名的世界级成功典范，令无数人仰慕不已。其实，他的成功与他把握住未来的大趋势，尤其是懂得经营自己的强项密不可分。

盖茨一开始就与伙伴保罗·艾伦看出了个人电脑将改变整个世界的趋势，他们两个人经常通宵达旦地探讨个人电脑世界将会是什么样子，对这场革命的到来深信不疑。对于初出茅庐的微软来说，"它将到来"是他们的坚定信念，而他们就是为这将要到来的计算机时代开发软件。没想到这竟使他们的公司迅速上升到世界舞台的前列，并发挥着超凡的作用。但当时他们至少窥见IBM或数字设备公司这样的主板生产公司已陷入自身无法意识到的困境了。"我记得从一开始我们就纳闷，像数字设备公司这样的微机生产商生产出的机器功能强大但价格低廉，那么他们的发展前景在哪里呢？""IBM的前景又在哪里呢？在我们看来，他们好像把一切都弄糟了，而且他们的未来也将是一团糟。我们对上帝说，天啊，这些人怎么能不警觉呢？他们怎么能不震惊害怕呢？"

盖茨的技术知识是微软所向披靡的成功秘诀中最重要的一条，而这也正是他的核心强项，他始终保持着在这一领域的决定权。许多时候，他能比他的对手更清楚地看到未来科技的走势。

微软公司的同事们都盛赞盖茨的技术知识让他独具优势，他总是能提出正确的问题，他对程序的复杂细节几乎了如指掌。

和盖茨个人以强项打天下几乎如出一辙，微软公司把开发新产品作为全部事业的中心，不断根据市场需求推陈出新，发挥自身优势，力求变弱为强，深谋远虑，未雨绸缪，牢牢把握住了世界信息产业市场的未来。

微软与任何公司一样，实际上类似一个动态的人体系统。它之所以能够有效运行，是因为微软人将竞争所需的各种技术能力和市场知识结合了起来，并且把它们付诸行动。产品开发是微软所有事业的中心，公司的存亡和盛衰关键在于新产品。

不言而喻，微软公司今日的成功，很大程度上得益于盖茨准确的市场定位和产品的推陈出新，人们公认微软公司的成功是由于不停地创新，而盖茨对未来形势精确的分析和其独有的战略眼光，以及对自己强项的经营程度，不仅为微软公司的员工，也为其对手所称道。

这一切充分体现出：幸运之神是如此垂青忠于自己个性长处的人。正如松下幸之助所言：人生成功的诀窍在于经营自己的个性长处，经营长处能使自己的人生增值，否则，必将使自己的人生贬值。

人无我有、人有我新，怎么比都胜出

你是否留心过这些常见的现象：在人山人海的大街上，如果突然出现一位穿着另类或非常时尚与众不同的人，大家便会把目光集中到这个人身上；很多商家的高额利润，并不是出自那些销售量很大、性价比非常高的低端产品或基础性产品，而是出自那些新开发出来的、刚上市的新产品；人际交往中，大家对你印象深刻之处，往往是你与众不同的地方……

说得直白些，一个人若总是千篇一律的样子，转着程序化、机械化的大脑，很难吸引他人的注意力，很难在竞争中脱颖而出，取得成功。很多时候，一点小的改进、一种新的方式，就会让自己与众不同。

智利有一家餐厅，除收款人与厨师外，一律使用动物服务员。顾客刚进餐厅，门前就有两只鹦鹉分别用英语、法语、西班牙语向顾客问好。然后，一只金丝猴热情上前，为顾客脱下外套并挂在衣帽钩上。顾客落座之后，一只温驯的长耳犬立刻嘴叼菜单迎上来，恭请顾客点菜。紧接着，两只身材高大、腰系围裙的长毛猴就会把美味的饮料与食品依次送上。等到顾客用餐完毕，金丝猴还会把客人的衣帽送还，并递上一个银盘，礼貌地索取小费。

这种服务方式非常独特，由于是绝无仅有的一家，客人接踵而至且源源不断，钞票也随之滚滚而来。

故事中小餐厅的成功，就在于"人无我有"四个字。不仅这家小餐厅，诸多例子都证明了敢于在"新"字上做文章的人，一定会赢个盆满钵满。

20世纪70年代，生产"美的思"妇女透明丝袜的公司，在美国广播公司的晚间节目中，推出了一条轰动全国的广告。

一开头，就是一双线条优美、穿着长筒丝袜的腿，这时，响起了一个女性动人的画外音："我们将向所有的美国妇女证明，'美的思'牌长筒丝袜可使任何形状的腿都变得非常美丽。"

镜头慢慢地往上移，观众想象着模特一定是一个美丽动人的少女，或是哪位光彩照人的女明星。但镜头中慢慢出现了蓝色的运动短裤、棒球运动员汗衫。最后，观众才看到：这个穿着妇女长筒丝袜的竟然是个男性——著名的棒球明星乔·拉密士！他笑眯眯地向观众致意，对惊讶不已的观众说："我并不穿长筒丝袜，但我想，'美的思'长筒丝袜能使我的腿变得如此美妙，相信它一定能使你的腿变得更加美丽。"

这个广告一播出，"美的思"丝袜一夜之间立即家喻户晓，随后销量陡然上升，乔·拉密士也由棒球明星摇身一变，成了全美著名的男模特。

你也想迅速在竞争中脱颖而出吗？那就要敢于求新、立新、创新，而不是囿于经验、囿于成见、囿于世故。

石油大王洛克菲勒有句名言："如果你想成功，你应辟出新路，而不要沿着过去成功的老路走……即使你们把我身上的衣服剥得精光，一个子儿也不剩，然后把我扔在撒哈拉沙漠的中心地带，但只要有两个条件——给我一点时间，并且让一支商队从我身边经过，那要不了多久，我就会成为一个新的亿万富翁。"

生活中，那些有影响力的成功人士，其聪明之处就在于：他们能从平常处见别人所未见，想别人所未想，"人无我有，人有我新，人新我变"，是他们成功人生的圭臬。

另辟蹊径，开发下一个"西红柿"

很多人认为，走别人走过的路可以让自己省心省力，是走向成功、创造卓越人生的一条捷径。于是，这个世界上就涌现出形形色色的追随者和模仿者，他们总是喜欢依照他人的足迹行走，沿着他人的思路思考。殊不知，"模仿乃是死，创造才是生"。

对任何人来说，模仿都是极愚拙的事，它是创造的劲敌。它会使你的心灵枯竭，失去动力；它会阻碍你取得成功，干扰你进一步发展，增加你与成功的距离。

没有一个人能仅仅依靠模仿他人而成就伟大的事业。专事模仿他人的人，不论他所模仿的人多么伟大，他自己也无法成功。要想成功，就不能抄袭，不能模仿，不能走别人走过的路。

有一位雄心勃勃的商人，听说外地招商引资，就顺应潮流到该地投资了上千万元。两年之后，他把所有的钱都亏掉了，最后空手而归。

朋友问他："你当初为什么要到那里去投资？"他说："那时候，很多同行争先恐后地去了，大家都认为那里的投资条件优越，大有发展前途。我担心如果不去的话，会失去发展的机会。"

故事中的商人陷入了一个误区：别人都去做了，我就必须赶快跟上。

职场上有这样的说法，同样的一个创意、一条新路，走在第一的是天才，第二的是庸才，第三的是蠢材，第四的就要入棺材了，从中可见跟随者的悲哀。

聪明的人从不喜欢随大流，他们总是眼光独到，另辟蹊径，在别人还"没睡醒"之时早已把赚来的钱塞进了自己的口袋里。他们的高明之处就在于能够把小机会变成大机会，把大机会变成更大的机会。

事实上，走别人走过的路，很容易迷失我们自己。不论是工作，还是生活，我们都太习惯于走别人走过的路，我们偏执地认为走大多数人走过的路不会错。但当我们这么想的时候，我们忽略了一个重要的事实，那就是，走别人没有走过的路往往更容易成功。

如今，西红柿已经被人们普遍接受，它的营养相当丰富，维生素含量非常高。可是，人类刚刚发现西红柿的时候，却被它那光泽鲜艳的外表吓住了，谁也不敢第一个去品尝它，以为它一定是有毒的，有人甚至叫它"毒果"。1830年，美国人罗伯特当众尝试了"毒果"，证实它没有毒，从那以后，西红柿便经常出现在人们的餐桌上了。我们不得不钦佩罗伯特的胆识，钦佩他敢走别人没走过的路的精神。

另辟蹊径，走别人没走过的路，意味着你必须面对别人不曾面对的艰难险阻，吃别人没吃过的苦，唯有如此，你才能够发现别人不曾发现的东西，到达别人无法企及的高度。

下面，我们不妨参考以下方法，学会另辟蹊径，从成功的经验中吸取有益的启示。

1. 学习并超越

抱着"他山之石，可以攻玉"的想法，盲目模仿他人的经验，并不能获得成功。要养成独立思考的习惯，在观察事物、学习别人成功经验的同时，独创出自己的套路。

2. 思考上求变

能够另辟蹊径的人，其思维都富有创造性，因此要善于从习以为常的事物中图新求异，去认识世界、改造世界。

3. 不被当前所牵制

巴尔扎克说："第一个把女人比作花的人是聪明人，第二个再这样比喻的人就是庸才，第三个人则是傻子了。"不要被各种习以为常的说法或前人的思维定式束缚，而要善于提出不同的说法和意见，这样才能有所创新。

成功者之所以会取得惊人的成绩，正是由于他们能想到别人没想到的东西，敢于走别人没走过的路，正是这一思路使他们能够跨越障碍，获得成功。

不断创新，坐上"嘉宾席"

在这个竞争激烈而又现实的世界，只有不断创新，成功才会降临到我们的身上。如果你一直守成不变，那你就永远也不可能成功。

日本有一家公司，公司高层发现员工一个个萎靡不振，精神颓废。经咨询多方专家后，他们采纳了一个最简单而又别致的治疗方法——在公司后院中用光滑圆润的小石子铺成一条石子小道。每天上午和下午分别抽出15分钟时间，让员工脱掉鞋子在石子小道上如做工间操般随意行走散步。起初，员工们觉得很好笑，更有许多人觉得在众人面前赤足很难为情，但时间一长，人们便发现了它的好处，原来这是医学上的物理疗法，能起到按摩的作用。

好创意本身就是财富。一个年轻人听说这件事后，有了一个主意。他请专业人士指点，选取了一种略带弹性的塑胶垫，将其截成长方形，然后带着它回到老家。老家的小河滩上全是光洁漂亮的小石子，他将拣好的小石子一粒粒稀疏有致地粘满胶垫，干透后，他经过反复试验、亲身感觉，并反复修改好几次后，确定了样品，然后就在家乡因地制宜开始批量生产。后来，他又把它们确定为好几个规格，产品一生产出来，他便尽快将产品鉴定书等手续一应办齐，然后在一周之内就把能代销的商店全部上了货。将产品送进商店只完成了销售工作的一半，另一半则是要把这些产品送进顾客手里。随后的半个月内，他每天都派人去做免费推介员。商店的代销稳定后，他又开拓了一项上门服务：为大型公司在后院中铺设石子小道；为幼儿园、小学在操场边铺设石子乐园；为家庭装铺室内石子过道、石子浴室地板、石子健身阳台等。一块本不起眼的地方，一经装饰便成了一块小小的乐园。

紧接着，他将单一的石子变换为多种多样的材料，如七彩的塑料、珍贵的玉石，以满足不同人士的需要。

小石子就此铺就了一个人的一条致富之路。

看了小石子的故事，你可能会说："我赞同创新很重要，但我也很担心自己没有创新的能力。"其实，创新能力与其他能力一样，是可以通过教育、训练而激发出来并在实践中不断得到提高的。它是人类共有的可开发的财富，是取之不尽、用之不竭的"能源"，并非为哪个人、哪个民族、哪个国家所专有。因此，人人都能创新。

我们欲取得新成就，开创新局面，必须打破常规，学会变通。看事物不能用一种眼光，而要多角度、多方面地观察，从常规中求新意。对一个问题，我们可以从现在、未来、已知、未知、动态、静态、顺向、逆向等多个思维角度进行思考，也可以通过组合、分解、求同、求异等方法，让思路发展拓宽，要么加一点，要么减一点，要么借一点，要么拿一点，寻求多种多样的方法和结论，从而创造出一种更新更好的事物或产品。

所以，你从现在开始就应该不断激发自己的创新能力，多一些想法，多一些创造，那么成功迟早会来临。

第七章

世界如此险恶，你要内心强大：
别让"不好意思"伤了你

经常恭维你的，多数是你的敌人

　　朋友之间相互欣赏，可能会时不时地说出几句赞美的话，但是那些经常用好听的话恭维你的人，背后往往是一颗不怀善意的心。对此你一定要小心，否则会在不经意之间被其所伤。须知，明辨别人的恭维，才能躲过明枪暗箭的攻击。

　　饥饿的狮子看到肥壮的公牛在草地里吃草。

　　"要是公牛没有角就好了，"狮子馋涎欲滴地想，"那我就能很快地把它制服了。可它长了角，能刺穿我的胸膛。"

　　后来，狮子想了个主意。它鬼鬼祟祟地侧着身子走到公牛身旁，十分友好地说："我真羡慕你，公牛先生。你的头多么漂亮呀，你的肩多么宽阔、多么结实呀！你的腿和蹄多么有力量呀！不过，美中不足的就是有两只角，我不明白你怎么受得了这两只角，这两只角一定叫你十分头痛，而且也使你

116

的外貌受到损害，不是吗？"

公牛说："你这样认为吗？我从来没有想过这一点。不过，经你这么一提，这两只角确实显得碍事，还有损我的外貌。"

狮子溜走了，躲在树后面看着。公牛等到狮子走远了，就把自己的脑袋往石头上猛撞。一只角先撞碎了，接着另一只角也碎了，公牛的头随之变得平整光秃了。

"哈哈！"狮子大吼一声，跳出来大声说道："现在我可以摆平你了。多谢你把两只角都撞掉了，我之前没有攻击你，正是这两只角妨碍了我啊！"

每个人都爱听恭维话，这是人的共性，也是人的弱点。听到别人的赞美与恭维，许多人都会沾沾自喜，甚至会飘飘然。然而，许多人只顾得自我陶醉，并没有弄清对方赞美的真正含义。发自内心的真诚赞美是对方对你敬佩之情的自然流露，对此要表示真心的感谢；无关痛痒的客套话可一笑了之；裹着糖衣的不怀好意的恭维，其背后隐藏着不可告人的目的，对此一定要辨识清楚，以免被笑容背后的毒刺所伤。

憨厚的公牛没有抵御住狮子糖衣炮弹的攻击，把狮子别有用心的赞美当成是对它的欣赏，迫不及待地把角撞碎了，以迎合狮子所说的美，最终却命丧狮口。对于心里不设防的人来说，美丽的语言可能比凌厉的攻击更有威力。公牛在夸赞声中兴奋得丢掉了自我，落入了狮子设的陷阱中。

人贵有自知之明。对于别人的赞美，我们要有清楚的分辨能力，不要为虚伪的客套话所迷惑，这是一种欺骗。当别人赞美自己的时候，切不可只开放自己的耳朵却关上了理智的大脑。别人的恭维只是绽放的焰火，焰火渐渐熄灭的时候，我们的心要归于平静。铸就抵制花言巧语的盾牌，才能不被坏人所利用。

不识诡诈，必陷入他人的奸谋

俗话说"兵不厌诈"，是指作战时尽可能地用假象迷惑敌人以取得胜利，在现实生活中，不但要懂得"诈"，更要慧眼识"诈"，讨厌诡诈而本本分分行事，固然是君子本色，然而不识诡诈陷入别人的奸谋中，也是要被世人讥笑的。

和士开是北齐世祖高湛的宠臣，他为人奸佞狡诈，引导高湛日日纵酒淫乐，不理国事。和士开自己得以从中揽权纳贿，结党营私。他又和皇后胡氏私通，举国皆知，高湛却不以为意，对他宠信如故。

高湛死后，幼主即位，已成太后的胡氏临朝执政。久已不满和士开专权乱政、秽乱宫廷的亲王大臣集体发难，要求把和士开逐出朝廷，贬到外省为官。

胡太后不听，亲王大臣也坚持不退，双方各不相让。第二天，亲王大臣们又到朝中要求太后贬逐和士开，态度更为坚决。

胡太后无奈，只好任命和士开为兖州刺史，等葬完齐世祖高湛后就让他去上任。

亲王大臣们一等丧事完毕，就督促和士开上路。胡太后舍不得和士开离去，要留他等过了百日再走，亲王大臣们坚决不允许，胡太后也只得命和士开上路。

和士开知道一离开朝廷就永无回头之日了，说不定半路上这些人就逼着太后下诏处死自己，一时间忧惧万分。他想了一夜终于有了办法。

和士开用车拉着四名美女和一副珍珠帘子去拜访娄定远。这娄定远也是极力主张驱逐和士开的大臣之一。

和士开见到娄定远，故意装出诚惶诚恐的样子，流泪说："诸位权贵要杀士开，全靠大王保护之力，保全了我的性命，还任命为一州刺史。如今向您辞行，送上四名美女子，一副珠帘，聊表谢意。"

娄定远没想到无功却受禄，见到绝色美女和珍珠帘子，更是喜出望外，问和士开："你还想还朝吗？"

和士开说："我在朝内太不安全，如今能出外任职，实在是遂了心愿，不想再回朝中了，只请求大王保护士开，长久担任兖州刺史就心满意足了。"

娄定远以为和士开贿赂自己只是求自己保护他，便信了他的鬼话，满口答应。

和士开告辞，娄定远送他到门口，和士开说："我如今要到远方去了，希望能有机会觐见太后和皇上。"

娄定远知道和士开和太后的奸情，也没往深处想，以为和士开不过是想和太后叙叙情而已，也答应了下来。

在娄定远的安排下，和士开得以见到胡太后和齐后主。

和士开痛哭流涕地说："在群臣之中，先帝待臣最为恩厚。先帝忽然驾崩，臣惭愧不能追随先帝于地下。如今看朝中权贵的意思，并不只是要害臣，而是要剪除陛下的羽翼，然后行废立大事。臣远行之后，朝中必有大的变故，倘若太后和陛下有所不测，臣有什么面目见先帝于地下。"

胡太后、齐后主被他这一番危言也吓得魂不附体，失声痛哭，胡太后便问和士开应当怎样对付。

和士开爬起身，掸掸衣服，笑道："臣在外固然没办法，如今臣已在宫中，需要的不过是几行诏书而已。"

胡太后、齐后主视他为救星，一切任他所为，和士开便草拟诏书，把娄定远贬为青州刺史，其他大臣也都贬逐得远远的，对亲王则下旨严词谴责。

亲王大臣们见和士开已和太后、皇上打成一片，知道大势已去，只有怅然喟叹而已。

一直带头坚持贬逐和士开的太尉、赵郡王高睿心有不甘，再次进宫找太后理论，被胡太后命卫士在宫中永巷内打杀。

娄定远此时才知上了和士开的当，只好把和士开送他的四名美女和珠帘都还给和士开，又把家里的珍宝拿出来贿赂他，这才免除后祸，真是"赔了夫人又折兵"。

和士开虽有智计，却已脱离权柄，胡太后和齐后主寡妇孤儿，心无主见，高睿等重臣借机切入其中，逼迫胡太后贬逐和士开，胡太后迫于众议，又自知声名不雅，只好忍痛从命。眼看大局已定，不料娄定远见利忘义，头脑简单，把大家冒万险、拼生死从和士开手中夺下的权柄又归还给他，不但自己遭殃，还连累赵郡王高睿白白断送了性命。利欲之害人每每如此。

久握重权身居高位的人，一旦失去权柄就会惨不可言，即使想成为平民百姓，过贫苦生活都不可能。其实权力和富贵都是双刃剑，控制得宜便身享荣华，控制不当便大祸立至，先前所拥有和享受的，也正是转头来毁掉自己的，但如果一开始能识破小人的权谋诡计，早日提防，便不会招致如此悲惨的结局。

反常的举动背后必有不可告人的意图

不合理的批评往往是掩饰了的赞美。只有一事无成的小人物，才不会引起别人的注意，更不会遭到严厉的批评。别人的恶意批评意味着你已经有所成就，而且值得别人注意了，因为"没有人会踢一只死狗"。

1929年，美国发生了一件震动全国教育界的大事，美国各地的学者都赶到芝加哥去看热闹。在几年之前，有个名叫罗勃·郝金斯的年轻人，凭借半工半读从耶鲁大学毕业，当过作家、伐木工人、家庭教师和卖成衣的售货员。现在，只经过了8年，他就被任命为芝加哥大学的校长。他有多大？30岁！真叫人难以相信。老一辈的教育人士都大摇其头，人们对他的批评就像山崩落石一样一齐打在这位"神童"的头上，说他这样，说他那样——

太年轻了，经验不够，教育观念很不成熟，甚至各大报纸也参加了攻击。

在罗勃·郝金斯就任的那一天，有一个朋友对他的父亲说："今天早上我看见报上的社论攻击你的儿子，真把我吓坏了。"

"不错，"郝金斯的父亲回答说，"话说得很凶。可是请记住，从来没有人会踢一只死狗。"

不错，这只狗愈重要，踢它的人愈能够感到满足。后来成为英王爱德华八世的温莎王子（即温莎公爵），他的屁股也被人狠狠地踢过。当时他在达特茅斯皇家海军学院读书——这个学校相当于英国的海军军官学校。温莎王子那时候才 14 岁，有一天，一位海军军官发现他在哭，就问他发生了什么事情。他起先不肯说，可是最后终于说了真话：他被学校的学生踢了。指挥官把所有的学生召集起来，向他们解释王子并没有告状，可是他想知晓为什么这些人要这样虐待温莎王子。

大家推诿拖延支吾了半天之后，终于承认说：等他们自己将来成了皇家海军的指挥官或舰长的时候，他们希望能够告诉人家，自己曾经踢过国王的屁股。

"攻击比自己优越的人"是人的一个本性。哲学家叔本华说过："小人常为伟人的缺点或过失而得意。"总有那么一些人，以讥讽、打击比自己优秀、比自己优越的人为荣，从中得到片刻的心理满足，实际上也是一种虚荣心在作怪。没有任何人喜欢别人的批评，但绝对不可能不受批评。我们不能阻止别人对自己做任何不公正的批评，但我们可以做我们自己：不管别人怎么说，只要自己知道你是对的就可以了。

从父亲镇定自若的言行中，我们可以知道郝金斯的成就一定是货真价实的。一个如此明智的父亲教出来的孩子能是糊涂的吗？父亲了解郝金斯，他明白所有对儿子的攻击都是不公正的，但他不去争辩，清者自清，浊者自浊，是儿子的出众才引来非议，他为儿子感到自豪。同样，温莎王子并没有做错什么，同学们不过是为了以后的虚荣才踢他屁股，这说明他们对未来的国王是多么的重视。

只要你超群脱众，就一定会受批评。不要恼怒于别人的言语冒犯或恶意批评，这意味着你已经有所成就，而且是别人注意的，别人只不过想通过指责你来得到满足感。收起你遮挡批评的伞吧，让批评的雨水从你的身上流下去，而不是滴在你脖子里。也许，但丁的那句名言最能代表明智的做法："走自己的路，让别人去说吧！"

免费的午餐里大多有"毒药"

世上没有免费的午餐，也没有白来的利益。任何抱着不劳而获，侥幸心理的人，都会被空幻的利益牵着鼻子走，最终陷入别人挖好的陷阱。

古时有个读书人叫张生，博学，口才极好，本来是可以有所作为的，但他很爱占小便宜，被一个骗子骗去了一大笔银子。张生自然又气又恨，想到各地去漫游，希望能抓住那个骗子。事有凑巧，忽然有一天，他在苏州的同门碰上了那个骗子。不等他开口，骗子就盛情邀请他去饮酒，并且诚恳地向他道歉，说是上次很对不起，请他原谅。过了几天，骗子又跟张生商量说："我们这种人，银子一到手，马上就都花了，当然也没有钱还给你。不过我有个办法，我最近一直在冒充三清观的炼丹道士。东山有一个大富户，和我已经说好了，等我的老师一来，就主持炼丹之事，可我的老师一时半会儿又来不了。你要是肯屈尊，权且当一回我的老师。从那富户身上取来银子，我们对半分，作为我对你的赔偿，而且还能让你多赚一笔，怎么样呢？"张生听说有好处，就答应了那个骗子的要求。于是这个骗子就让张生伪装成道士，自己伪装成学生，用对待老师的礼节对待张生。那个大户与扮成道士的张生交谈之后，深为信服。两人每天只管交谈，而把炼丹的事交给了骗子。大户觉得既然有师傅在，徒弟还能跑了？不想，那个骗子看时机成熟，就携大户的银子跑了。于是大户抓住"老师"不放，要到官府去告他。倒霉的张生大哭，然而等待着他的，却是一场牢狱之灾。

张生是那种一有好处便昏了头脑的人，甚至连多考虑一下也等不及，便答应了骗子的要求，竟然为了一点钱财与骗子一起干起行骗的勾当。他没有想到，骗子许下的承诺根本不可能兑现。

抱着侥幸心理，企盼拥有免费的午餐，就会像张生一样被人利用，无法脱身。

我们应该在诱人的利益面前，低声问问自己："这种好事怎么会落在我头上？"多一分小心谨慎，才能少一些危险和磨难。

凡事有利必有害，而"免费的午餐"背后更可能隐藏着大害。自古至今，只有能明是非、辨利害的人，才不会身受其害。

用理智避开机遇中的陷阱

商场，表面上看风平浪静，实际上，暗自波涛汹涌。很多看不见的机关、陷阱都敞开着口，笑着等你进去。我们会面临很多现实诱惑，在极度膨胀中，飘飘然起来，失去理智，丧失分析问题的理性和谨慎，在盲目中跌入别人预先设置好的陷阱中。

我们经验不足，履历单薄，难免在创业道路上摔跟头。跌倒是难免的，但是避免跌倒也是可能的。面对一些我们不曾遇到的困难，不能确定的东西，千万不要想当然地在自信中贸然就草率下定论。因为机会和陷阱只是一念之差，前途却大不一样。草率只会让自己轻易地跌进别人早就布置好的陷阱中。

李耀祖，是一位技术上的天才。他凭借自己的技术、智慧和努力，创建了宏达软件公司，后又成为捷丰集团董事，是一个深受员工爱戴的老板。但就是这样一个阅人无数、久经沙场的"老江湖"却"一招失误，满盘皆输"，如今，已经是一个一无所有的人了。

20世纪90年代，软件市场在国内是最有发展潜力的市场。当时，国内软件公司都把精力投入到了政府和国企市场这两块肥肉上，并未重视正在迅速发展的合资企业，而国外软件公司的产品价格又过于昂贵，便出现了一个市场缝隙。李耀祖敏锐的嗅觉很快嗅到了这一不可多得的好机会，机不可失，时不再来，他决定要抓住此良机，迅速填补这个市场空白。

李耀祖是一位印度华裔人士，早在1990年，就在新加坡创办了宏达集团，主做商用软件研发。1995年，他到大陆淘金时，发现了大陆市场的潜力，决定在大陆发展。于是他很快注册了厦门宏达商用软件有限公司，主做ERP（企业资源计划系统）。但是公司规模不大，能力有限，李耀祖决定扩大规模，加快发展。

不久，李耀祖便找到了一家名为捷丰的上市公司，打算洽谈合作的问题。双方的收购合同中写道："捷丰集团以X亿元人民币收购厦门宏达商用软件有限公司，李耀祖出任捷丰集团董事。收购方式为股权置换，厦门宏达商用软件有限公司以100%的股份置换捷丰集团价值X亿元人民币的股份权……"

李耀祖心里隐隐觉得有点不对劲，却说不出来哪里不对。在急着想抢占这一市场空白的心理作用下，李耀祖既没有暗自调查这家公司的背景和实际经营状况，也没有仔细思考和分析这一合作细节。面对疑惑却轻易相信对方的回答，犯了兵家之大忌。李耀祖问道："捷丰集团公司的业绩似乎有问题，为什么公司规模这么大，股价这么高，却一直没有赢利呢？"对方向他解释："这是资本市场，大家看的是你以后发展的'潜力'，股价跟赢利之间没有必然的关系。我们的合作准没错，赶快签合同吧。"

似乎也有道理。李耀祖没有细想，在急着进军大陆，尽快开始软件开发计划的心理作用下，他大笔一挥，在合同上面签下了自己的大名。之后，双方交接的都很顺利。但是，令李耀祖意想不到的是，捷丰集团一直以来都是由一些黑势力所控制。在过去几年中，其股票被内行人称为"妖股"，股价呈现一种过山车似的起伏状态。然而，即使后来他知道这些也迟了。

宏达公司的销售账款一到，就被原捷丰派驻在宏达的财务总监即刻转走了。不到两个月，捷丰集团的股价也跌到了几分钱一股，成了地地道道的垃圾股。就这样，无论是宏达公司还是捷丰集团都成了空壳子。李耀祖原本看好的商机，却变成了巨大的陷阱，使得他一无所有。

谁都想抓住现有的机会，一举成功。但是世上没有"天上掉馅饼"的好事，太过于顺利的事情，千万不要轻易相信，因为隐藏在机会后面的很有可能就是陷阱。如果我们过于自信，变得自负，让"一定会成功"的心理定式左右我们的判断，混淆我们的视听，或者听不进不同的意见或反面意见，结果只会让自己在洋洋得意中掉进别人早给你挖好的"陷阱"里。

工作中的好心人未必都有好心肠

对你和颜悦色、笑脸相迎的人未必真心对你好，俗语说"会咬人的狗从不叫"。

乔治·凯利和鲍尔同在爱德尔大酒店餐饮部掌厨。鲍尔在公司人缘极好，他不仅手艺高超，而且总是笑脸迎人，待人和气，从来不为小事发脾气，和同事和谐相处，乐于帮助别人。同事对他的评价很高，都称他为"好心的鲍尔"。

一天晚上，乔治·凯利有事找经理。到了经理室门口时，听到里面正在说话，并且依稀有鲍尔的声音。他仔细一听原来是鲍尔正在向经理说同事的不是，平日里很多小事都被鲍尔添油加醋地说了出来，像汤姆把餐厅的菜单拿给他做餐馆生意的叔叔啦，还有玛丽平时工作不认真，还在工作时间给朋友打电话，并且还说到自己的坏话，借机抬高他本人。乔治·凯利不由心生

125

一阵厌恶。

从此以后，乔治·凯利对于鲍尔的一举一动，每一个表情，每一句话都充满了厌恶和排斥感。无论他表演得多好，说任何好听的话，乔治·凯利都对他存有戒心。同事也从乔治那里看出了些什么，对鲍尔也敬而远之了。

办公室里的人际关系错综复杂，没有一双"慧眼"是不可能很好地生存的。在强敌如林的竞争者当中，不乏冷若冰霜的自私者、趾高气扬的傲慢者，但更可怕的是笑里藏刀的"好心人"。这些"好心人"往往有着不错的人缘，很好的口碑，能够在各种大事小情里发现他们的身影。他们往往口蜜腹剑，戴着友善的面具，赢得上司的信赖和同事的敬重，却在背后干着损人利己的勾当。他们的可怕之处在于让你找不出谁是使你蒙受不白之冤的幕后黑手，谁让你置身于不仁不义的两难境地，分不清谁是敌、谁是友。因此，只要擦亮双眼，提高警惕，仔细观察，谨慎处世，那么无论多么狡猾的"好心人"，终有一天是会露出尾巴，现出原形的。

对于在办公室中生存的雇员们，职场的游戏规则告诉我们：这里没有无缘无故的爱，也没有无缘无故的恨。当我们被别人的花言巧语、阿谀奉承所蛊惑时，千万要保持清醒的头脑和提高我们对事情的分析识别能力，并不是每一个对你横眉冷对、不温不火的人都是你的敌人，也并不是所有对你热情周到、称兄道弟的人都是你的朋友。

在工作中，有一种人整天面带笑容，见人十分客气，表现得特别友好。暗地里，却使出手段造你的谣，拆你的台。这种戴着面具的"好心人"，往往容易让你吃了亏还不知道是怎么回事，因为许多人压根儿就不知道这一巴掌正是他打来的。所以，此类人看来异常谦卑恭敬，礼貌周到，且热情友善绝不难于相处，新职员往往有如沐春风之感，可是背后他们做的事你却一无所知，即使开怀畅饮后他们也难有半点口风露出。这种人通常在任何时间、场合、处境，面对任何人物，都会笑面迎人，亲热非常，原因是笑对他来说是一种工具，一种与人沟通的媒介，故眼神往往能与说话相配合，以达到某个不可告人的目的。

对这种戴着面具的"好心人"，一定要特别当心。这类"好心人"的特点是：上下班总是主动和你打招呼，表现出过分的热情，甚至对你称兄道弟。为了博取你的欢心，往往他还会顺着你的话滔滔不绝地说下去。

另外，这种人如果和同事发生了利害冲突，他会不顾一切地去争取他那一份微小的利益。这时候，他的伪善面具自然就会脱落，露出真实的面目。

在日常工作中，我们与人相处不能只注意表象，也不能仅从某事来判断一个人。很多伪善和假象常欺骗我们的眼睛，我们只有仔细观察，多方求证，时间长了才能看清一个人的真面目。在此之前，待人接物，一定要加倍小心，谨防职场上的"好心人"。

我们对于戴着面具的"好心人"的认识的确需要一个过程。要在观察、了解中分析，才能揭开他的虚假面具，使他的真面目暴露在众人面前。进而，在心理增设一道防线，防止他对自己造成伤害。

你要小心提防，千万不能把他们当成知己好友，而把自己的心事轻易地告之。否则，不但会惹来对方的轻视，还会成为别人的笑柄。同时，你也不能得罪他。因为，如果引起他的反感，他对你的评价就会影响周围人对你的印象，那你不是自讨苦吃吗？当然，只要留心观察，同事中的这类人还是不难辨认的。

越是"热心"，越要防范

虎，乃山中之王，是肉食动物，当然也会吃人，可怕！可是比山中老虎更可怕的却是活生生地穿梭在人群之中的笑面虎。笑面虎，当面笑嘻嘻，对你"热心"备至，但背后落巨石，口蜜腹剑，两面三刀，阴险奸诈，吃肉不吐骨头，哄得别人团团转，给别人下毒药，别人还以为是蜜糖感激涕零，要弄手腕真是绝了，最可怕！

口蜜惑人，这是那笑面虎在人面前惯用的招数。腹剑伤人，这是那笑面虎在人后面惯用的伎俩。

而说到"两面三刀"，我国古典名著《红楼梦》中佣人兴儿向尤二姐描述王熙凤的为人做派时，就用"两面三刀"来形容。

贾琏瞒着妻子王熙凤和贾母等人，在外面偷偷地娶了尤二姐做小妾。本来，封建社会，像贾府这样的官宦人家，纳妾也要明媒正娶，不过王熙凤是个醋坛子，所以贾琏不敢把尤二姐带回府里来，只好在外边另买了一处宅子安置小老婆。

尤二姐的性格很随和，对待下人挺和气，所以佣人也敢在她这里说三道四。这天，尤二姐向兴儿问起有关贾府里的人和事。兴儿说到王熙凤，真是一肚子怨言。他说王熙凤对待佣人很刻薄，只会哄贾母和王夫人高兴，心里可是歹毒着呢。

尤二姐说："你背着她这么说话，将来背着我还不定说什么呢。"

兴儿听了这话，吓得连忙跪下，表白自己。他说，要是贾琏先娶了尤二姐这样的人做正房奶奶，就是佣人们的造化了，少挨打挨骂，做事也不用提心吊胆。跟随贾琏的几个佣人，都知道尤二姐体恤下人，争着到这里来专门伺候她。尤二姐叫兴儿别害怕，又说她还要进府去见王熙凤呢。兴儿连忙摆手："奶奶您千万别去，最好一辈子不见她。那个人嘴甜心苦，两面三刀，上头一脸笑，脚下使绊子，明是一盆火，暗是一把刀，都占全了。像奶奶这样斯文善良的人，根本不是她的对手。"

兴儿这番话，把王熙凤当面是人，背后是鬼的嘴脸，惟妙惟肖地勾画出来了。后来王熙凤对待尤二姐时当面极尽热心，可最后却将其逼死，也是证实了这种两面三刀之人对你的热心是最不可信的。

现实生活中就有许多这样的人，当面一套，对你极尽奉承热情，背后一套，挑拨离间，无事生非。当然，那些人之所以会选择"两面三刀"的活法，自然是有自己的目的，或为色或为利，也或为权。从古到今，权力始终是人们追逐的目标。这个有着无穷魅力的东西，吸引着很多人的目光。但追求的方式却是有所不同：有人是赤裸裸的无所顾忌，有人是犹抱琵琶半遮面的羞答答，有人是吃不着葡萄说其酸——真给了他，立刻可以飞上了天。清高如李白者，创作了千古流传的佳句："安能摧眉折腰事权贵，使我不得开心颜。"但据后人考证其真实心境，却是不能攀上权贵而发牢骚罢了。

"笑面虎"在追逐权力的路途中，笑脸对待眼前的所有人，然而转过身去，就可能对刚刚笑对的人大骂几句，或者是一旦权力到手，就会对以前的所谓"故人""恩人"等"严肃"对待。看清了、看透了这些笑脸表象之下的丑恶，我们就应该对那些"皮笑肉不笑"的人有一定的提防之心，越是热心相待，就越要提防他们的"阴谋"，不能被眼前看到的所蒙蔽。最好能够做到以旁观者的身份坐看那些"小鬼"表演。

记住，在你相信一个人之前，要学会对他进行全面的观察和考验，不要一味地做出"看他那样面善，看他那样热心，一定是个好人"的评判。很多人都有私心，你无法阻止他们可能用假意的热心来欺骗你的善心，必须谨慎辨别真伪，否则吃亏受骗的必然是你自己。

越是"美丽"的东西越要防范

越是美丽的东西越能让人疏于防范，其实看似鲜艳美丽的东西往往是最危险的，就像玫瑰一样，鲜艳玫瑰刺更多；就像毒蘑菇一样，越是色彩耀眼越是有毒。当你被它美丽的外表所迷惑时，它早已在暗中为你准备好了尖刺。

在生活中，我们看待事物也一定要记住这点，别人的称赞和讨好越是美妙动听，其后掩藏的蓄谋就越不可告人，越对你有杀伤力。此时你稍有不慎，就会得意忘忧，为之蒙蔽，后果不堪设想。

春秋时期，晋国大夫伯宗，有一天上完早朝之后，踩着轻快的脚步，一路上哼着歌回到家里。他老婆眼看丈夫喜形于色，便问他说："什么事让你心情这么好？"

伯宗说："今天我在朝上发表了一些议论，结果博得满堂彩，大家都称赞我的智慧与谋略不在前朝太傅阳处父之下。"

妻子听完后，脸色一沉说："唉，阳处父这个人虚有其表，就靠一张嘴，学问不怎样，却喜欢求表现，难怪后来会被刺杀。我不明白，人家说你像他，有什么值得高兴的呢？"

被自家老婆浇了一盆冷水的伯宗，当然不承认自己虚有其表，就又急着补充当时被称赞时的详细情形，而且说得口沫横飞，生怕漏掉任何一个足以证明自己光彩的细节。

他老婆听得有些不耐烦了，就干脆直接对他说："朝臣之间各怀鬼胎，因此，你不要对别人的称赞太过认真。何况，现在的朝政乱糟糟的，老百姓的不满已经积蓄很久了，你出了那么多馊主意，一定会惹祸上身。依我看，现在最要紧的事，莫过于为咱们家儿子安排好必要的侍卫，以保障他的生命安全。"

后来，伯宗果然在政界斗争中被其他大臣围攻，儿子则在卫士毕阳的护卫之下逃到楚国避难。

喜爱美丽、向往浮华是人的本性，好听赞美、喜闻荣耀也是人普遍的喜好。但人在鲜艳夺目、外表美丽的事物面前，很容易被迷惑住，因而丧失防备之心。可一旦它露出暗藏的毒刺，那么人注定要被伤害。因此，在任何时候都要保持警惕之心。

事实上，愈复杂的环境，当然就愈是钩心斗角的沃土。任何有关争斗的明枪暗箭，都是令人讨厌又难缠的事情。何况任何人都不可能武功盖世、刀枪不入，所以，知道自己身在何处，以及真正地了解自我，看清那些他人强加的虚有的荣耀，应该是保护自我的最佳防弹衣。种种无中生有的把戏、杀人不见血的手段，都寄生在明枪暗箭当中蓄势待发，所以，我们更要在生活中时刻保持清醒的头脑，不要被美妙的假象迷了眼。

第八章

人脉都是设计出来的：
突破"不好意思"，把陌生人变成朋友

巧说第一句话，陌生人也能一见如故

与陌生人打交道，说好第一句话，就会给对方留下好印象，从而带动对方的谈话欲望，这样，就能打开对方的话匣子，谈话便会自然而然地顺利进行下去。

与陌生人打交道，谁都会存有一定的戒心，这是初次交往的一种障碍。而初次交往的成败，关键要看如何冲破这道障碍。如果你用第一句话吸引对方，或是讲对方比较了解的事，那么，第一次谈话就不仅仅是形式上的客套了。如果运用得巧妙，双方会因此打成一片，变得容易相处了。

比如，在一个严冬的夜晚，你与一位陌生人见面，"今晚好冷"这句话自然会成为你们之间所使用的开场白。单纯地使用它，虽然也能彼此引出一些话来，但这些话也可能对彼此无关紧要，这样，再深一步地交谈也就困难了。但是，如果你这样说："哦，今晚好冷！像我这种在南方长大的人，尽管在这里住了几年，但对这种天气还是难以适应。"如果对方也是在南方长大的，就会引起共鸣，接着你的话头说出一些有关的事；如果对方是在北方长大的，他也会因为你在谈话中提到了自己的故乡在南方，而对你的一些情况产生兴趣，有了想进一步了解你的欲望，这样就可以把交谈引向深入。而且把自我介绍与谈话有机地结合，也不致令人觉得牵强、不自在。人们在不知不觉之中，就放开了戒备的心理，从而产生了"亲切感"。

有的人采用一种很自然的、叙述型的谈话开头，也能给人一种亲切感，同时还能让人想继续向他询问一些细节。

说第一句话的原则是：亲热、贴心、消除陌生感。总结起来常见的有三种方式。

1. 攀认式

赤壁之战中，鲁肃见诸葛亮的第一句话是："我，子瑜友也。"子瑜，就是诸葛亮的哥哥诸葛瑾，他是鲁肃的挚友。短短的一句话就定下了鲁肃跟诸葛亮之间的交情。其实，任何两个人，只要彼此留意，就不难发现双方有着这样或那样的"亲""友"关系。

例如，"你是××大学毕业生，我曾在××进修过两年。说起来，我们还是校友呢！"

"您来自苏州，我出生在无锡，两地近在咫尺，今天得遇同乡，令人欣慰！"

2. 敬慕式

对初次见面者表示敬重、仰慕，这是热情有礼的表现。用这种方式必须注意：要掌握分寸，恰到好处，不能胡乱吹捧，不要说"久闻大名""如雷贯耳"之类的过头话。表示敬慕的内容也应该因时因地而异。

例如，"您的大作《教你能说会道》我读过多遍，受益匪浅。想不到今天竟能在这里一睹作者风采！""桂林山水甲天下。我很高兴能在这里见到您这位著名的山水画家！"

3. 问候式

"您好"是向对方问候致意的常用语。如能因对象、时间的不同而使用不同的问候语，效果则更好。对德高望重的长者，宜说"您老人家好"，以示敬意；对年龄跟自己相仿者，称"老×（姓），您好"，显得亲切；对方是医生、教师，说"李医师，您好""王老师，您好"，有尊重意味。节日期间，说"节日好""新年好"，给人以祝贺之感。早晨说"您早""早上好"则比"您好"更得体。

说好了第一句话，仅仅是良好的开端。要想谈得有味，谈得投机，你还得在谈话的过程中寻找新的共同感兴趣的话题，这样才能吸引对方，使谈话顺利地进行下去。

精彩地说出自己的名字

在向陌生人做自我介绍时，首先要做的就是自报姓名，但许多人在这方面却做得不太好，在介绍时只是简单地报出自己的姓名："我姓×，叫××。"自以为介绍已经完成，然而这样的介绍肯定算不上有技巧，也许只过了三五分钟，别人已经把他的姓名忘得一干二净，这样也就无法给别人留下深刻的第一印象。

一个人的姓名，往往拥有丰富的文化积淀，或折射凝重的史实，或反映时代的乐章，或寄寓双亲对子女的殷切厚望。因此，推衍姓名能令人对你印象深刻，有时也会令人动情。

1. 利用名人式

在新同事见面会上，代玉做自我介绍时说："大家都很熟悉《红楼梦》里多愁善感的林黛玉吧，那么就请记住我，我叫代玉。"

再如王琳霞："我叫王琳霞，和世界冠军王军霞只差一个字，所以，每次王军霞获得世界冠军时，我也十分激动。"

利用和名人的名字相近的方式来介绍自己的名字，关键是所选的名人是大家都知道的，否则就收不到效果。

2. 自嘲式

如刘美丽介绍自己时说："不知道父母为何给我取美丽这个名字。我没有标准的身高，也没有苗条的身材，更没有漂亮的脸蛋，这大概是父母希望我虽然外表不美丽，但不要放弃对一切美丽事物的追求吧。"

3. 自夸式

如李小华介绍自己时说："我叫李小华，木子李，大小的小，中华的华。都是几个没有任何偏旁的最简单的字，就如我本人，简简单单、快快乐乐。但简单不等于没有追求，相反，我是一个有理想并执着的人，在追求理想的路上我快乐地生活着。"

4. 联想式

如一个同学叫萧信飞，他便这样做自我介绍："我姓萧，叫萧信飞。萧何的萧，韩信的信，岳飞的飞。"绝大多数人对"萧何月下追韩信"的典故和著名将领岳飞都很熟悉，这样一来，大家对他的名字当然印象深刻了。

5. 姓名来源式

如陈子健："我还未出生，名字就在我父亲的心中了。因为他很喜欢这样一句古语'天行健，君子以自强不息'，于是毫不犹豫地给我取了这个名字，同时希望我像君子一样自强不息。"

6. 望文生义式

如秦国生："我出生在陕西，我叫秦国生。"

与其他方法相比，望文生义法有更大的发挥余地，例如下面的几例：

夏琼——夏天的海南，风光无限；

杨帆——一帆风顺，扬帆远航；

皓波——银色的月光照在水波上；

秀惠——秀外慧中，并非虚有其表。

7. 理想式

如向红梅："我向往像红梅一样不畏严寒，坚强刚毅，在各种环境中都要努力上进，尤其是在艰苦的环境里，更要绽放出生命的美丽。"

8. 释词式

即从姓名本身进行解释。如朱红："朱是红色的意思，红也是红色的意思，合起来还是红色。红色总给人热情、上进、富有生命力的感觉，这就是我的颜色！"

9. 利用谐音式

如朱伟慧："我的名字读起来像'居委会'，正因为如此，大家尽可以把我当成居委会，有困难的时候来反映反映，本居委会力争为大家解决。"

10. 调换词序式

如周非："把'非洲'倒过来读就是我的名字——周非。"

11. 激励式

如展鹏在新生见面会上说："同学们，我们从五湖四海来到这里，为了什么？不就是为了好好学习，今后在社会这片广阔的天空中大鹏展翅，自由翱翔吗？"

12. 摘引式

如任丽群："大家都知道'鹤立（丽）鸡群'这个成语，我是人（任），更希望出类拔萃，所以，我叫任丽群。"

总之，自我介绍是有很大发挥空间的，我们应该想方设法把它丰富起来，不要放过任何一个吸引人注意的机会。

把握好开头的五分钟，攀谈就会自然而然

人们第一次相遇，需要多少时间决定他们能否成为朋友？美国伦纳德·朱尼博士在所著的一本书中说："交际的点，就在于他们相互接触的第一个五分钟。"朱尼博士认为：人们接触的第一个五分钟主要是交谈。在交谈中，你要对所接触的对象谈的任何事都感兴趣。无论他从事什么职业，讲什么语言，以什么样的方式，对他说的话都要耐心倾听。如果你这样做了，

你会觉得整个世界充满无比的情趣，你将交到无数的朋友。

而许多人同陌生人说话都会感到拘谨。建议你先考虑一个问题，为什么你跟老朋友谈话不会感到困难？很简单，因为你们相当熟悉。相互了解的人在一起，就会感到自然协调。而对陌生人却一无所知，特别是进入了充满陌生人的环境，有些人甚至怀有不自在和恐惧的心理。你要设法把陌生人变成老朋友，首先要在心目中建立一种乐于与人交朋友的愿望，心里有这种要求，才能有行动。

如果你不是要见一个陌生人，而是参加一个充满陌生人的聚会，观察也是必不可少的。你不妨先坐在一旁，耳听眼看，根据了解的情况，决定你可以接近的对象，一旦选定，不妨走上前去向他做自我介绍，特别对那些同你一样，在聚会中没有熟人的陌生者，你的主动行为是会受到欢迎的。

应当注意的是，有些人你虽然不喜欢，但必须学会与他们谈话。当然，人都有以自我兴趣为中心的习惯，如果你对自己不感兴趣的人不瞥一眼，一句话都不说，恐怕也不是件好事。别人会认为你很骄傲，甚至有些人会把这种冷落当作侮辱，从而产生隔阂。和自己不喜欢的人谈话时，第一要有礼貌；第二不要谈论有关双方私人的事，这是为了使双方自然地保持适当的距离，一旦你愿意和他结交，就要一步一步设法缩小这种距离，使双方容易接近。

在你决定和某个陌生人谈话时，不妨先介绍自己，给对方一个接近的线索，你不一定先介绍自己的姓名，因为这样人家可能会感到唐突。不妨先说说自己的工作单位，也可问问对方的工作单位。一般情况，你先说说自己的情况，人家也会相应告诉你他的有关情况。

接着，你可以问一些有关他本人的而又不属于秘密的问题。对方有一定年纪的，你可以向他问子女在哪里读书，也可以问问对方单位一般的业务情况。对方谈了之后，你也应该顺便谈谈自己的相应情况，才能达到交流的目的。

和陌生人谈话，要比对老朋友更加留心，因为你对他所知有限，更应当重视已经得到的任何线索。此外，他的声调、眼神和回答问题的方式，都可以揣摩一下，以决定下一步是否能纵深发展。

有人认为见面谈天气是无聊的事。其实，这要具体问题具体分析。如果一个人说："这几天的雨下得真好，否则田里的稻苗就旱死了。"而另一个则说："这几天的雨下得真糟，我们的旅行计划全给泡汤了。"你不是也可以从这两句话中分析两人的兴趣、性格吗？退一步说，光是敷衍性的话，在熟人中意义不大，但对与陌生人的交往还是有作用的。

如遇到那种比你更羞怯的人，你更应该跟他先谈些无关紧要的事，让他心情放松，以激起他谈话的兴趣。和陌生人谈话的开场白结束之后，特别要注意话题的选择。那些容易引起争论的话题，要尽量避免，为此当你选择某种话题时，要特别留心对方的眼神和小动作，一发现对方厌倦、冷淡的情绪时，应立即转换话题。

在与人聚会时，常常会碰到请教姓名的事。你要牢牢记住对方的姓名，对方说出姓名之后，你应立即用这个名字来称呼他，当你碰到一个可能已经忘记了的人，你可以表示抱歉，"对不起，不知怎么称呼您？"也可以说半句"您是——""我们好像——"，意思是想请对方主动补充回答，如果对方老练他会自然地接下去。

顺利地与陌生人开始攀谈，给人一个好印象，积累人脉资源为你所用。学会和陌生人攀谈，谁都可能成为你的朋友。

微笑，赢得他人好感的法宝

微笑是人际交往的通行证，是打开每个心门的钥匙。在与人交流中，主动报以微笑能迅速拉近彼此心与心的距离，赢得他人好感。

飞机起飞前，一位乘客请求空姐给他倒一杯水服药。空姐很有礼貌地说:"先生,为了您的安全,请稍等片刻,等飞机进入平稳飞行状态后,我会立刻把水给您送过来,好吗?"十五分钟后,飞机早已进入平稳飞行状态。突然,乘客服务铃急促地响了起来,空姐猛然意识到:糟了,由于太忙,忘记给那位乘客倒水了。空姐来到客舱,看见按响服务铃的果然是刚才那位乘客。她小心翼翼地把水送到那位乘客跟前,面带微笑地说:"先生,实在对不起,由于我的疏忽,延误了您吃药的时间,我感到非常抱歉。"这位乘客抬起左手,指着手表说道:"怎么回事,有你这样服务的吗?"无论她怎么解释,这位挑剔的乘客都不肯原谅她的疏忽。

在接下来的飞行途中,为了补偿自己的过失,每次去客舱为乘客服务时,空姐都会特意走到那位乘客面前,面带微笑地询问他是否需要帮助。然而,那位乘客余怒未消,摆出一副不合作的样子。

临到目的地前,那位乘客要求空姐把留言本给他送过去。很显然,他要投诉这名空姐。飞机安全降落。所有的乘客陆续离开后,空姐紧张极了,以为这下完了。没想到,她打开留言本,却惊奇地发现,那位乘客在留言本上写下的并不是投诉,相反却是一封热情洋溢的表扬信:"在整个过程中,你表现出的真诚的歉意,特别是你的十二次微笑,深深打动了我,使我最终决定将投诉信写成表扬信。你的服务质量很高,下次如果有机会,我还将乘坐你们这趟航班。"空姐看完信,激动得热泪盈眶。

在人际交往中,我们要赢得他人的好感,必须要学会微笑,像故事中的那位空姐一样,用自己迷人的微笑来赢得他人的好感。微笑就像温暖人们心田的太阳,没有一块冰不会被融化。要带着真心、诚心、善心、爱心、关心、平常心、宽容心去微笑,别人就会感受到你的心意,被你这份心感动。微笑可以使你摆脱窘境,化解人们彼此的误会,可以体现你的自信和大度。

在现实生活中,微笑能化解一切冰冷的东西,容易获得他人的好感。比如朋友、同事之间的吵架、误解,家人、邻居之间的矛盾,恋人、兄弟之间的隔阂等,都可以一笑了之,一笑泯恩仇。所以人际交往中,不管遇到什么困难，不管遇到多么尴尬的事情，要常常告诉自己要微笑，没有什么事情不能用微笑化解的，只要你是真心的！

俗话说，"伸手不打笑脸人"，微笑能够化解矛盾和尴尬，取得意想不到的效果。微笑是人与人之间最短的距离，纵使再远的时空阻隔，只要一个微笑就能拉近彼此的心灵距离。当别人取笑你时，用微笑还击他，笑他的无知；当别人对你愤怒时，用微笑融化他，他会知道自己是在无理取闹；当彼此发生误解，争执不休时，用微笑打破僵局，你会发现事情其实并没有你们想象的那么复杂和严重……

微笑是人际交往的通行证，没有一个人不喜欢和微笑的人打交道！

制造戏剧性，与众不同地吸引他人注意

千篇一律的东西容易让人感到乏味。人与人打交道也是这样，普通的人总是容易被忽视。不妨用些小技巧，制造一些戏剧性的效果，以引起别人的注意。

公元前140年，汉武帝刘彻登基做了皇帝，征召天下各地贤良人士。于是，全国各地的读书人纷纷涌进长安城上书应征，一时间长安城人满为患。当时写作使用竹简，刘彻翻阅了堆积如山的竹简，但只有一篇自荐书深深打动了他，获得了御笔亲点的唯一名额。此人便是后来著名的"智圣"东方朔。靠着一封自荐书，东方朔成为唯一的幸运儿，从此开始汗青留名的生涯。

那封让东方朔在万人之中脱颖而出的自荐书是这样写的："我东方朔少年时就失去了父母，依靠兄嫂的抚养长大成人。我13岁才读书，勤学刻苦，3个冬天读的文史书籍已够用了。15岁学击剑，16岁学《诗》《书》，读了22万字。19岁学孙吴兵法和战阵的摆布，懂得各种兵器的用法以及作战时士兵进退的钲鼓。这方面的书也读了22万字，总共44万字。我钦佩子路的

豪言。如今我已22岁，身高9尺3寸。双目炯炯有神，像明亮的珠子，牙齿洁白整齐得像编排的贝壳，勇敢像孟贲，敏捷像庆忌，廉俭像鲍叔，信义像尾生。我就是这样的人，够得上做天子的大臣吧！臣朔冒了死罪，再拜向上奏告。"

东方朔这番"个人简历"，《史记》评之为"文辞不逊，高自称誉"。不过，他出奇制胜，先声夺人，一下让汉武帝记住了他。不过汉武帝还是很有分寸，毕竟这只是"高自称誉"的小打小闹，没有任何治国之道。

汉武帝虽然用了东方朔，但只让他做了个管公车的小官，平日很难见到皇帝，更不用说得到皇帝的重用，而且一天领取的钱米只够一宿和三餐。

东方朔思来想去，决定从给皇上喂御马的"弼马温"入手。一日，他借机向那班侏儒恐吓道："你们死在眼前了，还不知道吗？"侏儒们惊问为什么。东方朔又说道："我听说朝廷召入你们这些侏儒，名为侍奉天子，实际上是设法除掉你们。因为你们既不能当官，又不能种田，也不能当兵打仗，对国家毫无用处，还要消耗粮食和衣物，还不如处死了好，可以省得许多费用。主要是怕杀你们没有借口，所以骗你们进来，暗地里加刑。"侏儒们听了这话，个个吓得要死。东方朔又假装劝他们说道："你们按我的计去做可以免去一死。"侏儒们忙问有何妙计，东方朔说道："你们必须等到皇帝出来时，叩头请罪，如果天子问你们何事请罪，可推到我东方朔身上，包管无事。"

侏儒们信以为真，随后天天到宫门外等候，好容易等到皇帝出来，便一齐到车驾前，跪伏叩头、泣请死罪。武帝莫名其妙，惊问是何原因。众侏儒齐声说道："东方朔传言，臣等将尽受天诛，故来请死。"武帝道："朕并无此意，你们先退下，待朕问明东方朔便知道了。"

众侏儒拜谢而去，武帝即命人召见东方朔。东方朔正愁没有机会见到武帝，因此特设此计，既听到召令，立即欣然赶来。武帝忙问道："你敢造谣惑众，难道目无王法么？"东方朔跪下答道："臣东方朔生固欲言，死亦欲言。侏儒身长只有三尺多，每次领一份食物及钱二百四十文。臣东方朔身长九尺多，也是只得同样食物一份及钱二百四十文，侏儒吃不完用不完，臣东方朔饿得要死。臣以为陛下求才，可用即用，不可用应该放我归家，省得在城里吃不饱穿不暖的，反正难免一死！"武帝听了，不禁大笑，随后任命他待诏金马门，这样离皇帝更近了。

东方朔就是这样另辟蹊径，不按常规出牌，在处理事情上善于用一些可以产生戏剧性效果的方式，来引起皇上的注意，博得皇上的好感，可谓是效果显著。

今天，我们不妨效仿一下这位"东方智圣"，换一种思维方式，不随波逐流，能够多运用智慧、幽默等制造出一些特别的效果来，定会为你的人际交往增色不少。不过，在应用的时候，也要注意切不可弄巧成拙。

渲染氛围，增强自己的吸引力

生活中，无论是吃饭，还是学习，大家总喜欢说："要有氛围！"没错，氛围真的很重要，尤其在与人交往的时候，如果渲染得当，可以大大增强你的吸引力。不信吗？那不妨来看一看下面的例子吧！

为了丰富学生的课余生活，某大学专门邀请一位著名教授举办了一个讲座，但由于临时改变地点，时间仓促，又来不及通知，结果到场的人很少。教授到了会场才发现只有十几个人参加。

他有点尴尬，但不讲又不行，于是他随机应变，说："会议的成功不在人多人少，中共第一次党代会才到了12人，但意义非同小可。今天到会的都是精英，我因此更要把课讲好。"

这句话把大家逗得开怀大笑。这一笑，活跃了气氛，再加上教授讲课充满激情，使得那一次讲座非常成功。

人际交往就如同舞台上的演出，为了演出的成功，不仅需要很好的台词、演技，还需要一种看不见、摸不着，却必不可少的——氛围。就像电影中要有背景音乐来渲染气氛，在人际交往的场合，也往往需要营造点氛围，好像交际的润滑剂，使交际能顺利地进行下去。

在交际活动中，如果把交际桌看成是会议桌，气氛就很难营造起来，也无法让对方投入。想让对方投入，一半要靠自己的带动。有一种生意人，他们可以在会议桌上非常严肃、非常理智，然而，一旦到了社交场合，却又放得很开，与人斗酒、唱卡拉OK、开各式各样的玩笑，一副百无禁忌的样子。这么做实际上也是为了营造交际气氛。

在日常生活中，个人的情绪体验是受多种因素影响的，如光线、气温、噪声及卫生条件等都会左右我们的情绪，而这些情绪反应又影响到人际吸引力。某实验研究就证明了不同的音乐背景对人际吸引力的影响。他们以女大学生为例，首先测定她们最喜欢和最不喜欢的音乐，然后请她们评定一些陌生男性的照片，在评定过程中播放不同的背景音乐作为衬托。结果发现，当碰到她们喜欢的音乐作为评价背景时，对照片中的人物评价较高；当用她们不喜欢的音乐作为评价背景时，对照片中的人物的评价往往较低；而在没有音乐背景配合时，评价介于上述两种情况之间。

个体的体验不仅受物理环境的影响，同时还受个人的知识、经验、个性等因素的影响，带有强烈的个人主观色彩。在人际交往中，我们应当看到个体的主观体验会影响我们对一个人的评价。当我们作为社交活动的组织者或主导的一方时，应当注意环境布置的细节问题，使客人们能在清洁舒适、平等友好的场合中畅所欲言。同时，在具体的交往场合中，我们自己又要发挥理智的、能动的调节作用，尽量客观地评价交往对象，不要受环境氛围的困扰和迷惑。

在和谐、融洽的交际氛围中，在平等、自由等具有安全感的人际情境中，我们更愿意进行主动的交流与沟通。因而在人际交往时，我们要善于通过环境、幽默的言谈等营造良好的交际氛围，以增加吸引力。

无米难成炊，没话题找话题

俗话说"巧妇难为无米之炊"，没有话题，谈话就没有焦点。光是空说话，没有实际意思，那陌生人终究还是陌生人，陌生的局面终究是化不开。

和陌生人说话最苦于找不到话题。怎样巧找话题呢？那就要从具体情况出发去考虑，如果彼此完全陌生尚未相识，那就要察言观色，以话试探，寻求共同点，抓住了共同点就抓住了可谈的话题。如果是因为话不投机，出现难题，那就要求同存异，或是检讨自己的不妥之处，表示歉意；如果对方有什么顾虑，或是沉默的原因不明，那就没话找话说，随便找个话题，引起对方的兴趣，说个笑话，谈点趣闻都可以活跃气氛。

从具体情况出发，可以选择采取下面的方法：

1. 你想了解什么就问什么，谈什么

与陌生人交谈，一般都可以先提一些"投石"式的问题，在略有了解后再有目的地交谈，便能谈得较为自如。如在商业宴会上，见到陌生的邻座，便可先"投石"询问："您是主人的老同学呢，还是老同事？"无论问话的前半句对，还是后半句对，都可循着对的一方面交谈下去；如果问得都不对，对方回答说是"老乡"，那也可谈下去。假如是北京老乡，你可和他谈天安门、故宫、长城，谈北京的新变化；如果是福建老乡，你可与他谈荔枝、龙眼、橘子，沿海的水产等，从而开始你与他的交谈。也许他将来就是你事业上的合作伙伴呢！

2. 就社会热点问题进行交谈

陌生的双方刚一接触，纯属个人生活的事情不宜多谈，但可以对时下人所共知的社会现象、热点问题谈谈看法。如果对方对这一问题还不太清楚，你可以稍做介绍。例如，近期影响较大的社会新闻、电影、电视剧和报刊文章等，都可以作为话题。

3. 从双方生活事业上找话题

（1）从双方的工作内容寻找。相同的职业容易引起共鸣，不同的职业则具有新奇感和吸引力。

（2）从彼此的经历中寻找。经历是学问，亲身经历过的人和事往往会给你留下极深的印象。这种交流最易敞开心扉，最易见到真情。

（3）从双方的发展方向寻找。人人都关心的自己的未来，前途与命运是长盛不衰的永恒的话题。人生若没有前进的方向，生活便失去了动力。这类话题最易触动对方敏感的神经。尤其是异性，更热衷于此。

（4）注意家庭状况。谈家庭生活并不一定就是俗气，家庭是社会的细胞，家庭生活的完美、和谐是每个人的理想。这类话题不必做准备，随时都可以谈论，但有思想的人都可以从中发现许多人生的哲理。

（5）关注子女教育。孩子是父母生活的希望，孩子的教育牵动亿万家长的心。怜子、爱子、望子成龙是家长的共同心理。谈及孩子，即使是性格内向的人，也会眉飞色舞、滔滔不绝。

有的时候如果是预约式地拜访某陌生人，那你最好具备一些洞察力。你首先应当对那位你即将拜访的客人做些了解。例如，问一些你们双方都认识的朋友，打听一下对方的情况，关于他的职业、兴趣、性格之类，了解得越详细越好。

当你走进陌生人的住所时，可以凭借你的观察力，看看能不能找到一些了解对方性格的线索。墙上挂的是哪位画家的画？如果是摄影作品，能否揣测对方是摄影爱好者呢？

要知道，屋内的装饰摆设，可以表现主人的喜好和情调，甚至有些物品会引出某段动人的故事。如果你把它当作一个线索，不就可以了解主人心灵的某个侧面吗？了解了对方的一些个性，不就有话题了吗？

交谈前，使用多种手段，尽可能地多了解对方，再把所获得的种种细微信息分析研究，由小见大，见微知著，作为交谈的基础。

讲话务必看清对象，从他的兴趣爱好、个性特点、文化水平、心情处境等入手。陌生人之间只要做到这一点，就能由细微处见品性。

用细微的动作拉近与陌生人的距离

与陌生人相处时，必须在缩短距离上下功夫，力求在短时间内了解得多些，在感情上融洽起来。孔子说："道不同，不相为谋。"志同道合，才能谈得拢。

每个人对自己身体周围，都会有一种势力范围的感觉，而身体的势力范围通常只能允许亲近之人接近。如果一个人允许别人靠近他的身体四周，就会有种已经承认和对方有亲近关系的错觉，这一原理对任何人来说都是相同的。

本来一对陌生的男女，只要能把手放在对方的肩膀上，心理的距离就会一下子缩短，有时瞬间就成为情侣的关系。推销员就常用这种方法，他们经常一边谈话，一边很自然地移动位置，跟顾客离得很近。

因此，只要你想及早产生亲密关系，就应制造出自然接近对方身体的机会。

有一场篮球比赛，一位教练要训斥一名犯了错的球员。他首先把球员叫到跟前，紧盯着他的眼，要这个年轻小伙子注意一些问题，训完之后，教练轻轻拍了拍球员的肩膀和屁股，把他送回到球场上。

教练这番举动，从心理学的观点来看，确实是深谙人心的高招：

第一，将选手叫到跟前。把对方摆在近距离前，两人之间的个人空间缩小，相对地增加对方的紧张感与压力。

第二，紧盯着对方的两眼。有研究表明，对孩子说故事时紧盯着他的眼睛，过后孩子能把故事牢牢记住。教练盯着球员的眼睛，要他注意，用意不外乎是使对方集中精神倾听训斥。否则球员眼神闪烁、心不在焉，很可能会把教练的训示全当成耳边风，毫不管用。

第三，轻拍球员身体，将其送回球场。实验显示，安排完全不相识的人碰面，见面时握了手和未曾握手，给人的感受大大不相同。握手的人给对方留下随和、诚恳、实在、值得信赖等良好印象，而且约有半数表示希望再见到这个人。另一方面，对于只是见面而没有肢体接触的人，则给人冷漠、专横、不诚实的负面评价。

正确接触对方身体的某些部位，是传达自己感情最贴切的沟通方式。如果教练只是责骂犯错的球员，会给对方留下"教练冷酷无情"的不快情绪。但是一经肢体接触之后，情形便可能大大改观，球员也许变得很能体谅教练的心情："教练虽然严厉，但终究是出于对我的一番好意！"

此外，与陌生人交谈，应态度谦和，有诚意，力求在缩短距离上下功夫，力求在短时间里了解得多一些。这样，感情就会渐渐融洽起来。我国有许多一见如故的美谈，许多朋友，都是由"生"变"故"和由远变近的，愿大家都多结善缘，广交朋友。善交朋友的人，会觉得四海之内皆朋友，面对任何人，都没有陌生感。这有不少方法：

1. 适时切入

看准情势，不放过应当说话的机会，适时插入交谈，适时自我表现，能让对方充分了解自己。

交谈是双边活动，光了解对方，不让对方了解自己，同样难以深谈。陌生人如能从你切入式的谈话中获取教益，双方会更亲近。适时切入，能把你的知识主动有效地献给对方，实际上符合互补原则，奠定了"情投意合"的基础。

2. 借用媒介

寻找自己与陌生人之间的媒介物，以此找出共同语言，缩短双方距离。如见一个陌生人手里拿着一件什么东西，可问："这是什么……看来你在这方面一定是个行家。正巧我有个问题想向你请教。"对别人的一切显出浓厚兴趣，通过媒介物引发他们表露自我，交谈也能顺利进行。

3. 留有余地

留些空缺让对方接口，使对方感到双方的心是相通的，交谈是和谐的，进而缩短距离。因此和陌生人的交谈，千万不要把话讲完，把自己的观点讲死，而应虚怀若谷，欢迎探讨。

不同的人、不同的心情，会有不同的需要。要想打动陌生人，就得不失时机地针对不同的需要，运用能立即奏效的心理战术。通过对方的眼神、姿势等来推测其当时的心思，再有效地运用如拍肩、握手、拥抱等非语言沟通方式来传情达意，如果你懂得运用这些技巧，便能很快地拉近与陌生人的心理距离。

幽默让对方向你靠近

幽默使生活充满了情趣，哪里有幽默，哪里就有活跃的氛围。

在人际交往中，幽默是心灵与心灵之间快乐的天使，拥有幽默就拥有爱和友谊。

一个秃头者，当别人称他"理发不花钱，洗头不费水"时，他当场变了脸，使原本比较轻松的环境变得紧张起来。一位演讲的教授，也是一个秃头，他在自我介绍时说："一位朋友称我聪明透顶，我含笑地回答：'你小看我了，我早就聪明绝顶了。'"然后他指了指自己的头说，"我今天演讲的题目是外表美是心灵美的反映。"教授就这样开始了自己的演讲，整个会场充满了活跃的气氛。

同样是秃头，同样容易受到别人的揶揄和嘲谑，为什么不同的人得到的却是别人不同的认可，其间的缘故就是没有幽默感。

幽默家兼钢琴家波奇，有一次在美国密歇根州的福林特城演奏，发现听众不到一半，他当然很失望也很难堪，但是他走向舞台时却说："福林特这个城市一定很有钱，我看到你们每个人都买了两三个座位的票。"于是整个大厅里充满了欢笑，波奇也以寥寥数语化解了尴尬的场面。

由此可见，幽默不仅反映出一个人随和的个性，还显示了一个人的聪明、智慧以及随机应变的能力。但需要注意的是，幽默既不是毫无意义地插科打诨，也不是没有分寸地卖关子、耍嘴皮子。幽默要在入情入理之中，引人发笑，给人启迪。

生活中应用幽默，可缓解矛盾，调节情绪，促使心理处于相对平衡状态。著名的喜剧大师卓别林曾说："通过幽默，我们在貌似正常的现象中看出不正常的现象，在貌似重要的事物中看出不重要的事物。"

幽默感并非天生就有，而是需要自己用心培养。那么，怎样培养幽默感呢？

1. 首先要领会幽默的真正含义

幽默不是油腔滑调，也非嘲笑或讽刺。正如有位名人所言：浮躁难以幽默，装腔作势难以幽默，钻牛角尖难以幽默，捉襟见肘难以幽默，迟钝笨拙难以幽默，只有从容、平等待人、超脱、游刃有余、聪明透彻才能幽默。

2. 扩大知识面

幽默是一种智慧的表现，它必须建立在丰富的知识基础上。一个人只有具有审时度势的能力、广博的知识，才能做到谈资丰富，妙言成趣，从而做出恰当的比喻。因此要培养幽默感，必须广泛涉猎，充实自我，不断从浩如烟海的书籍中收集幽默的浪花，从名人趣事的精华中撷取幽默的宝石。

3. 陶冶情操

幽默是一种宽容精神的体现，要使自己学会幽默，就要学会宽容大度，克服斤斤计较，同时还要乐观。乐观与幽默是亲密的朋友，生活中如果多一点趣味和轻松，多一点笑容和游戏，多一份乐观与幽默，那么就没有克服不了的困难，也不会出现整天愁眉苦脸、忧心忡忡的痛苦者。

4.培养敏锐的洞察力

提高观察事物的能力，培养机智、敏捷的能力是提高幽默感的一个重要方面。只有迅速地捕捉事物的本质，以诙谐的语言做出恰当的比喻，才能使人们产生轻松的感觉。

当然，在幽默的同时还应注意，重大的原则总是不能马虎的，不同问题要不同对待，在处理问题时要极具灵活性，做到幽默而不俗套，使幽默为人们的精神生活提供真正的养料。

打消对方疑心，让他知道你可信

在消除对方疑虑取得信任的过程中，好态度是一个不容忽视的重要因素。下面我们一起来看看卡耐基在这方面的亲身经历。

有一次，卡耐基受一家公司委托，请求某位学者帮忙。起初工作进展得好像很顺利，但是不久之后，公司的负责人给他打来了一个令人不解的电话，说不知道为什么，学者的态度突然变了，弄不好会拒绝工作。卡耐基对他采取了各种方法，仍无济于事。即使是允诺改善工作报酬、放宽日期也未能打动他的心。

卡耐基想总得见他一面，听听情况。于是，当天晚上，他陪公司负责人拜访了那位学者。在学者家里，卡耐基听到学者说的话之后感到非常意外，他提到担心公司方面是否能履行有关合同，和公司配合得不够默契，等等。

卡耐基知道在这种情况下说服也是不起作用的，因此在回家的途中，他向与他同路的公司负责人建议说："我不知道究竟是什么原因造成了这样的结果，也许是一些不重要的小事引起了他对公司的不信任，现在说服他是没有用的。为了打破僵局，你应该尽快向对方表示出公司的诚意和热情。"

第二天早上天刚亮，公司负责人就兴高采烈地给卡耐基打电话说："先生，他又愿意接受工作了。"原来，那天夜里他们分手以后，他又回到学者家附近，在那里拦了一辆出租车，等待着次日要搭第一趟火车去旅行的学者，并把他送到了火车站。他又说："我一直祈祷着学者能乘坐我准备好的出租车，因为他坐不坐这辆车是事情能否成功的关键。"听他这么一说，卡耐基认为那位学者的不信任感也该冰消瓦解了。

这件事只不过是卡耐基的一点点经历，相信很多人也可能被对方这样拒绝过。不难看出，卡耐基之所以会感到那位学者拒绝工作的原因可能来自对公司的不信任感，也可能是从他的言行中发现了具有不信任感的人所具有的特征。

如果对人不信任，通常就会产生强烈的疑心。因此，一般人认为不是什么大问题的事情他却会觉得非常严重。例如，反复叮咛对方要守约、保守秘密、互相尊重人格等这些做人最基本的原则，或是将互相信任的人之间用来开玩笑的事情，视为了不得的大问题。

同时，若是担心自己不知何时被不信任的对方所"出卖"，也会表现出拒绝对方接近的态度。例如，说话带刺，或是你说一句，他却反驳两三句。不过，这些表现尚属初期的症状，一个怀有根深蒂固的不信任感的人，或认为反驳对方也无济于事的人，往往会采取没有反应、装作没听见或爱理不理的拒绝方式。尽管他与你对面而坐，却往往表示出与所谓敞开胸襟的态度完全相反的别扭态度。有时虽然自己不开口，却想窥测你心中的细微变化。因此，眼神中会充满冷漠的寒光或将视线移向别处。

还需要注意的是，如果发现对方持有不信任感，对他使用了不适应他心理的交流方法，反而会加深对方的心理屏障。因此，首先要搞清楚对方产生不信任感的原因，然后再根据它发展下去的心理结构找出对策，进行进一步的交流往来。

第九章

别人不说你一定要懂的"人情"绝学：
让对方"不好意思"拒绝

平时冷庙烧香，急时才能抱佛脚

在社会中会公关、会应酬的人，其高明之处在于他们不仅注重给热庙烧香，而且也非常注意给冷庙的菩萨上香。

有一个人，在他位高权重时，他家里的客人可以说是川流不息，络绎不绝。可是，有一天，他突然成了落难英雄，家里清静得一个月不见几人，这时他真正感觉到了"世态炎凉"这四个字的含义。正当他觉得人生失去意义时，一个平时没什么走动的朋友却拿着东西来看望他，给他安慰和开导。在这个朋友的帮助下，他开始着手建立自己的公司。经过他的努力，公司越做越大，甚至收购了一家规模很大的公司。

这时候，往日的朋友看他又重新站了起来，就又开始到他家串门、送礼，希望能在他公司谋个好职位。然而他对这些人已没有太多的言语。他在等待那个在他最低迷时帮助他的朋友。可是，他却只接到过这个朋友的一通祝福的电话。于是，他决定亲自去请他的那位朋友，让他作为公司的副手，与自己一起管理公司。

生活中，无论做什么事情，遇到什么人，不妨灵活点，经常帮别人一把，别人也会牢记在心，当你有事时，自然对你报之以恩。

真正灵活的人，一定会注意多去冷庙烧香。平时多烧香，用时才灵光。但不是所有的"冷庙"都要去烧香，而是要挑有发展潜力的"冷庙"去烧。

给人一份情，让他还你一辈子

谁都知道，有了"人情"好办事。但"人情"都是有限的，就像银行存款一样，你存进去的多，能取出来的就多，存得少，能取出来的就少。你若和别人只是泛泛之交，你困难时别人帮你的可能就很小，因为人家没有义务帮你。如果你平时多储蓄"人情"，甚至不惜血本地投资，急用时就不至于犯难。

常言道"士为知己者死，女为悦己者容"，能为知己者死的，必欠下了天大的人情，因此偿还人情便成了他们矢志不渝的目标。

公元前239年，燕国太子丹在秦国当人质，秦国对他很不友好，太子丹对此怀恨在心，偷偷逃回燕国，于是秦国派大军向燕国兴师问罪。太子丹势单力薄，难以与秦兵对阵，为报国仇私恨，他广招天下勇士，去刺杀秦王。

荆轲是当时有名的勇士，太子丹把他请到家里，像招待贵客一样，对荆轲照顾得无微不至，终于打动了荆轲。后来，太子丹又对逃到燕国来的秦国叛将樊於期以礼相待，奉为上宾。二人对太子丹感激涕零，发誓要为太子丹报仇雪恨。

荆轲虽力敌万钧，勇猛异常，但秦廷戒备森严，五步一岗，十步一哨，且有精兵护卫，接近秦王难于上青天。于是，荆轲对樊於期说："论我的力气和武功，刺杀秦王不难，难在无法接近秦王。听说秦王对你逃到燕国恼羞成怒，现正以千金悬赏你的脑袋，如果我能拿到你的头，冒充杀了你的勇士，找秦王领赏，就能取得秦王的信任，并可乘机杀掉他。"樊於期听罢毫不犹豫，拔剑自刎。

荆轲带着樊於期的人头和督亢地方的地图，去见秦王，这两件东西都是秦王想要得到的。但他未能杀掉秦王，反被秦王擒杀，只为后人留下了"风萧萧兮易水寒，壮士一去兮不复返"的悲壮诗句和"图穷匕见"的故事。

樊於期之所以能"献头"，荆轲之所以能舍命刺杀秦王，都完全是为了回报太子丹的礼遇之恩。"投桃报李""滴水之恩，涌泉相报"，足以说明恩惠对人心感化的巨大作用。

弱势时打情感牌，更容易被认可

正所谓"以情动人"，"情"最能开启人的心扉，真正唤起别人的共鸣和认同。现实世界里，聪明的人往往善于打"情感"之牌，尤其在弱势的时候，这样更容易被他人认可，得到帮助。

曹丕和曹植都是曹操的儿子，均能辞赋。在文学史上，父子三人合称"三曹"。曹操被汉献帝封为魏王后，在诸子中选立自己的继承人。曹丕和曹植都想方设法争宠于曹操。

曹植能文能武，胸有大志，才思敏捷，比曹丕有过之而无不及。曹操筑铜雀台，率诸子登台，令他们各自作赋。曹植当时年仅19岁，援笔立成，文辞通达耐读，曹操很是惊异。每当曹操问及军国大事，他都能应声而答，因而备受曹操的宠爱。当时曹操身边有名的谋士杨修、丁仪、贾逵、王凌等人，都倾向于立曹植为太子，并为曹植应付曹操的考察出谋划策，使曹操认为曹植比曹丕更有能力。

　　长子曹丕也与一帮亲信官吏积极谋划。他虽然文才不如曹植，但在政治斗争经验上却胜曹植一筹。他笼络的都是些精明于政略而且在朝中掌握实权的官僚人士。出于打击曹植的目的，曹丕经常派人探听弟弟的活动，并收买曹植府中的下人，让他们到曹操那里告密，使曹操知道了杨修等人为曹植出谋划策的事情，这引起了曹操的疑心。

　　面对曹植争立的威胁，曹丕问深有谋略的太中大夫贾诩，如何才能巩固自己的地位。贾诩说，要宽厚仁德，奉行仁人志士简约勤勉的精神，朝夕兢兢业业，不要违背做长子的规矩。曹丕听了他的话，时时注意修养，深自砥砺，使曹操对他的印象越来越好。

　　有一次，曹操要率大军出征，曹丕与曹植都前去送行。临别时，曹植作了一篇洋洋洒洒的散文，极力称颂父王功德，并当众朗诵得声情并茂，使得曹操和他的左右文武大臣万分高兴。曹植也因此受到众人的夸奖。曹丕怅然若失。这时，他的谋士吴质悄悄建议他做出流涕伤怀的样子。等到曹操出发时，曹丕什么话也不说，只是泪流满面，趴在地上，悲伤不已，表示为父王将要出生入死而担忧。他一边哭着一边跪拜，祝愿父王与将士平安。曹操及左右将士都大为叹息。

　　这样一来，形势大转。俗话说，"不怕不识货，就怕货比货"，曹操和左右大臣都认为曹植虽能说会道，但华而不实，论心地诚实仁厚远不如曹丕。一番考察和鉴别之后，曹操最终把曹丕定为太子。

　　说到像曹丕这样以"情饰"取胜，再拿当今的营销来说，情感服务非常盛行。商家通过情感包装、情感促销、情感广告、情感口碑、情感设计等策略来实现企业的经营目标，使"情"的投射穿过消费者的情感屏障，让消费者受到强烈感染或冲击，从而激发消费者潜在的朦胧的购买意识。例如，孔府家酒先后以巩俐的"孔府家酒，叫我想家"、刘欢的"千万里，千万里，我回到了家……"打响全国，贵州青酒厂也请香港明星刘青云以一句"喝杯青酒，交个朋友"为情感广告的全部诉求点，颇受消费者的青睐。

那么，想得到别人的认可或帮助，尤其在自己弱势的时候，你不妨使用眼泪等"情饰"的策略，这样往往会赢得很多人的关心，从而赢得更多人脉。

善待落难者，赢得他人的钦佩

俗话说："三十年河东，三十年河西。"人们自然喜欢结交现在看来就很有价值的朋友，但是，面对落难的人，真正道德高尚的人绝对不会置之不理！

晋代一个名叫荀巨伯的人，得知朋友生病卧床，便前去探望。不料正赶上敌军攻破城池，烧杀掳掠无恶不作，百姓们纷纷携妻挈子，四散逃难。朋友劝荀巨伯说："你赶快逃命去吧，我重病在身，根本逃不了，更何况我自知已活不长了，跟着你只能拖累你，你赶快离开这里吧！"

荀巨伯并不是贪生怕死之辈，他对朋友说："我怎么能弃你于不顾呢？你把我看成什么人了？我不辞山高路远来此地就是为了照顾你。现在敌军进城，你又重病在身，我更不能扔下你不管。"说完转身到厨房给朋友熬药去了。

朋友语重心长地劝了半天，让他快些逃走，可荀巨伯却端药倒水跟没听见一样，他反倒安慰朋友说："你就安心养病吧！不要管我，我不会有事的，我在这里你还有个照应，最起码天塌下来我还能替你顶着！"

这时只听"砰"的一声，门被敌军踢开了，冲进来几个凶神恶煞的士兵，冲着他们大喊大叫道："你们是什么人？好大的胆子，还敢在这里逗留，你们难道不怕死吗？"

荀巨伯站起身，从容地走到士兵跟前，指着躺在床上的朋友说："我的朋友病得很厉害，根本无法下地行走，我怎么可以丢下他独自逃命？请你们快快离开这里吧，别吓坏了我的朋友，如果你们有什么事尽管找我好了。如果要死，我可以替他死，对此我绝不会皱一下眉头。"原本面露凶相的士兵，对荀巨伯大义凛然的一番说辞和那无畏的态度很是钦佩，语气较先前缓和了许多说："没想到这里还有品格如此高尚的人，这样的人咱们怎么好迫害呢？走吧！"说着，敌军就走了。

可见，一个懂得善待自己落魄朋友的人，不仅赢得了朋友的真心，而且还为自己赢得了生机和他人的钦佩，真的是好人有好报啊。可是现实中的不少人总是可以敏感地觉察到自己的苦处，却对别人的痛处缺乏了解。他们不了解别人的需要，更不会花功夫去了解；有的甚至知道了却佯装不知，大概是没有切身之苦、切肤之痛吧！

虽然很少有人能做到"人饥己饥，人溺己溺"的境界，但我们至少可以随时体察一下暂时不得势的人的需要，时刻关心他们，帮助他们脱离困境，当他们遭到挫折而沮丧时，你应该给予鼓励。这样不但维系了友情，而且一旦那位落魄朋友时来运转的话，你当初的那份温情就会显得弥足珍贵，如果日后你需要帮助的话，定然会得到转势之友的大力相助，这也许就是"冷庙烧香"的好处吧。

从一定意义上说，对待落魄、失势者的态度不仅是对一个人交际品质的考验，而且也是建立良好人际关系的契机。世事沧桑，复杂多变，起起伏伏，实难预料。昨天的权贵，今天可能成为平民；路边乞丐，一夜之间也可能平步青云……

从人生的角度来看，人们不可能一帆风顺，挫折、背运是难免的。当人们落难的时候，正是对周围的人们，特别是对朋友的考验。远离而去的人可能从此成为路人，同情、帮助他渡过难关的人，他可能铭记一辈子。所谓莫逆之交、患难朋友，往往就是在困难时期产生的，这时形成的友谊是最有价值、最令人珍视的。

交往次数越多，心理距离越近

有心理学家曾做过这样一个实验：

在一所中学选取了一个班的学生作为实验对象。他在黑板上不起眼的角落里写下了一些奇怪的英文单词。这个班的学生每天到校时，都会瞥见那些写在黑板角落里的奇怪的英文单词。这些单词显然不是即将要学的课文中的一部分，但它们已作为班级背景的一部分被接受了。

班上学生没发现这些单词以一种有条理的方式改变着——一些单词只出现过一次，而一些却出现了 25 次之多。期末时，这个班上的学生接到一份问卷，要求对一个单词表的满意度进行评估，列在表中的是曾出现在黑板角落里的所有单词。

统计结果表明：一个单词在黑板上出现得越频繁，它的满意率就越高。心理学家有关单词的研究证明了曝光效应的存在，即某个刺激的重复呈现会增加这个刺激的评估正向性。与"熟悉产生厌恶"的传统观念相反，曝光效应表明某个事物呈现次数越多，人们越可能喜欢它。

在人际交往中，要得到别人的喜欢，就得让别人熟悉你，而熟识程度是与交往次数直接相关的。交往次数越多，心理上的距离越近，越容易产生共同的经验，使彼此了解和建立友谊，由此形成良好的人际关系。例如教师和学生，领导和秘书等，由于工作的需要，交往的次数多，所以较容易建立亲近的人际关系。

由此可见，简单的呈现确实会增加吸引力，彼此接近、常常见面的确是建立良好人际关系的必要条件。

当然，任何事物都是辩证的，不是绝对的，我们应该承认交往的次数和频率对吸引的作用，但是不能过分夸大其对交往的作用。俗话说"距离产生美"任何事情都存在一个度的问题。有些心理学家孤立地把研究重点放在交往的次数上，过分注重交往的形式，而忽略了人们之间交往的内容、交往的性质，这是不恰当的。实际上，交往次数和频率有时并不能给我们带来预想的结果，甚至会适得其反。

关键时刻拉人一把，悄悄地把人情送出去

"患难之交才是真朋友"，这话大家都不陌生。人的一生不可能一帆风顺，难免会碰到失利受挫或面临困境的情况，这时候最需要的就是别人的帮助。一旦这个时候你伸手相助，便将让对方记忆一生，日后对方会对你加倍报答。所以，关键时刻拉别人一把，等于为自己的人情账户存入一笔巨款。

德皇威廉一世在第一次世界大战结束时，众叛亲离。他只好逃到荷兰，许多人对他恨之入骨。这时候，有个小男孩写了一封简短但流露真情的信，表达他对德皇的敬仰。这个小男孩在信中说，不管别人怎么想，他将永远尊敬威廉一世为皇帝。德皇深深地为这封信所感动，于是邀请他到皇宫来。这个男孩接受了邀请，由他母亲带着一同前往，他的母亲后来嫁给了德皇。

人情储蓄，不仅仅是在欢歌笑语中和睦相处，更是要在困难挫折中互相提携。有的人在无忧无虑的日常生活中，还能够和朋友嘻嘻哈哈地相处，一旦朋友遇到困难，遭到了不幸，他们就冷落疏远了朋友，友谊也就烟消云散了。这种只能共欢乐不能同患难的人，不仅是无情的，更是愚蠢的。因为他们的自私，会让自己的人情储蓄变为零，会让自己日后的人际关系道路越走越窄。

所以，当朋友遇到了困难的时候，我们应该伸出援助的双手。当朋友生活上艰窘困顿时，要尽自己的能力，解囊相助。对身处困难之中的朋友来说，实际的帮助比甜言蜜语强一百倍，只有设身处地地急朋友所急，想朋友

所想，才体现出友谊的可贵，让这份交情细水长流。

当朋友遭遇不幸的时候，如病残、失去亲人、失恋等，我们要用关怀去温暖朋友那冰冷的心，用同情去安抚朋友身上的创伤，用劝慰去平息朋友胸中冲动的岩浆，用理智去拨散朋友眼前绝望的雾障。

当朋友犯了错误的时候，我们应该表示理解并尽可能地给予帮助。一般来说，朋友犯了错误，自己感到羞愧，脸上无光。有些人常担心继续与犯了错误的朋友相交会连累自己，因此而离开这些朋友，其实这种自私的行为很不可取。真正的朋友有福不一定同享，但有难必定上前同担。

当朋友遭到打击、被孤立的时候，我们应该伸出友谊的双手，去鼓励对方，支持对方。如果在朋友遭到歪风邪气打击的时候，我们为了讨好多数人而保持沉默，或者反戈一击，那我们就成了友谊的可耻叛徒。正如巴尔扎克的《赛查·皮罗多盛衰记》中所说："一个人倒霉至少有这么一点好处，可以认清楚谁是真正的朋友。"一个好朋友常常是在逆境中得到的。假如朋友在遭到打击、被孤立的时候，你能够理解他、支持他，坚决同他站在一起，那么他一定会把你视为一生的挚友，会为找到一个真正的朋友感到高兴。更重要的是，将来某一天如果你需要他的帮助，甚至你有难时没有向他求助，他都会心甘情愿地为你两肋插刀。

总之，人情的赢得往往在关键的时刻，即别人处于困顿的时刻。只要你在关键时刻伸手拉他一把，你就获得了他的好感，为日后储蓄了一笔人情资金。

互惠，让他知道这样做对他有利

一位心理学教授做过一个小小的实验：

他在一群素不相识的人中随机抽样，给挑选出来的人寄去了圣诞卡片。

虽然他也估计会有一些回音，但却没有想到大部分收到卡片的人，都给他回了一张。而其实他们都不认识他啊！

给他回赠卡片的人，根本就没有想到过打听一下这个陌生的教授到底是谁。他们收到卡片，自动就回赠了一张。也许他们想，可能自己忘了这个教授是谁了，或者这个教授有什么原因才给自己寄卡片。不管怎样，自己不能欠人家的情，给人家回寄一张，总是没有错的。

这个实验虽小，却证明了互惠在心理学中的作用。它是人类社会永恒的法则，是各种交易和交往得以存在的基础，我们应该尽量以相同的方式回报他人为我们所做的一切。

如果一个人帮了我们一次忙，我们也应该帮他一次；如果一个人送了我们一件生日礼物，我们也应该记住他的生日，届时也给他买一件礼物；如果一对夫妇邀请我们参加了一个聚会，我们也一定要记得邀请他们到我们的一个聚会上来。

由于互惠的影响，我们感到自己有义务在将来回报我们收到的恩惠、礼物、邀请等。人与人之间的互动，就如坐跷跷板一样，不能永远固定某一端高、另一端低，就是要高低交替，一个永远不肯吃亏、不肯让步、不与别人互惠的人，即使真正赢了，讨到了不少好处，但从长远来看，他也一定是输家，因为没有人愿意和他玩下去了。

中国古代讲究礼尚往来，也是互惠的表现。这似乎是人类行为不成文的规则。

一个人向朋友请教一件事，两人聚会吃饭，那么账单就理所当然应由请教人的这个人付，因为他是有求于人的一方。如果他不懂这个道理，反而让对方付，就很不得体。

在不是很熟悉的朋友之间，你求别人办事，如果没有及时地回报，下一次又求人家，就显得不太自然。因为人家会怀疑你是否有回报的意识，是否感激他对你的付出。及时地回报，可以表明自己是知恩图报的人，有利于相互之间继续交往。

而且如果不及时回报，会给你带来一些麻烦。你一直欠着这个情，如果对方突然有一件事反过来求你，而你又觉得不太好办的话，就很难拒绝了。俗话说："受人一饭，听人使唤。"可以说，为了保持一定的自由，你最好不要欠人情债。

当然，在关系很亲密的朋友之间，就不一定要马上回报，那样可能反而显得生疏。但也不等于不回报，只是时间可能拖得长一些，或有了机会再回报。

朋友间维护友谊遵循着互惠定律，爱情之间也是如此。其实世上没有绝对无私奉献的爱情，不像歌里和诗里表现的那样。爱情也是讲求互惠互利的，双方需要保持一个利益的平衡。如果平衡被严重打破，就可能导致关系破裂。

雪中送炭，扩大感情投资的性价比

在社会生活中需要感情投资，这个道理很多人都明白，但是如何进行感情投资却没有多少人清楚。其实，感情投资的最佳策略就是雪中送炭，扩大感情投资的性价比。

在《水浒传》中，有这样精彩的一幕：

话说宋江杀了阎婆惜后，逃到柴进庄上避难，碰上了武松。当时武松因在故乡清河县误以为自己伤人致死而躲在柴进庄上。但因为武松脾气不太好，得罪了柴进的庄客，所以柴进也不是十分喜欢他。《水浒传》上说："柴进因何不喜武松？原来武松初来投奔柴进时，也一般接纳管待；次后在庄上，但吃醉了酒，性气刚烈，庄客有些顾管不到处，他便要下拳打他们，因此满庄里庄客，没一个道他好。众人只是嫌他，都去柴进面前，告诉他许多不是处。柴进虽然不赶他，只是相待得他慢了。"所以，武松在柴进的庄上一直被大家孤立，找不到一个可以交心的朋友，只能一个人天天喝闷酒。

宋江知道武松是个英雄，日后定可为自己帮忙，因此，他到了柴进庄上一见到武松马上拉着武松去喝酒，似乎亲人相逢，看武松的衣服旧了，马上就拿钱出来给武松做衣服（后来钱还是柴进出的，但好人却是宋江做的）。而后"却得宋江每日带挈他一处，饮酒相陪"，这饮酒的花费自然还是柴进开销的。临分别时，宋江一直送了六七里路，并摆酒送行，还拿出十两银子给武松做路费，而后一直目送武松远离。

正因为这样，武松一直对宋江忠心耿耿，为宋江出生入死。

宋江所费之钱可以说是小成本，他不过花了十两银子和钱行的一顿饭，却让功夫盖世的武松对他感恩戴德。而柴大官人庇护了武松整整一年，就算后来有所怠慢，也不会少他吃喝用度的，在武松身上的花费岂止区区十两银子。相对于宋江而言，柴大官人真是得不偿失。这位宋大哥在武松心目中的分量恐怕要远远超过柴大官人。为什么柴进名满江湖、出身高贵，却成不了老大，而宋江却可以？因为宋江更懂得如何通过雪中送炭而收买人心。

然而，在现实生活中，人们往往热衷于锦上添花，而不屑于雪中送炭。好像能与事业有成的人缔结关系，便可以巧妙地利用对方那股气势。这是理所当然的一种心理，然而在这种情况下交上的朋友，通常无法培育出可靠的人际关系。对万事顺利、春风得意的人，人人都想与他结识，都想与他交上朋友。一方面他顾不过来，另一方面他也无法与巴结他的人成为真正的朋友。反之，如果与那些暂不得势的人交往，并成为好朋友，那就可能完全不同了。

在他们处于困境中的时候，我们能不打折扣地给予帮助，有朝一日，他们飞黄腾达了，就会第一个要还你人情。那时找他们帮忙，他们便会毫不犹豫地答应。

如果你有能力，更应给予处于困境的人适当的协助，甚至给予物质上的救济。而物质上的救济，不要等他开口，要采取主动。有时对方急着要，又不肯对你明言，或故意表示无此急需。你如果得知此情形，更应尽力帮忙，并且不能有丝毫得意的样子。一面使他感到受之有愧，一面又使他有知己之感。日后如有所需，他必全力回报。

锦上添花易，雪中送炭难。真正懂得博弈智慧的人都明白：成功的诀窍之一就是要少一些锦上添花，多一些雪中送炭。多结识一些"困龙"，他们将成为你生活中忠实的朋友，事业上得力的助手。

收获人情，借不如送

当亲戚朋友向你借钱或某些物品时，是借还是不借呢？这是现代人所常常要遇到的问题，钱只要离开自己的口袋，就有回不来的可能；东西一旦借出去，既可能被对方用坏、弄丢，也可能是被对方一直用着。尤其是把财物借给自己的亲人或是朋友，上述情况就更可能发生了。

这个时候，与其整日盘算着如何把财物要回来，不如放宽心，把财物送给他们。这样，虽然在财物上蒙受损失，却收获了人情。

事实上，很多人碰到他人向自己借财物的问题时都很困扰，因为借他财物，有可能就要不回来了，或是一再拖延，到最后历经坎坷才拿回来，或只拿回一小部分。如果时间一到便去催债，好像自己太没人情味，何况也没勇气开口，更怕一开口，就伤了彼此的感情。不借，自己的财物固然是"保住"了，但他们有难，不出手帮忙，道义上似乎也说不过去，也担心二人的感情恐怕从此要变质了。

聪明人的做法是：给他财物，而不是借他财物。

所谓"给他财物"有两个层面的意义：

第一个是表面上是借给他，也言明归还期限和利息多少，但在心理上却抱着这些财物是"一去不回头"的想法，他能还就还，不能还就当作是"送给"他的。这种态度很阿Q，但却有很多好处。第一个好处是不会影响两人的感情，你也不会因为对方还不起钱或不还物品而难过；第二个好处是顾到了朋友间有难相助的道义；第三个好处是在对方心中播下一粒恩与义的种子，这粒种子或许会发芽、茁壮成长，在他日以"果实"对你做最真诚的回报。

第二个层面的意义是真的给他财物。也就是说，他虽然是向你借用的，但你表明是给他的，是要帮他解决困难的，并不希望他一定还。这样子做也有很多好处。第一个好处是他不大可能再来向你借，而你也可表示"我已竭尽所能"，如将对方开口的数目打折给他，万一对方真的还不起钱，或根本不还钱，你则可以降低损失。第二、第三个好处和前面那种一样，兼顾了情与义，同时也在对方心中种了一粒恩与义的种子，而这人情，他总是要担的。

事实上，不管是借还是给，财物能不能收回来都是个未知数。之所以说"给亲戚朋友财物，财物收得回来；借他们财物，财物收不回来"，是基于：财物只要离开你的名下，就有回不来的可能，因为对方是没有钱或缺少某些东西才向你开口的，所以明知有可能回不来，干脆就不抱希望，免得催债时给双方造成不愉快，自己也难过。

如果借或给都觉得很难，那么就狠心拒绝吧！不过，在力所能及的情况下还是不要那么斤斤计较，因为财物毕竟不等同于幸福，人生真正的幸福和欢乐是浸透在亲密无间的家庭关系及友情中的。

故意让人占点便宜，人情积少成多

积少成多的道理大家都非常清楚，一点一点积累，最后收获很多。其实，在人情储蓄的诸多方法中，积少成多也是非常重要的一种。具体就是，时不时地故意让别人占你一点小便宜。

陈老与纪伯是邻居，某天夜里，纪伯偷偷地将隔开两家的竹篱笆，向陈家移了移，以便让自己的院子宽一点。不过由于是深夜，纪伯只移动了一点点。陈老虽然看到了这些，但他故意视而不见。

第二天夜里，纪伯又偷偷地将竹篱笆向陈家移了一些，不过仍然进行得比较吃力。陈老看在眼里，在纪伯走后，他将篱笆又往自己这边移了一丈，使纪伯的院子更宽敞了。

第三天一早，纪伯发现后，很是惭愧，不但还了侵占陈家的地，而且还将竹篱笆往自己这边移了一丈。

陈老故意让纪伯占点小便宜，纪伯却因陈老的谦让感到内疚，产生了"以小人之心，度君子之腹"的感觉，认为自己欠了陈老的一个人情债。每当他想起此事时，他总是会想法报答纪伯。

人情债就是这样，一点一点地放，虽然每次看上去很少，但经过积累，对方最终欠你的就多了，日后对你的报答当然也不会太少。这一点，不仅在日常交际中非常重要，在经商中同样重要。

徐先生在广州开了一家海鲜酒楼，叫南海渔村，最后经营上遇到了问题。

一天，他在同一街上看到两家时装店，一家生意兴旺，另一家却相当平淡。什么原因呢？他走进那家旺店一看，原来店里除了高档货外，还有几款特价服装。

他受到了启发，于是就创出了"海鲜美食周"的点子——每天有一款海鲜是特价的，售价远远低于同行的价格。当时，基围虾的市场价格为500克38元，徐先生把它们降到28元。不仅如此，结账时，他还将每位顾客消费的元以下的零钱全部抹掉。有些常客几乎三天两头就过来买，他仍然次次见零钱就抹掉，有些常客开玩笑地说："你长期这样给我抹钱，都抹掉几斤大虾了！"而徐先生每次都是一笑而过。

不出所料，这两招一举成功，很多食客就冲着那一款特价海鲜，走进了南海渔村大门。降低价格，原来是准备亏本的，但由于吃的人多，每月销出4吨基围虾，结果不但没亏本，反而赚了钱。

自此以后，南海渔村门庭若市，顾客络绎不绝。

徐先生作为饭店的经营者，之所以能够成功，就是在人的"贪便宜""好尝鲜"的本性上做足了文章。因为贪便宜，一看到原本38元一斤的基围虾跌到28元一斤，于是人们便蜂拥而至抢便宜货，再加上老板大方地抹掉零钱，酒楼自然就出了名，大把的钱也就自然流入徐先生的腰包。

足见，积少成多放人情债的方式多么受人们欢迎，更重要的是它在顺畅人际关系方面非常奏效。

当然，让别人占点便宜并不是要大家随时随地都去吃亏。吃亏是有学问，有讲究的。我们要学会吃亏，要吃在明处，至少你应该让对方心中有数。这样才能让别人觉得欠你人情，以后你若有求于他，他才会全力以赴。

把"双赢牌"蛋糕做大，让别人欠你人情

三人打牌，虽然互为对手，但假若两方合作也能赢牌，出牌时不如就让对方一分，对方才可能在关键的时候，让你一分，使双方获益。正如作家刘墉所说："合作失败的人常拆伙，因为彼此责难。合作成功的人，也常拆伙，因为各自居功。直到拆伙之后，发现势单力薄，再回头合作，关系才变得比较稳固。"

随着科学技术向纵深方向发展，社会分工越来越精细，人通常难以成为全能型的人物，因此就需要与他人合作，并在合作中寻求取胜之道。

很久以前，有一个有钱的员外，他有五个心不齐的儿子。他们做事的时候都自己管自己，从来不互相帮助。

后来，老员外得了重病，临死之前，他把五个儿子叫到床前，又叫人拿

来一大把筷子，分给五个儿子。他分给老二、老三、老四、老五每人一根筷子，把剩下的一大把筷子都给了老大，然后说："你们把手上的筷子都折断吧！"老二、老三、老四、老五没费多少力气就折断了筷子，老大使出了全身的力气，都没把筷子折断。老员外说："你们看，一根筷子很容易被人折断，一把筷子就不容易被人折断了。如果你们不齐心合力，就会像一根筷子一样很容易被人折断；如果你们齐心协力，就会像一把筷子一样，不容易被人折断，做事情就容易成功。"

五个儿子都懂得了这个道理，从此以后，做事齐心协力，把事情做得很成功。

在人生牌局中，你必须学会与别人合作，弥补自己的不足，取长补短，从而达到双赢。

有这样一个生意人，他收购玉米再卖给别人，从中赚取差价，第一年赚了一大笔钱，尝到了甜头之后，第二年还做收购玉米的生意，但是第二年的生意很冷清，一方面是由于很难找到愿意将玉米卖给他的农民，另一方面是找不到愿意买他的玉米的客户。原来第一年做生意的时候，他不但对那些卖给他玉米的农民在价钱上克扣、短斤少两，让农民赚得很少，而且在向那些客户卖玉米的时候也非常习钻。所以打过一次交道后，不论是农民还是客户都不愿意再跟他合作了。

如果一个人在与别人打交道的时候只顾自己赢利，势必会让别人心生不快。所以，人要在得到东西的同时付出东西，把"双赢牌"蛋糕做大，让别人也有份，这样人家欠了你的情，日后自会鼎力报答你。

双赢是现代社会所倡导的一种合作方式，做事情的时候，多考虑别人的利益，站在别人的角度考虑问题，不仅能够赢得对方的信赖和好感，还能为今后的合作打下基础。如果处处为对方着想，就能够获得更多的合作伙伴，自己今后的发展之路就会更宽。

帮助别人就是在帮助自己，给人好处不要张扬

罗曼·罗兰曾说过："只要还有能力帮助别人，就没有权利袖手旁观。"没错，永远不要吝惜对别人的帮助，在帮助别人的同时，你也正是在帮助你自己，你将从中不断收获幸福和快乐。

有一个盲人，在夜晚走路时手里总是提着一个明亮的灯笼。别人见了觉得非常奇怪，问他："你自己根本看不见，为什么还要打着灯笼走路呢？"盲人回答道："这个道理很简单，这个灯笼当然不是为了给我自己照路，而是为别人提供光明，帮助别人看清道路。也只有这样，别人才能看见我，不会撞到我身上，我的安全才有保证。"

当盲人无私地为他人着想、方便他人时，恰恰帮助了自己，给自己带来了方便。如果每一个人都能够像盲人这样学会帮助别人、关心别人，我们这个世界一定会变得更加美好。

帮助别人就是帮助自己，有时，仅仅只是举手之劳，却解决了人家的大麻烦、大问题，我们又何乐而不为呢？你也许会说，帮助别人需要耗费你大量的精力、体力，耽误你的时间，但要知道，你的付出，不仅能助他人一臂之力，而且能给对方带来力量和信心，使他们有更大的勇气去战胜困难。特别是当一个人遇到挫折、处于逆境之中时，如果我们能热情相助，那将犹如雪中送炭，别人也定会有"滴水之恩，当涌泉相报"的感激。"危难中见真情"，很多人在受到别人真诚的帮助后，总能以更真诚的感激报答别人，你为他人所做的一切将为你赢得尊重、感激、信任等弥足珍贵的感情。

古往今来，人与人之间的交往实质是一种平等互惠的关系，也就是说，你怎样对别人，别人就会怎样对你。你帮助我，我就会帮助你，正所谓"投之以桃，报之以李"，一个人只有大方而热情地帮助和关怀他人，他人才会

给你帮助。所以你要想得到别人的帮助，你自己首先必须帮助别人。

有些时候，我们在帮助别人的同时，还能收获到意外的利益。

在一场激烈的战斗中，上尉忽然发现一架敌机向阵地俯冲下来。照常理，发现敌机俯冲时要毫不犹豫地卧倒。可上尉并没有立刻卧倒，他发现离他四五米处有一个小战士还站在那儿。他顾不上多想，一个鱼跃飞身将小战士紧紧地压在了身下。此时一声巨响，飞溅起来的泥土纷纷落在他们的身上。上尉拍拍身上的尘土，回头一看，顿时惊呆了：刚才自己所处的那个位置被炸成了一个大坑。

显而易见，上尉的善意之举不仅救了小战士的性命，而且也意外地让自己免于牺牲之灾。这种帮助，不正是一种双方的共赢吗？

最后，我们帮助别人的时候，还能给自己带来精神上的欢愉和满足，这本身也是一件值得自豪的事。但是我们要懂得照顾他人的心情，悄无声息地帮助他，让他感觉到自己并不是处于弱者的地位，这样他才会欣然地接受我们的帮助。

第十章

懂得低头，才能出头：
别"不好意思"当配角

做甘当扶梯的副手

在社会的大舞台，每个人都想当主角，可人人仰望的主角毕竟只是少数，大多数人还是做着陪衬和辅助性的工作。但每个人扮演的角色都很重要，没有可有可无的角色，配角不认真，主角也会受影响发挥不出正常水平。

工作生活上也是这样，配角就像是二把手，当我们选择做副手以后，就要有"大丈夫能屈能伸"的胸怀。对待职业，必须放下自以为是的心态，认清前方的路，然后一步步走下去。

有些人当了一辈子二把手，可是却依旧被人记挂，就像三国时期极具智慧的诸葛亮。

很多人都奇怪，足智多谋的诸葛亮为什么一直要跟在看上去"窝囊愚笨"的刘备身后？如果诸葛亮自己单干，是不是会比刘备做得好？然而历史没有假设，我们只知道诸葛亮兢兢业业，一片忠心。至今还流传着他的《出师表》：“臣本布衣，躬耕于南阳，苟全性命于乱世，不求闻达于诸侯。先帝不以臣卑鄙，猥自枉屈，三顾臣于草庐之中，谘臣以当世之事，由是感激，遂许先帝以驱驰。后值倾覆，受任于败军之际，奉命于危难之间，尔来二十有一年矣。先帝知臣谨慎，故临崩寄臣以大事也。受命以来，夙夜忧叹，恐托付不效，以伤先帝之明……”句句表达着自己对刘备的感激和对自己所负使命的拳拳之心。

难怪会有诗云：“出师一表真名世，千载谁堪伯仲间。”诸葛亮可谓是当副手当得最无怨无悔而又格外出色的。

随着时代的变迁，现在的人却未必能理解古人的苦心，有能耐的人总想通过做一把手来证明自己。

可是又有哪家公司会要一个刚毕业的人直接当一把手呢？一把手有那么好当吗？有人说，当老板谁不会？想到公司来就转悠一圈，有啥活就安排给下属去做。自己什么也不用做，一切都安排给手下。那只是一个表象，实际上公司的运营、外联和公关这些问题没有经验和才华的人是根本做不了的，而二把手无疑就成了既可以锻炼自己才能，又能学到领导经验的好职位。在全面工作中，二把手只是配角，听由一把手的派遣，而到具体分管的工作时，二把手又成了主角。这样角色的变换对于任何人来说都是值得尝试的。

如果不想被各种各样的大事和小事缠绕，也不想死要面子非去争一个一把手，那不妨做个快乐的二把手。

刘德华：“笨小孩”的老二哲学

只有不断努力并不断激励自己发挥潜能，才有可能获得成功。一个知难而退的人永远也品尝不到成功的喜悦。

曾经有人说刘德华的人生就是“老二哲学”，对此他不但没有暴跳如雷，反而深以为然，甚至这样总结自己：“我是一个整体的艺人，你问我电影有没有跑到第一名？我没有。唱歌有没有跑到第一名？我没有。我两样上面都是第二名，但就像十项赛一样，加起来我就是第一名了。"的确，刘德华在很多方面都不是第一名，但加起来他是一个全能的艺人。

1983年，《神雕侠侣》在香港热播，刘德华也随即成为家喻户晓的人物。刘德华也是当年公司力捧的几个小生之一，可继续签约意味着将在未来的5年里失去自由。刘德华不愿意被合约所绊，故而虽然凭《鹿鼎记》中的康熙又火了一把，但很快就遭到公司雪藏，再没有接过任何剧集的通告。刚刚走红，就遭到雪藏，艺术生涯的发展陷入前途未卜中。但是对于一个埋头走路的人来说，一切的困难都不是障碍。华仔于困境中求生，很快投身电影和歌艺事业发展，凭着踏实和努力，很快打下了一片新的天下。

我们都知道，一个人要想获得成功需要很多因素，但是首要的一点就是勤奋。只有不断努力并不断激励自己发挥潜能，才有可能获得成功。一个知难而退的人永远也品尝不到成功的喜悦。

埋头苦干的人，并不意味着他无法去担任老大。当年《神雕侠侣》选角的时候，监制萧笙最担心的就是"杨过（刘德华饰）"的造型，从外形到演技，监制都产生过怀疑。他曾经当面质疑刘德华："我看了你演的《猎鹰》，很不错，的确是一个正面小生人才，但你有信心再担一部剧的主角吗？那是《神雕侠侣》。"刘德华自信地说道："有。"正是这样一个肯定的回答，打消了监制的顾虑，几次定妆试镜后决定起用他出演杨过。而这也是刘德华一生演艺事业腾飞的起点。他担任着老大的角色，却没有老大的骄傲。

刘德华一直都是谦逊认真，又格外敬业的。在他没有红起来只是一个小角色的时候，他是谦逊的；在受到歌迷影迷一致好评的时候，他仍是谦逊的。

当年的"四大天王"中，刘德华最不被看好。张学友的嗓音条件好，郭富城的舞跳得棒，黎明的样貌俊秀，刘德华都不如他们。从表面上看，仿佛他是最不具备长久走红资本的。然而实际上，二十几年过去了，他依然保持着强有力的票房号召力。时至今日，刘德华已经不仅是一个天王级巨星了，而且变成了香港的一面旗帜。这在很大程度上都归功于他的人品，他的谦逊敬业。无论时代如何改变，华仔的态度不变，他在影迷、歌迷们心中的地位也不会改变。

记得刘德华演唱的那首《笨小孩》吗?

他们说城市里男不坏女不爱

怎么想也不明白

妈妈说真心爱会爱得很精彩

结果我没有女孩

笨小孩依然是坚强得像石头一块

只是晚上寂寞难耐

哎哟往着胸口拍一拍呀勇敢站起来

……

管他上山下海

哎哟向着天空拜一拜呀别想不开

老天自有安排

老天爱笨小孩……

也许是因为"笨小孩"很低调，不喜欢强出头，所以老天才会格外眷顾。刘德华也正是因为他的谦逊和低调，才让越来越多的人尊敬他，喜爱他。

在现代社会中，强手如林，我们也会陷入困境，这时，需要我们脚踏实地认真低下头来做好自己的分内之事，才有希望和机会渡过难关。

身高只是数据，内涵才是高度

只要沉下心来，用气量去感化别人，用能力去实现超越，那么矮个子的你也可以受到别人的仰视。

只要稍微留意一下，我们就会发现，能够打动年轻女孩的偶像，通常都是个子很高的"白马王子"。在人们的眼里，个子高绝对是一种优势，那么相比之下，个子矮就成了劣势。在春节联欢晚会上，我们也常常注意到别人拿潘长江说事的时候，总是说他个子很矮。

可是，身高并不是我们来决定的，先天条件已经是这样，我们又能有什么办法呢？难道要一直在别人的口水里折磨自己，自怨自艾，不敢走进人群也不敢发出自己的声音吗？

当然不是。个子矮的人虽然会承受比别人多的困难，但是同样可以有惊天动地的作为。先来看一组关于身高的数据：

亚历山大·蒲柏	英国诗人	1.37 米
多里·帕顿	美国歌唱家	1.52 米
巴尔扎克	法国小说家	1.57 米
伏尔泰	法国作家	1.60 米
詹姆斯·麦迪逊	美国总统	1.62 米
拿破仑·波拿巴	法国皇帝	1.69 米
加加林	航天员	1.57 米
赫鲁晓夫	苏联领导人	1.66 米
毕加索	艺术家	1.62 米

以上数据说明了什么？人的身高和内涵并没有关系。有作为有才华的人不一定非要仪表堂堂，格外出众。而个子矮的人也不会注定输掉任何比赛。

所谓"人不可貌相，海水不可斗量"，个子矮的人虽然毫不起眼，也毫不出众，但不代表他的能力也不出众，在人群里，他的气势和才华却不会隐藏起来。身高只是一个数据，数据很多时候并没有意义。气量大，能力又强，没有人会歧视你，也没有人去笑话你是一个小矮子。相反，大家都会不由自主地更加尊敬这样的人，因为他们用内涵弥补了身高的不足。

"争做老二"的人结果最牛

企业管理者说，一直做第一很容易，但是一直做第二却很困难，因为你始终要想办法不被第一落下，还要努力不被后面的超越。

一个很有实力的房地产开发商与一个朋友闲谈，这个朋友说："据我分析，你的实力堪称我们地区房产业的第一。"这位开发商笑笑说，当"第一"不容易，因为不论研发、行销、人员、设备，都要比别人强，为了怕被别的公司超过去，便不断地扩充、投资；换句话说，要花很多力气来维持"第一"的地位。他说，这样太辛苦了，而且一旦没弄好，不但第一当不成，甚至连想当第二都不可能。这当然只是这位老板个人的想法，不过这位老板所说的却也是事实，当"第一"的，必然要费很多力气来维持"第一"的地位。

这么说，并不是不要你去当第一，如果你有当第一的本事，也有当第一的兴趣和机会，那么还可以撑一撑。如果你自认能力有限，个性懒散，又懒得挑大梁，那么就算有机会，也不要去当第一。

经营企业也是如此，"龙头老大"的位子一旦不保，就会给人"某某公司倒了"的印象，于是兵败如山倒。"第一"之路，真是一条不归路啊！除此之外，当"第二"还有其他的好处。静看"第一"如何构筑、巩固、维持他的地位，他的成功与失败，都可作为你的经验和教训。因为志不在"第一"，所以就不会太急切，造成得失心太重，不会勉强自己去做力不从心的事情，反而能保全自己，也会降低失败的几率。可趁此机会培养自己的实力，以迎接当"第一"的机会（假如你有当"老大"意愿的话）。因此，做事宁可从老二、老三或老五做起都没关系，就是先不要当"第一"！如能好好地当"第二"，当主客观条件成熟，自然就会变成"第一"，这个时候的第一才是真正的"第一"。

不只从事企业经营如此，上班拿薪水也是如此。像主管就是该部门的

"第一"，这第一为了保住他的位子，不但要好好带领手下，也要和上级搞好关系，以免遭人排挤。有功时，主管当然功劳第一，但有过时，主管也是首当其冲。当副主管的就没这么多麻烦了，表面上看来他不及主管风光神气，但因为有主管遮风避雨，可省下很多辛苦。何况有人当副手时没事，一当主管就出毛病，所以很多人宁可当副手却不愿当主管。可见当"第一"的难处。会做"老二"并非真的是甘居人后，而是可以从做"第二"中尝到更多的甜头，从而使自己的创业在一开始就可以借"蹭车"获得利润。

中国企业经营管理的概念中，有一种叫"第二哲学"的说法，就是不做第一，不做第三，而只是紧紧跟在排名第一的后面做第二，瞄准机会再冲刺第一。或许是暂时不愿做"出头鸟"，或许是想挂在后面搭个便车，但最终是没有一家会甘居第二的，"第二"也只是个过渡。创业者在创业之初，要学会做"第二"。

做人也好，经营企业也好，不要一心只想做第一，枪打出头鸟，出头的椽子容易烂，所以，不妨低调一些，做一下第二，也许会是另外一番天地。

飞得太高时，要学会"软着陆"

生活中很多人只记得一路向上爬，在他们的眼里，只能看到更远的山坡，而看不到脚边的风景；在他们的心中，只有不断超越，而没有停歇。

一天，上帝问三个凡人："你们来到人间是为什么呢？"第一个回答："我来这个世界是为了享受生活。"第二个回答："我来到这个世界是为了承受痛苦。"第三个回答："我既要承受生活带给我的磨难，又要享受生活赐给我的幸福。"上帝给前两个人打50分，给第三个人打100分。

人生不是你死我活的战场，也不必怀着"不成功则成仁"的决绝。如果你想奔跑，就要像阿甘那样："有一天，我忽然想跑步，于是我就跑了起来。"无论道路多长，都跑得兴高采烈；无论多少人追随，都跑得心无旁骛；有一天不跑了，就转身而去，也无须管身后多少人叽叽喳喳。

现代作家林语堂一生笔耕不辍，他平均每年写一本书，直到77岁，仍没放下手中之笔。但另一方面，他又非常注意休闲和享受，经常去户外散步，去郊外垂钓，去名山大川自由歇息。

他说："我像所有的中国人一样，相信中庸之道。"主张"尽力工作尽情作乐，英文只有work hard, play hard四字，这样才得生活之调剂，得生活之收获"。他反对过于努力和过于慵懒闲适的生活，提出了"半半哲学"的主张。

他非常喜欢清代李模（密庵）那首《半半歌》，认为它反映了自己的人生理想："看破浮生过半，半之受用无边。半中岁月尽幽闲，半里乾坤宽展。半郭半乡村舍，半山半水田园。半耕半读半经廛，半士半姻民眷。半雅半粗器具，半华半实庭轩。衾裳半素半轻鲜，肴馔半丰半俭。童仆半能半拙，妻儿半朴半贤。心情半佛半神仙，姓字半藏半显。一半还之天地，让将一半人间。半思后代与沧田，半想阎罗怎见。饮酒半酣正好，花开半时偏妍。帆张半扇免翻颠，马放半缰稳便。半少却饶滋味，半多反厌纠缠。百年苦乐半相参，会占便宜只半。"它将天地人生的种种现象与关系写得绘声绘色，一展无余，在对天地万物的悲悯中又有着达观超然的人间情怀。

在美国时，他有感于美国人长于进取和工作却拙于享受的特点，向他们介绍了《乐隐词》二首，其一是："短短横墙／矮矮疏窗／楂儿小小池塘／高低叠嶂／绿水旁边／也有些风／有些月／有些凉。"其二是："懒散无拘／此等何如／倚阑干临水观鱼／风花雪月／盈得工夫／好炷些香／说些话／读些书。"在《人的梦》里，林语堂说，假使他能得一个月的顽闲，度一个月顽闲的生活，他可以立即放下手中之笔，睡48小时大觉，换上便服，带一鱼竿，携一本《醒世姻缘》，一本《七侠五义》，一本《海上花》，此外行杖一枝，雪茄五盒，到一世外桃源，暂做葛天遗民领现在可行之乐，补平生未读之书。这是充分理解了闲适和享受真义之后的人生理想方式。在林语堂笔下，他所崇拜的陈芸和姚木兰也是这样：她们知足常乐，对生活所求无多，平淡悠闲的田园生活最令她们感到惬意，即使是布衣菜饭，亦可得乐终生。从此意义上说，林语堂认为还是张潮说得好："能闲人之所忙，然后能忙人之所闲。"

其实，生活正是如此。人生在世，不仅是奔波，也不仅是享受，而是既有奋斗也有享受，忙里不忘休闲，工作之余不忘品味人生的快乐与幸福，不忘获得上天的恩赐。

当我们走得太久的时候，最简单的向前迈步都会成为一种负担。所以，不要一直想着往高处飞，而应该在到达高处的时候，学会"软着陆"，学会放松，让自己一直紧绷的心弦也能得到短暂的放松。只有这样，我们才能飞得更高，飞得更远。

没有花的芳香就当最有生机的绿叶

2008 年，在长春举办的一次颁奖典礼上，导演冯小刚对正要领奖的张涵予说：如果能够得奖，那我祝贺你。但是生活存在了许多的偶然性，虽然大家都很看好你演的《集结号》，也都希望你能够拿到这个最佳男主角的大奖，但是看着快要到手的东西，有时候就是得不到……

没错，生活里总是有太多的偶然，有时候明明已经看见成功在向我们招手了，可是就差那么一步，我们就与成功擦肩而过了。这个时候，不要悲观失望，也不要自怨自艾，而应该换一个角度去想。虽然没有成功，可是经历了，总会有不同的收获。

　　1968年，第一位踏上月球的航天员阿姆斯特朗，以"这是我个人的一小步，却是全人类的一大步"的一番话，而名留青史，成为当时人们心目中的大英雄。

　　其实，当时登陆月球的，除了阿姆斯特朗之外，还有他的队友奥德伦。当时，两人只有一步之差，结果却隔了千里之远，阿姆斯特朗以踏上月球的第一人闻名于世，奥德伦却默默无名，知道他的人可说是寥寥无几。

　　在庆功宴上，当人们为这项前所未有的创举感到骄傲不已时，一名记者却突然问奥德伦："阿姆斯特朗先下了太空舱，成为登陆月球的第一人，你会不会觉得有些遗憾？"

　　众人纷纷把目光投向奥德伦，看他怎么接下这突如其来的烫手山芋。此时，气氛一下子降到了冰点，连阿姆斯特朗都显得有些尴尬，然而奥德伦却神情自若，微微一笑："各位，千万别忘了，回到地面时，我可是最先走出太空舱的，所以，我是从别的星球来到地球的第一人。"

　　话音刚落，人群中响起了一阵笑声，同时也化解了尴尬的场面，热烈的掌声持续了一分钟之久。

　　一位思想家曾说："不要为自己所没有的东西感到苦恼，能享受自己现在所拥有的，才是最聪明的人。"法国哲学家孟德斯鸠也说过："假如一个人只是希望幸福，这很容易达到。我们总是希望比其他人幸福，这就是困难所在，因为一般人坚信其他人比自己实际上更幸福。"

　　我们能够调整自己的心态，但是我们不能掠夺别人的幸福。我们可以向着成功努力，但是我们无法决定成功是否降临。当我们理想的生活状态没有实现的时候，我们完全可以让自己的思维换一个方向。当不成绽放的花朵，我们还可以拥有绿叶的生机；当不成万人瞩目的皓月，我们还可以做闪烁的星星。

　　可是很多人都会执拗于一个方向，认为成功的标准也只有一个。其实，在生活中，很多事情都不是单向发展的，不能用单一的标准去评定一个事物的好坏。所以，当事情不能按照我们的预想去发展的时候，我们不妨将思想转一个弯。

当我们的思路换了一个方向的时候，成功的定义也会跟着发生转弯。所以，当我们不再执着于一个方向的时候，成功与幸福就变得随处可见了。

让出功劳，才能平步青云

在你与上司当面说话的时候，不要咄咄逼人，不要冷嘲热讽；背地里说话也不要对上司评头论足；更不要让上司当众出丑，如芒在背。

东汉末年的许攸，本来是袁绍的部下，虽说是一名武将，却足智多谋。官渡之战时，他为袁绍出谋划策，可袁绍不听，他一怒之下投奔了曹操。曹操听说他来，没顾得上穿鞋，光着脚便出门迎接，鼓掌大笑道："足下远来，我的大事成了！"可见此时曹操对他很看重。

后来，在击败袁绍、占据冀州的战斗中，许攸又立了大功，他自恃有功，在曹操面前便开始自大起来。有时，他当着众人的面直呼曹操的小名，说道："阿瞒，要是没有我，你是得不到冀州的！"曹操在人前不好发作，只好强笑着说："是，是，你说得没错。"但心中已十分嫉恨，许攸并没有察觉，还是那么信口开河。

有一次，许攸随曹操进了邺城东门，他对身边的人自夸道："曹家要不是因为我，是不能从这个城门进进出出的！"

曹操终于忍耐不住，将他杀掉。

不管你的功劳有多大，如果你只是一个下属，千万不能在众人，尤其是在更高层领导的面前，夺了上司的"光芒"，否则你也会像许攸一样遭人报复。

许多上司最看不上那些自吹自擂的人，有了一点点成绩，就心高气傲，不思进取，这样的人是不会得到提拔和重用的。所以，下属与上司相处时，一定要掌握分寸。

尽管有时上司在某一方面确实不如你，作为下属的你还是要十分注意。如果你做出蔑视上司的行为，你很容易被上司认为是一个恃才傲物和喜欢顶撞权威的人，从而不喜欢你。

所以，在职场中，不管你才高几斗，不管你有多大功劳，学会在领导面前低头，将功劳让给上司，你将受益无穷。

好的东西，每一个人都喜欢；越是好的东西，越是舍不得给别人，这是人之常情。要是你有远大的抱负，不要斤斤计较成绩的取得究竟你占有多少份，而应大大方方地把功劳让给你身边的人，特别是让给你的上司。这样，做了一件事，你感到喜悦，上司脸上也光彩，以后，上司少不了给你更多建功立业的机会。否则，如果只会打眼前的算盘，急功近利，则会得罪身边的人，将来一定会吃亏。对上司让功一事绝不可到处宣传，如果你不能做到这一点，倒不如不让功的好。对于让功的事，让功者本人是不适合宣传的，自我宣传总有些邀功请赏、不尊重上司的味道，你让功的事只能由被让者来宣传。虽然这样做有点埋没了你的才华，但你的同事和上司总有机会设法还给你这笔人情债，给你一份奖励。

将自己的功劳归成上司的，把本该属于自己的镜头悄悄地让给上司。擅长处理上下级关系的人，都会将自己的功劳淡化，不显山不露水，必要的时候将一切功劳、成绩、好名声都归之于上司，那么，我们离平步青云的日子也就不远了。

今日忍得换来明日翻身

"忍字心头一把刀"，不是心理素质绝佳、意志极坚强者，很难把这个写起来极简单的字做到位。

事物总是在不断地运动和变化，机会存在于忍耐之中。对于垂钓者来说，最好的进攻方式就是忍耐。大机会往往蕴藏在大忍耐之中，所谓天将降大任于斯人也，必先苦其心志，劳其筋骨，饿其体肤……就是这个道理。大丈夫志在四方，岂可为鸡毛蒜皮的小事而乱了大谋！春秋末期最后一个霸主越王勾践卧薪尝胆的故事，也正好诠释了忍耐保全人生的要义。忍耐不是停止、不是逃避、不是无为，而是守弱、蓄积、迂回前进。当命运陷入无可掌控之时，就要心平气和地接纳这种弱势，坚强地忍耐弱者的地位，在守弱的基础上累积实力，发奋图强，使自己脱离弱者的不利地位，适时出击，争取赢得新的成功机会。

懂得忍耐有利于成就事业，意气用事只会错失良机。面对别人的侮辱和伤害，我们没必要急急忙忙以一种对抗的方式来证明自己并非软弱可欺，因为路遥知马力，日久见真功。有效地忍耐，会使我们获得更多的收益。

王林从单位辞职以后来到深圳打工，在一家私人企业做了几天文员后，他被解雇了。过了一段时间仍然没有找到工作，但已经到了山穷水尽的地步。

一天，他身无分文，坐在街心公园歇息。忽然间想到这里还有一个老乡在某个报社做编辑。于是他强打精神去找那个老乡借钱。好不容易找到了这位老乡。那人一见他的狼狈样，就知道是来借钱的，于是就故意装作没有看见他。在王林小心地打了招呼后，那人才问他有什么事？王林更加小心地讲明了自己的困境。那人不耐烦地掏出十元钱扔在桌子上，说自己今天身上没有多带钱并且马上要出差。王林知道这是在下逐客令，心里气急了，真想把那十元钱抓起来砸在对方的脸上。但现实的残酷让他强压怒火。他拿起那十元钱，默默地转身走了。

王林先用两元钱买了两个馒头，然后用一元钱买了一支圆珠笔，用两元钱买了一沓稿纸。他待在自己租的房子里，用了一天一夜的时间写了四篇反映自己打工经历的稿子，次日早上亲自将这些稿件送到了一家专门发表打工者故事的杂志社。负责该栏目的编辑看了稿件后，决定四篇都采用，并先付给王林一半的稿费。拿着这些稿费，王林维持了一段时间，并在此期间找到了一个工作。

深谙处世哲学的中国人，古来就不缺忍得一时以求他日翻身的例子。

公元1224年，宋宁宗病死，由于他的8个儿子都早早地死了，权相史弥远便千方百计地在绍兴民间找到一个叫赵与莒的17岁少年，系宋太祖的第十世孙。史弥远把他召到临安，改名赵贵诚，拥立为太子，后来又不顾杨太后的反对，强行拥立赵贵诚为皇帝，并改名为赵昀，这就是宋理宗。理宗青年嗣位，尚未成婚，直到服丧告终后才议选中宫，一班大臣贵戚听说皇上选中宫，都将生有殊色的爱女送入宫中。左相谢深甫有一孙女，待人谦和，贤淑宽厚。杨太后在当年自己做皇后时，曾得到过谢深甫的不少帮助，因此，想立谢氏为皇后。除了谢氏外，当时被选入宫的美女还有6人，宁宗时的制置使贾涉的女儿长得颇有姿色，而且还善解人意。理宗对他十分满意，一心想册立她为皇后。

可是，杨太后却说："立皇后应以德为重，封妃可以色为主。贾女姿容艳丽，体态轻盈，尚欠庄重，不像谢氏，丰容端庄，理应位居中宫。"理宗听后马上表现出醒悟的样子，非常高兴地顺从了杨太后的意愿，册立谢氏为皇后，另封贾女为贵妃。其实，理宗心里一千个不愿意，但是为什么又答应了杨太后的要求呢？原来，理宗心想，自己即帝位，本来就有诸多争议，此时如果不顺从太后的意愿，与她抗争，太后必定会忌恨于我，说不定会废除我的皇位，另立天子，大丈夫能屈能伸，为什么我不能忍耐一下，答应她的要求呢，总有一天，她是要死的，到时候，谁还能管得了我？

隐忍要不怕等待，相信总有"拨云见日"的一天。

要反复告诫自己，到时候自己付出的会连本带利捞回来。

宋理宗就是按照这一想法行事的，大礼完毕后，理宗对谢后一直是客客气气，全按礼数办，并能像例行公事似的时时在谢后那儿逗留一晚上，使杨太后更加感到自己决定的正确。

过了两年，杨太后一命呜呼，撒手而去。此时，理宗的羽翼已丰满，又见杨太后去世，便再也不问津谢后了，天天与贾妃在一起，无所忌惮地宠幸贾妃。

总之"忍"不是目的，只是手段。忍是因为目前还无力反抗或不必反抗（如韩信），而当具备了相当实力时，就可以一举翻身、扬眉吐气了。所以"今日忍得换来明日翻身"才有资格登上智慧榜。

从某种意义上说，忍耐是保全人生的一种谋略，因为小不忍则乱大谋，因为风物长宜放眼量。忍耐是一种弹性前进策略，就像战争中的防御和后退，有时恰恰是迎取胜利的一种必要准备。

未出头时能而有度

大家都知道，帝王在选择太子时心理是很矛盾的。太子仁弱一点吧，怕将来继位后缺乏驾驭众人的能力；太子贤明一点吧，又怕众望所归会危及自己。宋太宗见到自己的太子颇得人心，就曾酸溜溜地说："人心都归向太子，欲置我于何地？"皇帝既有这种心态，太子委实难处。不能不得人心，也不能太得人心；不能太不及父皇，也不能太胜过父皇。这中间的尺寸确实是很难把握的。

隋炀帝的儿子杨柬就因为把握不好这个度，而与父皇产生隔阂。总体来说，造成他们父子失和的主要有两件事：

第一件事是为了一个美女。

有一次，乐平公主告诉炀帝，有个女子十分漂亮，但不知为什么炀帝听后无所表示。过了一段时间，乐平公主以为炀帝对此人不感兴趣，就把她推荐给了太子杨柬。杨柬马上把她纳入后宫。后来炀帝忽然记起这事，就问乐平公主："你上次说过的那个美人现在哪里？"乐平公主回答说："已经被太子收用。"

这件事本身是不能全怪杨柬的，他不可能每得到一个美女都先请示一下父皇是否感兴趣。乐平公主是这件事的始作俑者，按理炀帝问起，她满可以将始末和盘托出。但这样一来，就有可能引起炀帝对她的不满。所以，当炀帝再度问起这件事，她意识到自己捅了娄子，只好含糊地说一句"在太子那里"，似乎与自己无关。

第二件事是因为打猎。

炀帝去狩猎，命令杨柬率领一伙侍从参加。狩猎的结果是杨柬猎获颇丰而炀帝一无所得。炀帝龙颜大怒，认为自己在众人面前丢了面子。一问左右，左右侍从害怕炀帝迁怒，推说是猎物被杨柬手下一伙人阻挡，所以打不到了。炀帝因此猜忌起杨柬来，认为他是为了出风头，于是处处寻找杨柬的不是。

俗话说"欲加之罪，何患无辞"，何况太子本非圣人，结果太子的名号也就无法保留了。炀帝父子间从此结怨，直到后来宇文化及起来谋反，派人分别去囚禁、杀害炀帝父子时，炀帝还认为是杨柬派人来抓自己的，而杨柬也认为是炀帝派人来杀自己的，父子至死不能消除误会。

其实，不只是竞选太子、继承王位，在职场、商场等现实竞争中，"未出头时能而有度"处处都需要。因为能力太强，容易招人妒忌；处处出头，更容易受到打击。但做人做事又不能太过于羸弱，显得太无能也会危及自己的生存。所以，我们必须把握能而有度的方圆之道，特别是在个人力量没有强大之时。

大树底下好乘凉

一个人要想成大事，固然要靠实干，但有人一辈子实干也未必成功。这是因为缺少贵人相助。"背靠大树好乘凉"，在大树繁茂的枝叶荫蔽下，少了许多风雨冰雹的打击，为自己的成长赢得了难得的时间与机会。

"大树"可能是身居高位的人，也许是令掌权人物崇敬的人，这样的人经验、知识、技能等在某个行业里名头响、影响大，靠住这样的"大树"，有时可以省很多力。

李鸿章早年屡试不第，"书剑飘零旧酒徒"，他一度郁闷失意，然而幸运的他遇到了一棵"大树"——湘系首脑曾国藩，从此他的宦海生涯翻开了新的一页。

李鸿章拜访曾国藩，牵线搭桥的是其兄李瀚章。李瀚章是曾国藩的心腹，当时随曾国藩在安徽围剿太平军。有了这层关系，曾国藩把李鸿章留在幕府，"初掌书记，继司批稿奏稿"。李鸿章素有才气，善于握管行文，批阅公文，起草书牍、奏折甚为得体，深受曾的赏识。

有一次曾国藩想要弹劾安徽巡抚翁同书，因为他在处理江北练首苗沛霖事件中决定不当，后来定远失守时又弃城逃跑，未尽封疆大吏守土之责。曾国藩愤而弹劾，指示一个幕僚拟稿，总是拟不好，亲自拟稿也还是拟不妥当，觉得无法说服皇帝。因为翁同书的父亲翁心存是皇帝的老师，弟弟是状元翁同龢。翁氏一家在皇帝面前是"圣眷"正隆的时候，而且翁门弟子布满朝野。

怎样措辞才能让皇帝下决心破除情面，依法严办，又能使朝中大臣无法利用皇帝对翁氏的好感来说情呢？曾国藩踌躇不定。

最后，李鸿章巧妙地为他解决了问题。奏稿写完后，不但文意极其周密，而且有一段刚正的警句，说："臣职分在，例应纠参，不敢因翁同书之门第鼎盛，瞻顾迁就。"这一写，不但皇帝无法徇情，朝中大臣也无法袒护了。曾国藩不禁击节赞赏，就此入奏。朝廷将翁同书革职，发配新疆。

通过这件事，曾国藩更觉李鸿章此才可用。不久，在曾国藩大力推荐下，李鸿章出任江苏巡抚等职。李鸿章由此踏上了一条崭新的人生道路。

一棵坚实的"大树"是你应该努力去靠拢的。在现实生活中，这样的"大树"，也许就是你的师父、教练、顶头上司。不论在什么行业，把年轻人"扶上马再送一程"向来是传统，这种情况在体育界、演艺界更是如此。也许，"背靠大树"不是成功的唯一因素，却一定可以让你少走弯路、错路，让你少费力气，少做无用功，通过捷径走向成功。

但话又说回来，如果一个人一无所长，是很难得到"大树"赏识的。即使侥幸获得高位，也肯定有一堆人等着看笑话。"大树"也会比较谨慎，选择一个"扶不起的阿斗"，那不明摆着往自己脸上抹黑吗？所以找"大树"之前，先提升自己的能力，要让"大树"觉得自己是有潜力的，是值得扶起来的。

当当配角也无妨

一个人可以没有钱，但是却不能没有朋友。职场中这个法则同样适用，一个拥有很多朋友的人一定会比其他人更有优势。获得朋友的方法有很多种，但是最有效的还是偶尔充当他们的配角，因为没有人愿意在自己高谈阔论的时候，你脱口而出："那没什么了不起的，我以前做得比你好一百倍。"这样会在无形中失去许多朋友。

如果人们能做到万事让人先，自己做一下配角，那么他的人际关系一定非常好，因为人人都需要被尊重。尤其是在一些关键场合，主角也需要配角来衬托。

晋朝有位叫王导的宰相，当时出了一个叛贼，他并没有主动去讨伐。一位叫陶侃的人因此责备他，王导则写信对他说："我遵养时贼，以待足下。"陶侃看完信十分佩服王导，他笑着说："他无非是'遵养时贼'罢了。"原来王导是想留下现成的功劳让别人获取。

心存谦虚，把功劳适当地让给别人，往往能够让人感激你的博大胸怀，这也是赢得朋友的好方法。

关键时刻，甘于当配角往往被视为一种奉献精神，而一个处处争当主角的人，也会让人觉得不够成熟，虚荣轻浮。社会竞争日趋激烈，一个人要想立于不败之地，是要有"敢为天下先"的勇气和魄力的，但同时也需要有"退一步海阔天空"的韧劲和智谋。人在竞争过程中，一方面是做事进行挑战，另一方面则是与他人进行协作或挑战。做事容易，但做人就比较难，这需要我们能屈能伸，更需要我们清楚何时屈，何时伸。

其实生活中有很多情况要求我们甘当配角。当你刚从事一份工作时，你要有足够的心理准备去做好配角，这是一种谦虚的态度，一种合作的态度。只有当好配角，你才能从主角那里学到许多东西，也才能让主角尽心地传授知识。如果你一上来就猛打猛冲，凡事都抢着干，别人就会抱有戒心，谁都怕这种人来抢饭碗。

作为一个新手，我们要甘当配角，以求充实自己；而作为一个老手，也要乐于当配角，让新手们能有机会得到锻炼。另外，在工作中遇到大家都能做的事，不要抢着去表现。即使你做成了，别人也不会夸奖你，而且和别人争做这样的事，容易引起矛盾。当有些事别人做不了时，你可以勇敢地争做主角，好好地表现一下，这才能显出你的水平。处处喜欢抛头露面的人往往容易成为众矢之的，而那种平时踏实肯干，在关键时候一鸣惊人的人才是最具竞争力的。在生活中要学着做"黑马"，而不要抢做"出头鸟"。

"木秀于林，风必摧之"，事事争强好胜并不是强者本色，藏锋露拙、韬光养晦才能更快到达成功的彼岸。"该低头时就低头"，时不时地做一做配角，并不是为了达到目的而屈尊求辱，而是一种处世智慧，这也是在竞争激烈的职场之中获得更大生存空间的秘诀之一。

第十一章

做人不能太老实：超越"不好意思"，
告诉大家你是个厉害角色

你的软弱成就别人的强硬

泰德是某出版社的职员，由于自己是从外地应聘来的，在工作中他处处小心、事事谨慎。对每位同事都毕恭毕敬，与同事发生小摩擦，他从不据理力争，总是默默地走开。大家都认为他太老实，于是，都不把他当回事，以致在许多事情上总是他吃亏。想起两年来同事们对他的态度，尤其在奖金分配上自己老是吃亏这些事，泰德心里觉得委屈。于是残酷的现实使他不得不对自己的为人处世进行反思。

有一天，办公室的一位同事擅离职守丢失了东西。这位同事嫁祸给泰德，说是他代自己值的班。主任在会上通报这件事时，泰德马上站了起来，说道："主任，今天的事你可以调查，查一查值班表。今天根本就不是我的班，怎么能说我不负责任。主任，是有人别有用心，想让我替他顶罪。并且，我要告诉你们，大家在一起共事也是有缘，我实在是不想和同事们争来争去。以后，谁要再像以前那样待我，对不起，我这里就不客气了。"

经过这件事，泰德发现同事们对他的态度有了明显的转变。他也不想再扮演被人欺负的老实人角色了。

人与人之间是平等的，即使竞争也是如此。所以，要想在办公室里和别人一样平等，就不能太过老实，像个软柿子一样，否则，你就会成为别人欺辱的对象。随着社会的发展，办公室竞争日趋激烈，如果你以一个"弱者"的姿态出现在办公室，不但不会引起别人的同情，相反，还会使得每个人都往你头上踩上一脚。所以，请收起你的懦弱，藏起你的老实，勇敢地面对竞争吧！只有竞争，才有进步和发展，才能创造出更好的成果，才能推动社会的进步和发展。

忍让是老实人最大的特点。忍让往往让对方得寸进尺，直到令你忍无可忍。人往往会得意忘形，哪里有便宜就到哪里去，谁好欺负就欺负谁。职场如此，人类社会亦如此，善良的人往往是被统治者。忍让不是办法，真正的办公室生存法则是勇敢面对，从每一件小事做起，把握原则，坚持真理，杜绝邪恶，别让对方的无理取闹愈演愈烈，直到无法收拾的地步。

在办公室里，时常会出现"欺软怕硬"的现象。如果过于老实，你的前程将会出现很大的危机。在上司眼里，一个连自我都保护不好的人，肯定是无法胜任重要职位的。所以，怎样才能不致因老实而成为受人欺负的对象是一门重要的学问。要改变被人欺负的现状，就必须强硬起来，与欺负你的人抗争，除此之外，还可以提高自己的办事能力。这样，那些原来欺负你的人就会有所收敛。

"吃柿子专拣软的捏"，这也是人的劣根性之一。

在竞争日益激烈的当今职场，你应注意自身修养，要做到胜任工作，守信用，不让个人情绪左右工作，脚踏实地地工作。进攻才是最好的防守，一味忍让，苦守在自己的城堡里，总有一天会被敌人攻下。唯一的办法是主动出击，保护自己，这样才能做到真正的防守。这样你才会成为上司眼中极具潜力的人，你的前途自然会不可限量。

应对背后说你坏话的人

俗话说："人无千日好，花无百日红。"人与人之间相处，贵在真真实实，平平淡淡。对于那些搬弄是非的人，我们历来认为："来说是非者，必是是非人。"无数事实证明，那些善于搬弄是非的人，几乎都是成事不足，败事有余的人。若真的有协调能力，有公关水平，有让人敬慕的人格力量，就不可能去搬弄是非。归根结底，搬弄是非是软弱无能的表现，是在人与人之间玩弄的一种"小伎俩"，任何时候也不能登大雅之堂。

当你有一天发现竟然有人在你背后四处说你坏话，暗中破坏你的形象，你该怎么办？千万不要因为一时气不过，就怒气冲冲地找对方理论。

先稳定好自己的情绪，然后以平静的心态一步步地化解难题。

第一步，检讨自己。你应该想想，自己是不是做了些什么事、说过什么话，让对方看你不顺眼。如果不明就里地就去找对方兴师问罪，只会让对方看你更不顺眼。

第二步，问清楚原因。你可以问："我不知道发生了什么事，是否可以告诉我是什么问题。"如果对方什么话也不愿意说，干脆直截了当地跟对方说："我知道你对我似乎有些不满，我认为我们有必要把话说清楚。"

第三步，委婉地警告。如果对方不肯承认他曾经对别人说过不利于你的话，你也不必戳破对方，只要跟对方说："我想可能是我误会了。不过，以后如果我有任何问题，希望你能直接告诉我。"你的目的只是让对方知道：你绝对不会坐视不管。

第四步，向老板报告。当类似的事情第二次发生时，你可以明白地告诉对方："如果我们两人无法解决问题，就有必要让老板知道这件事情。"如果事情仍未获得解决，就直接向老板报告。当然，不是所有的情况都必须向老板报告。如果对方只是对你的穿衣品位有些挑剔，就让他说去吧，这并不会影响你的工作或是你和同事之间的关系。

同事之间应该豁达大度，应该相互容忍，相互谅解，不要动不动就怨恨对方，人为地制造紧张。因此，当听到某一同事谈论对另一同事的不满时，切记不要搬弄是非或者添油加醋。明智的办法是充当调解人，在互有成见的同事之间多做一些调和工作。隐去双方过激的不友好的话，而说一些能起到缓解矛盾和融洽关系的话。

要启发双方多想别人的长处，多找自己的不足，不要纠缠细枝末节，不对已经过去的事情耿耿于怀。只要真心诚意地维护同事之间的团结，并不厌其烦地做好工作，互有成见的同事就一定会尽弃前嫌，和好如初。

正直不是一味愚憨

做人固然需要正直，但是如果一味愚憨，不分对象，则一定会吃亏乃至失败。面对品行不端之人，就要灵活应变，不该善良软弱的时候就要先出狠招，制服对方。

东晋明帝时，中书令温峤备受明帝的亲信，大将军王敦对此非常嫉妒。王敦于是请明帝任温峤为左司马，归王敦所管理，准备等待时机除掉他。

温峤为人机智，洞悉王敦所为，便假装殷勤恭敬，综理王敦府事，并时常在王敦面前献计，借此迎合王敦，使他对自己产生好感。

除此之外，温峤有意识地结交王敦唯一的亲信钱凤，并经常对钱凤说："钱凤先生才华、能力过人，经纶满腹，当世无双。"

因为温峤在当时一向被人认为有识才看相的本事，因而钱凤听了这赞扬心里十分受用，和温峤的交情日渐加深，同时常常在王敦面前说温峤的好话。透过这一层关系，王敦对温峤戒心渐渐解除，甚至引为心腹。

不久，丹阳尹辞官出缺，温峤便对王敦进言："丹阳之地，对京都犹如人之咽喉，必须有才识相当的人去担任才行，如果所用非人，恐怕难以胜任，请你三思而行。"

王敦深以为然，就请他谈自己的意见。温峤诚恳答道："我认为没有人能比钱凤先生更合适的了。"

王敦又以同样的问题问钱凤，因为温峤推荐了钱凤，碍于面子，钱凤便说："我看还是派温峤去最适宜。"

这正是温峤暗中打的小算盘，果然如愿。王敦便推荐温峤任丹阳尹，并派他就近暗察朝廷中的动静，随时报告。

温峤接到派令后，马上就做了一个小动作。原来他担心自己一旦离开，钱凤会立刻在王敦面前进谗言而再召回自己，便在王敦为他饯别的宴会上假装喝醉了酒，歪歪倒倒地向在座同僚敬酒，敬到钱凤时，钱凤未及起身，温峤便以笏（朝板）击钱凤束发的巾垫，不高兴地说："你钱凤算什么东西，我好意敬酒你却敢不饮。"

钱凤没料到温峤一向和自己亲密，竟会突然当众羞辱自己，一时间神色愕然，说不出话来。王敦见状，忙出来打圆场，哈哈笑道："太真（温峤的字）醉了，太真醉了。"

钱凤见温峤醉态可掬的样子，又听了王敦的话，也没法发作，只得咽下这口恶气。

温峤临行前，又向王敦告别，苦苦推辞，不愿去赴任，王敦不许。温峤出门后又转回去，痛哭流涕，表示舍不得离开大将军，请他任命别的人。

王敦大为感动，只得好言劝慰，并且请温峤勉为其难。温峤出去后，又一次返回，还是不愿上路，王敦没办法，只好亲自把他送出门，看着他上车离去。

钱凤受了温峤一顿羞辱，头脑倒清醒过来，对王敦说："温峤素来和朝廷亲密，又和庾亮有很深的交情，怎会突然转向，其中一定有诈，还是把他追回来，另换别人出任丹阳尹吧。"王敦已被温峤彻底感动了，根本听不进钱凤的话，不高兴地说："你这人气量也太窄了，太真昨天喝醉了酒，得罪了你，你怎么今天就进谗言加害他？"

钱凤有苦难言，也不敢深劝。

温峤安全返回京师后，便把在大将军府中获悉的王敦反叛的计划告诉朝廷，并和庾亮共同谋划讨伐王敦的计划。

王敦这才知道上了温峤的大当，气得暴跳如雷："我居然被这小子给骗了。"

然而，王敦已经鞭长莫及，更无法挽救失败的命运了。

正直品格只有面对正直的人才能使用，在面对小人时一定要收藏起自己的正直秉性，采取更灵活的方法应对，避免使自己的秉性被小人利用。温峤在处理与王敦、钱凤等人的关系中，运用一整套娴熟的处世技巧，不但保护了自己，而且在时机成熟时，主动出击，取得了胜利。

每个办公室里都有小人，并且这些小人很可能隐藏很深。而正直的人总是因为做事坦荡而使自己处于明处。要想提防暗处小人的袭击，就必须学会保护自己。

正直不是愚蠢，正直的人也不排斥计谋，甚至也可以采用小人之计，只有采用更高一筹的计谋，正直的人才能避免遭受到小人的伤害，才能始终保持着在职场上的安全。

善良千万不要滥用

一位曾以助人为乐趣的老实人唠叨说："能帮上忙我很快乐，但是我也不想因帮忙而得到不尊重的态度。有次午夜时分一个陌生的太太，说要将她的三个孩子送来我家，且负责上下学、伙食和睡前讲故事，还说是对我放心才给我带。另一回，也是带人家的小孩，小孩的父亲怪我伙食不行，还说我没教孩子英文、珠算、数学！还有一次，人家托我带孩子，说好晚间8点准时到，结果我等到 12 点还没到！打电话去问，说是'误会'，就不了了之。上班时，会计小姐在年度结算，托我帮忙，我算得头昏脑涨，那小姐却喝茶快活去了，最后，还怪我算太慢，害她被老板骂。"

凡事都往自己身上揽，唯恐得罪人的结果就是不只加重别人的依赖，也加重了自己的负担，弄得自己不堪重负。"人在河边走，哪有不湿鞋"，你不可能在所有的事情上，让所有的人都满意，如果你总是怕对方不满意，谨小慎微地察言观色，揣摩别人的心思，你迟早会把自己折磨而死。

而且一旦那些别有用心的人摸透了你想面面俱到的弱点，便会软土深掘，得寸进尺地索求，因为他们知道你不会生气，于是你就变成人人看不起，人人都来捏的软柿子。

某公司一个部门里，有一位同事比较胆小怕事，遇事过分忍让，因此，虽然部门的绝大多数同事对他并无恶意，但在不知不觉中总是把他当作是一个理所当然地应该牺牲个人利益的人，看电影时他的票被别人拿走，春游时他被分配给看管包儿的任务……但在实际上，他心里非常渴望与别人一样，得到属于自己的那份利益与欢乐。由于他的老实软弱和极度的忍耐，这种情况持续了很久。但终于有一天，他忍无可忍了，一向木讷的他来了个总爆发，原来一场十分精彩的演出又没有他的票。

他脸色铁青，雷霆万钧，激动的声音使所有人都惊呆了。虽然那场演出的票很少，但是这位同事还是在众目睽睽之下拿走了两张票，摔门而去。大家在惊讶之余似乎也领悟到了什么。但不管怎么说，在后来的日子里，大家对他的态度似乎好多了，再没有人敢未经他的同意便轻易地拿走他的什么东西了。

"人善被人欺，马善被人骑"，动物世界里的法则是弱肉强食，其实对于职场来说，也未尝不是如此，只不过它在职场中不那么赤裸裸罢了。

因此，善良不可滥用，在别人触犯了自己的利益时一忍再忍只会助长和纵容别人侵犯你的欲望。

学会抵御暗处的袭击

无论在什么时候，永远不要将自己的底细和盘托出。

传说，上帝创造世间万物之初，猫的本领比老虎大，于是老虎就偷偷拜猫为师。经过一番勤学苦练之后，老虎的本领变得十分了得，成了森林之王。按理说，功成名就的老虎该心满意足了，可是老虎总觉得拜猫为师的事不光彩，怕传出去后受百兽讥笑，于是就起了杀师灭口之心。

有一天，老虎终于向猫下了毒手，穷追猛咬，试图将猫置于死地，情急之下猫一下子跳到了树上，任凭老虎在树下张牙舞爪咆哮也无可奈何。吓出一身冷汗的猫十分后怕地说："幸亏我留了一手，不然今天就死于逆徒之口了！"

这是一个老掉牙的故事，值得我们注意的是故事蕴含的哲理，随时提醒我们留一手是很有必要的，而且，也是很有好处的。

为什么故事中的猫能逃脱虎口，原因是它没有亮出自己最后的一张底牌，留了上树这一手。为人处世也是这样，应该尽量设法保持自己的神秘，轻易亮出自己底牌的人让别人按牌来攻，肯定会输掉。即使对方是貌似忠厚的老实人，也不可全抛一片心。

碰上貌似老实的人，人们往往一见如故，把"老底"全都抖给对方，也许会因此成为知心朋友。但在现实中，更多可能的情况是：你把心交给他，他却因此而看扁你，更有甚者会因此打起坏主意，暗算你。所以说，在待人处事中，尤其是对摸不清底细的人，切切做到"逢人只说三分话，未可全抛一片心"。否则，吃亏受伤害的将是你自己。

李厂长出差的时候在火车上遇见一位"港商"，二人一见如故，互换了名片。这位"港商"举手投足之间都显示出一种贵族气质，这使李厂长对其身份毫不怀疑。恰巧二人的目的地相同，"港商"又对李厂长的产品非常感兴趣，似有合作意向，李厂长便与之同住一个宾馆，吃饭、出行几乎都在一起。这一天，李厂长与一客户谈成了一笔生意，取出大笔现金放在包里。午饭后与"港商"在自己屋里聊天，不久李厂长起身去卫生间，回来时出了一身冷汗："港商"和那个装满钱的皮包都不见了！李厂长赶紧报警，几天后案子破了，罪犯被抓获后才知道，原来他并不是什么"港商"，而是一个职业骗子。这让李厂长对自己的轻易相信他人、交出自己底细的做法痛悔不已。

事无不可对人言，是指你所做的事要问心无愧，并不是必须尽情向别人宣布。逢人只说三分话，还有七分不必说、不该说，这是一种自我保护和防守。因此，在职场中，任何时候我们都要留一手，不要和盘托出全部真情，并非所有真相皆可讲，冲动是泄露秘密的大门，轻易亮出自己底牌的人往往会成为输家。

善良也是一种"罪"

春秋时，齐桓公死后，宋襄公不自量力，想接替齐桓公当霸主，但是，遭到了其他各国的反对。宋襄公发现郑国最积极支持楚国做盟主，便想找机会征伐郑国出口气。

周襄王十四年（公元前638年），宋襄公亲自带兵去征伐郑国。

楚成王发兵去救郑国，但他不直接去救郑国，却率领大队人马直奔宋国。宋襄公慌了手脚，只得带领宋军连夜往回赶。等宋军在泓水扎好了营盘，楚国兵马也到了对岸。公孙固劝宋襄公说："楚兵到这里来，不过是为了援救郑国。咱们从郑国撤回了军队，楚国的目的也就达到了。咱们力量小，不如和楚国讲和算了。"

宋襄公说："楚国虽说兵强马壮，可是他们缺乏仁义；咱们虽说兵力不足，可是举的是仁义大旗。他们的不义之兵，怎么打得过咱们这仁义之师呢？"宋襄公还下令做了一面大旗，绣上"仁义"二字。天亮以后，楚国开始过河了。公孙固对宋襄公说："楚国人白天渡河，这明明是瞧不起咱们。咱们趁他们渡到一半时，迎头打过去，一定会胜利。"宋襄公还没等公孙固说完，便指着头上飘扬的大旗说："人家过河还没过完，咱们就打人家，这还算什么'仁义'之师呢？"

楚兵全部渡了河，在岸上布起阵来。公孙固见楚兵还没整好队伍，赶忙又对宋襄公说："楚军还没布好阵势，咱们抓住这个机会，赶快发起冲锋，还可以取胜。"

宋襄公瞪着眼睛大骂道："人家还没布好阵就去攻打，这算仁义吗？"

正说着，楚军已经排好队伍，洪水般地冲了过来。宋国的士兵吓破了胆，一个个扭头就跑。宋襄公手提长矛，想要攻打过去，可还没来得及往前冲，就被楚兵团团围住，大腿上早中了一箭，身上好几处受了伤。多亏了宋国的几员大将奋力冲杀，才把他救出来。等他逃出战场，兵车已经损失了十之八九，再看那面"仁义"大旗，早已无影无踪。老百姓见此惨状，对宋襄公骂不停口。

可宋襄公还觉得他的"仁义"取胜了。公孙固搀扶着他，他一瘸一拐地边走边说："讲仁义的军队就得以德服人。人家受伤了，就不能再去伤害他；头发花白的老兵，就不能去抓他。我以仁义打仗，怎么能乘人危难的时候去攻打人家呢？"

那些跟着逃跑的将士听了宋襄公的话，只得叹气。

在社会上，妇人之仁有时会成为一个人发展的负担，甚至是致命伤。有这样一则寓言：

一匹狼跑到牧羊人的农场，想偷猎一只羊。牧羊人的猎犬追了过来，这只猎犬非常高大凶猛，狼见打不过又跑不掉，便趴在地上流着眼泪苦苦哀求，发誓它再也不会来打这些羊的主意。猎犬听了它的话，又看它流了泪，非常不忍，便放了这匹狼。想不到这匹狼在猎犬回转身的时候，纵身咬住了猎犬的脖子，临死之际，猎犬伤心地说："我原不应该被狼的话感动的！"

然而，现实生活中却有很多如宋襄公和寓言中的猎犬一样的人，以为能通过自己的仁义感化别人。殊不知，这种"妇人之仁"不但不会感动他人，反而会给他人更多的机会再次犯下恶行。

因此，有时善良也是一种"罪"，在不该仁义的时候就要无情。其实无情的人并不见得就是坏人，做事无情也只是保护自己的一种手段。许多情况下留对手以退路，对手很可能会反过来置你于死地，那么就一定要狠下心，莫作"妇人之仁"。

过度宽容是软弱

有一天，著名经济学家茅于轼陪一位外宾去北京西郊戒台寺游览。他们叫了一辆出租车，来回90多千米，加上停车等待约2个小时，总计价245元。但茅先生发现司机没有按来回计价。按当时北京市的规定，出租车行驶超过15千米之后每千米从1.6元加价到2.4元。其理由是假定出租车已驶离市区，回程将是空车。但对于来回行驶，因不会发生空驶，全程应按1.6元计价。显然，出租车司机多收费了。

此时，茅先生有两种选择：一是以眼还眼，以牙还牙，拒绝付款，甚至去举报司机的违规行为，让司机被处以停驶一段时间的处罚；二是以德报怨，不但付钱还给司机小费，以期能够感化司机。但是茅于轼先生做出了第三种选择，就是仍按规定付款，但告诉他，他已犯了规，让他以后改正。

从上面这个反映现实人际关系的小故事中，我们可以发现，当受到不公正的对待时，在没有法规和道德约束的情况下，对自己最有利的一种策略就是茅于轼先生的第三种选择：以直报怨。

中国儒家思想讲究"恕道"，严于律己，宽以待人，甚至还有"唾面自干"的典故，这些教诲的意思是：当有人损害你的利益时，不要反抗，而应该委曲求全。这些教诲从道德上不能说不对，从策略上说，无论"逆来顺受"还是"以柔克刚"，也都有其合理性，但问题是逆来顺受之后会怎么样？一个可预见的结果是，一旦知道你会采取这种宽容策略，他们会永远采取背叛策略，进一步欺负你。

另一个可预见的结果是，对方会从你的"宽容"中得到"鼓励"，去欺负其他人，结果是，人人生活在一个邪恶的世界里。

所以，在人际、群际关系乃至国际关系中，唾面自干、逆来顺受的博弈策略是不宜提倡的，委曲求全、以德报怨是应该酌情运用的。对恶行的惩罚、对恶人的威慑与对善行的奖励同样重要，甚至更为重要。世界各国都有详细缜密的法律规范本国人民的行为，社会也会用道德等"不成文的法律"保证合作，作为个人，也要通过勇敢维护自己的权利，来回击恶意的侵犯，这样做不仅是为了自己，更是为了整个社会。

宽容固然可以避免不必要的争斗，但过度宽容就是软弱，它不仅无益，反而有害。只有以直报怨，才是正确的博弈之道。

别做老好人

今天，仿佛所有的事情都堆到了一块！除了日常工作，再加上一些突发事情，工作都撞在了一起，让林丽感到喘不过气来。但是……"林丽，把这份文件送到市场部。"电话那头，经理有了最新指示。林丽只能放下手头的工作，送文件回来后还没来得及坐下，"林丽，赶紧帮我发个传真。"小张说。"还有，回来时顺便帮我带杯咖啡啦。"小田不失时机。

　　林丽皱了皱眉头，虽然嘴上没说什么，但是心里极不爽。作为新人，因刚来工作还没上手，经常要麻烦同事帮忙，所以只要力所能及，林丽都乐意帮其他同事做事，希望能够更快地融入新的环境中去。但是没有想到，不知从何时起，林丽竟成了"人民公仆"，同事们有什么事情都习惯差遣她，什么闲杂的工作都叫她去做：这个叫她去复印，那个叫她递文件……

　　她感到很郁闷！当她端着小田要的咖啡走进办公室时，刚好撞见了经理。经理看了看她，一脸的不快，皱着眉头说："小林，你怎么老是进进出出啊？"林丽哑巴吃黄连，有苦说不出。而小田他们只是抬头看了她一眼，马上低头做忙得不亦乐乎状！当同事们在忙自己的工作时，林丽却放下手头的工作，忙着给他们发传真、端咖啡、送文件这些鸡毛蒜皮的杂务！当同事们得到经理表扬时，她却挨经理的批评！林丽越想越气，感觉眼泪要流下来了。

　　遇到这样的情况，你是不是很冤枉？为了满足别人的需求，你花费了那么多的时间和精力，却被说成一个在工作中缺少主动能力和主动意识的人，只能在别人的计划中以谦卑的姿态分一杯羹吃。你不禁委屈道：真不公平啊，我这样对他们，竟换不来他们的感激，反而被他们鄙视。事实上，这是很自然的一种质变。当你偶尔帮助别人做一些事务性工作，并一再强调自己分身乏术时，别人觉得你对他的帮助非常难得，因此感激你；而当你经常性地主动帮助别人时，别人反倒不觉稀罕了，也就不感激你了。

　　你的工作量不停增加，这还都只是小事，只是你辛苦点罢了，最重要的是如果在帮助别人之前没有搞清楚事情的来龙去脉，很可能就会背黑锅，犯错误都说不定。看来"老好人"不好当呀。很可能费力不讨好。

　　要想打破这种局面，就要敢于说"不"。你不敢说"不"，不敢拒绝，是因为你太在乎对方的反应，你在担心：他因为你的拒绝而愤怒。但事实上，你才是那个感到愤怒和不安的人，因为你违心地答应了别人的要求。要拒绝别人，又不想让人觉得你冷漠无情、自私自利，下面有几种方法，能帮助你找到合适的说辞，大大方方地说"不"。

1. "不，但是……"

你的新同事在工作忙得不可开交的时候，想请一天假。你可以说："我想可能不行，但是如果你能在请假的前几天里，用休息时间多做一些工作，我认为你请假会比较恰当。"你拒绝了对方的请求，但你同时找到了改变自己决定的可能性，即如果对方能按你的要求去做，你会同意他的请求。

2. "这是为了你好……"

一个刚失业的朋友正在找工作，他听说你所在的公司正在招聘，跃跃欲试。你发现他并不是那份工作的合适人选，但他却说："你能向上级推荐我吗？"你可以说："我觉得那份工作并不适合你，你是一个很有创意的人，但我们公司正在寻找一个数学方面的人才。"你的朋友需要的是诚恳的建议。如果那份工作真的不适合他，你是在帮助他节省时间。

3. 欲抑先扬

一个关系要好的同事想升迁，在洗手间里她问你："你现在一个月挣多少钱？"你可以说："我觉得这次你会成功晋升的，因为你确实很有能力，但关于我的薪水，无可奉告。"先强调你想肯定的那个部分，那么说起"不"来，会容易得多。在这种情况下，对方往往不会再和你争论她所关心的这个不相干的话题。

4. 话题引导

你的朋友常拖家带口地在你家借宿，而她却从来不邀请你去她家借宿。你可以说："我们都很喜欢你的宝贝女儿，但今晚不太方便，而且我觉得孩子对我家已经没什么新鲜感了，要不哪天我带着孩子去你们家留宿？"在拒绝的时候，你把话题引到了真正的原因上，也就是说，你在积极地解决问题。一味地"好说话"，一旦表现出自己不顺从、有主见的一面，同事就会认为你不听话了，翅膀硬了，感到别扭，也不利于你的前途和发展。因此，开始的时候就要树立这种意识，一定表现出自己的独立性和原则，这样才能省去麻烦，真正赢得好人缘。

坚决彻底地击垮对方

有很多人必须经过惨痛的教训才会明白下面这条职场规则：所有令人生畏的对手，必须加以彻底击垮。他们想尽千方百计、历经千辛万苦，终于把对手打倒在地，但是却常常对处于下风的对手手下留情。最后，当对手一息尚存、逃过劫数之后，东山再起反咬一口，自己反倒成了他的手下败将。

在竞争的路上，和对手斗争时，任何出于仁慈和对和解抱有希望而中途撒手的做法，都只会让对手更加坚定，更加愤恨，从而让他进行更加残酷的报复。也许他们会暂时地显出可怜、悲悯的样子，但是这只是他们的权宜之计，他们一直在等待机会，把你打倒在地。只有当他们被彻底打败，才是从对手身上得到和平和安全的唯一方法。"除恶务尽"，一定要干净彻底地击垮对手。有些人你是无法拉拢的，无论怎样都会是你的敌人。

明朝末年，农民起义风起云涌。农民军首领张献忠所向披靡，把官兵打得狼狈不堪。崇祯十一年（1638），张献忠的农民军遇到了前所未有的劲敌，那就是作风硬朗的明总兵左良玉。张献忠曾冒充官军的旗号奔袭南阳，被左良玉识破，并遭大败，张献忠负伤退往湖北谷城。当时，因为过于分散，各自为战，李自成、罗汝才、马守应等几支农民军也相继失利。张献忠被官军围困于谷城，孤军奋战，外部无救兵，内部粮饷已经严重不足，处境十分恶劣。

在这样的危急关头，张献忠得知陈洪范在熊文灿手下做总兵，大喜过望。陈洪范和张献忠相识，陈还救过张献忠，而熊文灿的拿手好戏是以抚代剿。张献忠决定利用明朝高叫"招抚"的机会，将计就计，暂时投降，以待时机。他立即派人携带重金去拜见陈洪范，表示自己愿意率部下归降，以报效救命之恩。陈洪范甚是高兴，上报熊文灿，"招安"了张献忠。

此后，张献忠部队名义上已经是官军，但实际上却一直保持着独立自主的地位。熊文灿曾提出要把他的部队减为两万人，由明廷供饷，张献忠却说他的部队都是壮士，裁了可惜，他们愿意全军从征，请朝廷按十万人发饷。熊文灿无可奈何。张献忠加紧训练士兵，还把部队分屯于四郊，与老百姓混合居住在一起，借此控制了谷城全境。有人怀疑他还准备反叛，要熊文灿先下手为强，但熊文灿却一心想在"抚"字上见奇效，没有对张献忠采取行动。不料，等一切准备就绪之后，张献忠于次年就在谷城重举义旗，打得明朝官兵措手不及。

如果我们单从权谋的角度来考虑，就可以发现熊文灿，乃至整个明廷在对待"招抚"张献忠这件事情上的严重错误。从张献忠的角度来说，他暂时同意安抚，只是迫于时势的一个权宜之计而已。而从朝廷的角度来说，能够招抚那些反对朝廷的"流贼"自然是最好，但是千万不能轻信对方的承诺，在确信对方是真心"投诚"之前，绝对不能掉以轻心。如果对方还有反叛之心，最好的办法是彻底加以消灭，否则，到手的胜利就给丢掉了。

第十二章

职场不输阵，敢秀才会赢：
别让"不好意思"拖了后腿

聪明的人会在蛋糕上裱花

中国台湾作家黄明坚有一个形象的比喻："做完蛋糕要记得裱花。有很多做好的蛋糕，因为看起来不够漂亮，所以卖不出去。但是在上面涂满奶油，裱上美丽的花朵，人们自然就会喜欢来买。"做完蛋糕裱了美丽的奶油花朵，就自然赢得了人们的青睐。作为员工随时不忘向老板报告自己的行动，就是在自己做的蛋糕上裱花，让老板为你喝彩。

有的员工在工作上完全称得上尽职尽责，他的稳重和勤奋在部门里是有目共睹的。可能他会为了核对一个数据，不惜夜以继日，将白天做的工作重新计算一遍，以确保准确无误。然而在部门之外，部门经理以上，就没有人知道他到底多花了多少心思，做了多少额外的工作了。

相反，有的人，论业务熟悉程度不如前者，但工作的积极性很高，不仅虚心向他人请教，而且经常就工作中一些可改进的地方向上级提出合理化建议。在工作空闲阶段，只要看到其他同事忙得不亦乐乎，也会主动伸出援手；或者会自觉找到领导，要求承担额外工作。此外，如果有可能，他还会定期向部门经理汇报最近一段时间工作上的收获和困惑，这样一方面有助于更好地开展工作，另一方面也能使领导了解他的实际工作量和工作中的各种客观因素。

生活中常有这样的情况：有的人做了很多，但升迁、涨薪的往往不是他；有的人虽然做的不是很多，但却赢得老板的赞赏、同事的羡慕，加薪等好事自然也尾随而至……相信每个人都想做后者而不想做前者。

如果老板看不到自己的工作成绩，确实是件相当郁闷的事情。但总体说来，身在职场的人的表现也是各不相同的。有的人非常自信，认为只要自己努力工作总有一天老板会明白；有的人选择随遇而安，并不是很介意；有的人则比较消极，甚至有了破罐子破摔的想法。

那么，在老板迟迟未能看到你的成绩时，该怎么办呢？如何让别人看到你所做的？如何让老板关注你呢？

在老板迟迟未能看到自己的成绩时，你可能会选择跳槽；你也可能抱着"是金子总会发光"的信念继续积极工作；只有真正聪明的人会主动寻求良机与老板沟通，在恰当的时候呈上你的"捷报"。

在蛋糕上裱花是指作为下属的你在埋头苦干的同时，不要做个"闷葫芦"，因为这种类型的人在现代社会上是很吃不开的。要知道老板只能看到你在办公室里上班时间的工作表现，而看不到你为了更好地完成某项任务而加班加点工作的身影。

有些人只顾埋头工作，完成后一交了事，与老板的交流很少。自己为了完成这项任务加班加点、费劲流汗、耽误时间等，如果你不主动向老板说明，同事一般很少在老板面前提你的情况，你所付出的精力和汗水也就白费了。所以，不但要会干，还要会说，要采取巧妙的方法让老板感到你背后付出的努力和艰辛，也让老板感到你的确是一个勤奋敬业的好下属。

是金子就要让自己发光

表现欲是人们有意识地向他人展示自己才能、学识、成就的欲望。对于我们来说，增强自己积极的表现欲尤为重要。实践证明，积极的表现是一种促人奋进的内在动力。谁拥有它，谁就会争得更能发展自己的机会，从而接近成功的彼岸。

然而在现实生活中，有一些人并不这样看问题，他们对表现欲存有偏见，以为那是"出风头"，是不稳重、不成熟。所以不喜欢在大庭广众面前表现自己，仅满足于埋头苦干、默默无闻。也有一些很有才华、见解的人，缺乏当众展示自己的勇气，遇事紧张胆怯，每每退避三舍。这样一来，他们不但失掉了很多机会，而且给人留下了平庸无能、无所作为的印象，自然得不到好评和重用。这些现象告诉我们，表现欲不足无疑是一种缺憾，积极的表现欲应该成为现代人必备的心理。

有一家大型企业到某高校招聘人才，毕业生们非常踊跃，偌大的礼堂座无虚席。首先，人事主管对集团概况、发展简史、招聘岗位与要求等一一做了介绍。这家企业在国内久负盛名，这次招聘开出的待遇条件也相当优厚，未来发展前景非常良好，不少毕业生都很动心，在台下认真地做了记录。一旁的总经理突然说道："哪位同学觉得自己能够胜任这份职务，可以现在就做个自我介绍。"立刻，会场变得鸦雀无声，众目睽睽之下，谁也不想"出风头"。何况万一人家觉得自己不合适，不是白白丢脸。

总经理非常惊讶，在这些青年人身上竟看不到一点"初生牛犊不怕虎"的闯劲。失望之际，一个男生从后排站起来，他的脸涨得通红，看上去非常紧张，他结结巴巴地说："您……您好。我是……管理学院……管……管"，"管"了半天，周围的同学开始窃笑。总经理温和地说："没关系，你先放松一下，再介绍一次。"他腼腆地笑了笑，停了一会儿，这才开口说道："对不起，我太紧张了。我是管理学院工商系的学生，我觉得自己可以胜任这份工作。贵公司是一家实力雄厚的企业集团，如果能够得到这个机会，我一定会发挥所学，尽我最大努力，做好工作。"

总经理点点头，示意他坐下。他拿过麦克风，对台下说："我不了解这位同学的详细情况，但我可以告诉他，他被录取了。他身上有你们很多人缺少的东西，就是勇气。在机遇到来时，大胆表现自己，这就是勇气。年轻人不能没有勇气啊，我们的企业就需要这种积极向上、无所畏惧的青春力量。"

台下的窃笑早就停止了，大家都陷入了深深的思索，而更多的则是懊悔：为什么自己没能站起来展示自我呢？与其说是人家幸运，不如多从自己身上找问题。

一个人若想获得成功，必须善于表现自己。表现自己是一种才华、一种艺术。有了这项才华，你就不愁吃、不愁穿了，因为当你学会了推销自己，你几乎可以推销任何值得拥有的东西。有人具有这项才华，有人就不这么幸运了。

自我表现能够让人变得自信，让人充满激情和力量，给人机会，让人成功。

善于表现自我的人参与意识和竞争观念都比较强，他们能以积极的心态看待自己，把当众表现当成乐趣和机会，主动地寻找表现的场合，甚至敢与强手公开竞争。所以，他们就比一般人多了参与实践的机会。比如，在会议上发言，表现欲强的人常常主动发言，谈自己的见解。如此不断实践，他们的思想水平和口才就会得到锻炼，得到长足的提高。

他们通常都注意塑造自我形象，有较高的追求。他们为了当众塑造良好的形象，必然以此为动力，努力学习、勤奋工作，不断充实自己，使自己获得真才实学。

一个有才干的人能不能得到重用，很大程度上取决于他能否在适当场合展示自己的本领，让他人认识自己。

每一件小事都是绝佳机会

在很多人眼里，都觉得子敏的运气特别好。

她的专业在这个行业里并不占什么优势，长相一般，能力也并不出类拔萃，但她进入公司后短短的两年时间里，在每一个部门都做得有声有色，每一次调动都令人刮目相看。关于她的崛起，有各色各样的说法，大致上都有这么一点：就是大家觉得是好运气眷顾了她，给了她得天独厚的机会，否则她凭什么从人事部文员到营销部经理，一路绿灯，一路凯歌呢？

只有她自己清楚，机会是怎么得来的。

进这家大公司的时候，专业优势不明显的她先被分到人事部，做一个并不起眼的文员。那个部门，能言善道、八面玲珑的女孩子和深谙权术、势利平庸的男人比比皆是。她不惹是非，只是恪尽职守。不过偶尔露露锋芒，比如，发现了别人输错了数据，她悄悄将其修正了，并不大肆渲染；领导让她做什么，她就竭尽所能，总是在第一时间做到让人无可挑剔。别人扎堆抱怨工作百无聊赖、老板苛刻、地铁太挤时，她在悄悄熟悉公司的部门、产品以及主要客户的情况。

有一次营销部经理偶尔经过她的办公室，看到她处理一件小事情时表现得十分得体和有分寸，就推荐她去担任他们部门的一个空缺职位。

营销部令她的世界骤然广阔起来。同原先一样，她的特色就是默默地努力。半年后，她的几份扎实的调查分析报告，为她赢得了一片喝彩。一年后，她已经是营销部公认的举足轻重的人物了，看到她在会议上气定神闲、无懈可击地发言，使原来人事部的同事大吃一惊。

刚刚荣升公司经理不久，老板请她喝茶，问她愿不愿意接受挑战，去情况并不乐观的北方公司。

子敏选择了库存积压最厉害的第一销售处，开始了她的第一步工作。寒冷的冬天，她一个人借了一辆自行车，找公司产品的代理商，了解产品滞销的原因。几个月后，情况就开始明显改善了。

不知情的人，当然以为她这两年走红运，哪里知道她每天工作的艰辛。

关于机会，子敏最有感触：机会来的时候，并不会同你打招呼，告诉你"我来了，千万不要错过我啊"。不疏忽平时的每一个点滴，做好每一件不起眼的小事，就是在为自己创造最佳的机会。

和子敏不同，有些在职场中的人，只是被动地应付工作，为了工作而工作，他们在工作中没有投入自己全部的热情和智慧。他们只是在机械地完成任务，而不是创造性地、自觉自愿地工作。

这种被动工作的员工，很难在工作中获得成就，最终将一事无成。

如果你想攀上成功之梯的最高阶，你必须永远保持主动的精神，纵使面对缺乏挑战或毫无乐趣的工作，最后也能获得回报。当你养成这种主动工作的习惯时，你就有可能获得成功。

擦亮慧眼，做晋升路上的"机会主义者"

对于职场中期待晋升的人士而言，最大的苦恼在于找不到一个晋升机会。其实机会不是靠等待就能得到的，常常听到人们感叹机会难得，有些时候机会也要靠有心人去主动制造。同时，机会一旦出现就要牢牢抓住，没有抓住的永远都不能叫作机会。

机会是博弈制胜的关键，但机会都是随机的，它总是垂青于有准备的头脑。机会稍纵即逝，抓住机会，就有了晋升的最大把握。我们要善于抓住机会，成就自己的人生，因为机不可失，时不再来。

纽约的基姆·瑞德先生原先从事过沉船寻宝工作，在遇上那只高尔夫球前，他的日子过得很平凡。

一天，他偶然看到一只高尔夫球因为打球者动作的失误而掉进湖水中，霎时，他仿佛看到了一个机会。他穿戴好潜水工具，跳进了朗伍德"洛岭"高尔夫球场的湖中。在湖底，他惊讶地看到白茫茫的一片，足足散落堆积了成千上万只高尔夫球。这些球大部分都跟新的没什么差别。

球场经理知道后，答应以 10 美分一只的价钱收购。他这一天捞了 2000 多只，得到的钱相当于他一周的薪水。干到后来，他每天把球捞出湖面，带回家让雇工洗净、重新喷漆，然后包装，按新球价格的一半出售。后来，其他的潜水员闻风而动，从事这项工作的潜水员多了起来，瑞德干脆从他们手中收购这些旧球，每只 8 美分。每天都有 8 万~10 万只这样的旧高尔夫球送到他设在奥兰多的公司，现在，他的总收入已达 800 多万美元。

对于掉入湖中的高尔夫球，别人看到的是失败和沮丧，而瑞德说："我主要是从别人的失误中获得机遇的。"瑞德对机会的把握是很准确的，别人打高尔夫球，失误在所难免，而瑞德却把这看成自己的机会，用它来赚钱。当别人都发现这个机会的时候，瑞德却另辟蹊径，从潜水员手里收购高尔夫球，终于成了一代富翁。

很多人都可能会发现高尔夫球落水的情况，却没有人把这当作一个机会去把握，因为他们没有一个有准备的头脑。在人生中，我们不能等待，要积极寻找并抓住机会，一时的等待可能会造成一生的遗憾。

要抓住机会，首先要拥有一双能够抓住机会的眼睛。作为下属应学会慧眼识机会，如果对机会之神的来访一无所知，失之交臂，终将悔之。俗话说："通往失败的路上处处是错失了的机会。"

发现机会是以主体自身的才能和努力为前提的。人们常说"打江山容易守江山难"，那么用于机会就是"发现机会容易，抓住机会难"。机遇伴随时间而来，也伴随时间而去，它和时间一样来去匆匆。如果你不牢牢地将它抓住，它就会和时间一起从你的指间滑落，留给你的将只是无尽的怅惘和遗憾。因此，职场中的你应该擦亮眼睛，看准时机，主动把握时间，必要时创造机遇，做一个实实在在的"投机分子"，牢牢地将机遇抓在手里，一刻也不放松。

晋升："不打无准备之仗"

在自然界里，静止是相对的，工作也是如此，因为工作就是向一个永远也不能彻底达到的目的接近。现实生活中，每个人都规划了自己的职业之路，都希望自己的职业生涯一片光明，而要想达到这个前景，每个人在规划自己的职业生涯时，需要考虑多方面的因素，而这些因素都将成为你晋升路上的"粮食"，只有早"下手"，晋升之梦才能早日实现。

作为职场人士，你可以享受到的待遇除了薪资优厚外，还有相对的各种福利，也就是工作的附加价值。或许你认为目前公司所支付的薪金根本不足以匹配你的身价，你也另有打算，想换个高薪的工作环境，但切记要三思而行，若仅有高薪而缺少应有的福利，比如公司不愿支付额外的生产补贴或是假期补助，劝你还是打消此念头。你要时刻为升职加薪做准备，循规蹈矩是不能创造升职机会的，因为天上不会掉馅饼，只有不断地寻找和创造机会才能达到升职的目的。要想得到机会，首先要为机会做好一系列的准备，常言说得好，"不打无准备之仗"，机会总是留给有准备的聪明人。

（1）做好身体方面的准备。要有良好的精神状态和健康状况。首先要有精神，精神是支柱，整天无精打采的员工是得不到机会的。其次要有健康的体魄，俗话说："身体是革命的本钱。"如果没有这个本钱，再好的机会也将从你身边溜走。不论你多么有才干，如果身体素质差，老板是不敢将重任托付给你的，因为超强度的工作需要健康的体魄。另外，要保持强健的体魄，就要有充足的睡眠、适当的运动和均衡的营养，这三个保健要素，缺一不可。要坚持每年体检一次，及时发现潜在病情，防患于未然。要坚持锻炼身体，生命在于运动，这个道理人人都知道，但真正要做到就必须有恒心和毅力。

（2）发挥各方面的才能。别老是专注于一项工作技能。否则，领导怕找不到合适的人选替代你的位置，就不会考虑有关你的升迁问题。虽然专心投入一项工作是获得领导赏识的主要条件，但除了做好本职工作外，也要让领导知道，你具有各个方面的才能。在其他同事放大假时，你可以主动提出替同事处理事情。这样做，一则可以从中学到更多的东西，二则证明你对公司有归属感。

（3）做诚实的人。老板最担心的是用错人。如果用一个只知道追求私利的人，就会给公司带来负面影响，因此，应让老板感到，你并不是追逐名利的自私之辈。你之所以要得到这个职位，是为了实现自己的理想，为公司获得更高的利益，所以无论成败与否，你都要表现出大将风度，不以一时成败论英雄，将眼光放长远一些，为下一个更好的晋升机会做准备。

当然，如果你是一个积极进取和自信的人，在一个理想的环境之下，遇到公司有高职位的空缺，如果你对这个职位有兴趣的话，也不妨按照以下的建议来做。

（1）了解该职位谁有资格胜任。所谓知己知彼，百战百胜。虽然了解别人并不一定必胜，但是至少你能由此知道，需要拥有什么条件才能获得晋升，从而为晋升做好准备、打下基础。

（2）不妨让领导知道你对该职位有兴趣，而且提出具体的论据，证明你有足够的资格胜任那个职位。实际上，不少领导为了选择合适的人大伤脑筋，而你这样做是在给他解决难题。正如毛遂自荐，你也需要具备一定的自我推销能力。过分含蓄和谦虚，在现代社会是吃不开的，反而往往会成为前进路上的绊脚石。

（3）在平时要多为公司做贡献，而不是考虑晋升后能得到什么报酬，这一点很重要。领导最讨厌一味追求私利的人，他们觉得这种人过于自我钻营，实际上是华而不实，没有多少能力。假如把这种人提升到较高位置的话，就对公司的发展不利。因此，你应该让领导感到你是有很强事业心和责任感的，让他觉得你之所以想得到较高职位，是为公司的前途和利益着想，是为了实现自己的人生目标。

善于抓住机会

机会就是信息，有机会、有信息才会在人生的博弈舞台上获得成功。

时光匆匆而过，我们的追求永远不会停止，我们的生活也永远不会完美。为了使我们的生命更有意义，我们必须知道什么东西应该认真等待，什么东西不能等待，而应该及时抓住机会。我们可以等待每天太阳从东方升起来，我们可以等待月亮再次变得很圆，但很多东西不能等待。千万别像陆幼青那样，到最后发现自己的生命只有 100 天的时候，再来写《死亡日记》，那样有点儿太晚了。虽然他最后终于完成了《死亡日记》，为大家留下了一份珍贵的遗产，但是他毕竟失去了生命，所以很多东西我们是不能等待的。

生活的意义是掌握主动，去做使自己的人生更加丰富和美好的事情。我们应该主动去寻找我们生命中最有意义的事情。我们要时刻准备着，锻炼一颗有准备的头脑，以免在机会来临的时候与它失之交臂。

智者创造时机，强者抓住时机，弱者等待时机，愚者错过时机。没有一位伟人曾抱怨说，没有机会。

成功人士常说："我总有机会！"失败者却说："我没有机会！"失败者认为，他们之所以失败是因为缺少机会，是因为没有成功者垂青，好位置就只好让别人捷足先登，等不到他们去博弈竞争。

如果一个人做一件事情，总要等待机会，那是极危险的。一切努力和渴望，都可能因等待机会而付诸东流，而那机会最终也不可得。

有人认为，机会是打开成功大门的钥匙，一旦有了机会博弈，便能稳操胜券，走向成功，但事实并非如此。无论做什么事情，就是有了机会，也需要不懈的努力，这样才有博弈成功的希望。

如果你看了林肯的传记，了解了他幼年时代的境遇和他后来的成就，会有何感想呢？他住在一所极其简陋的茅舍里，既没有窗户，也没有地板，以我们今天的观点来看，他仿佛生活在荒郊野外，距离学校非常遥远，既没有报纸书籍可以阅读，更缺乏生活上一些必需品。就是在这种情况下，他一天要跑二三十里路，到简陋不堪的学校里去上课；为了自己的进修，要奔跑一二百里路去借几册书籍，而晚上又靠着燃烧木柴发出的微弱火光阅读。林肯只受过一年的学校教育，处于艰苦卓绝的环境中，竟能努力奋斗，一跃而成为美国历史上最伟大的总统之一，成了世界上最完美的模范人物。

伟大的成功和业绩，永远属于那些富有博弈精神的人，而不是那些一味等待机会的人。

好机会要靠自己去创造。如果以为个人发展的机会在别的地方，在别人身上，那么一定会遭到失败。机会其实包含在每个人的人格之中，正如未来的橡树藏在橡树的果实里一样。

如果没有机会，那位生长在穷乡僻壤茅舍里的孩子，怎会进了白宫，怎会成了美国总统？而同一时代那些生长在有图书馆和学校的环境中的孩子，其成就反不如茅舍里的苦孩子，这又如何解释呢？再看那些来自贫民窟的孩子，有的不是做了议员吗？有的不是做了大银行家、大金融家、大商人了吗？那些大商店和大工厂，有许多不就是由那些"没有机会"的孩子靠着自己的努力而创立的吗？

因此，"我没有机会"，这只是失败者的借口。如果一个人一直在期盼别人用银盘子双手把机会送到他面前，那他只有失望的份儿。聪明的人不是等待机会的到来，而是主动扑向机会，从机会中赢得成功。

代理的机会，就是升职的机会

在职场中，每一个员工都想升职加薪。但现实是，并不是每一个人都有升职加薪的机会。这时候，如果你能抓住代理的机会，那么千万不要轻易放弃。

吉姆原本是一位普通的银行职员，后来受聘于一家汽车公司。工作了6个月之后，他想试试是否有提升的机会，于是直接写信向老板毛遂自荐。老板给他的答复是："现任命你代理监督新厂机器设备的安装工作，但不保证加薪，也不保证几个月后一定提升你。"

吉姆没有受过任何工程方面的训练，甚至连图纸都看不懂，但是，他没有放弃这个机会。他发奋图强，废寝忘食，每天工作十几个小时，最后他终于完成了安装工作，并且提前一个星期。结果，他不仅获得了提升，薪水也增加了10倍。

"我知道你看不懂图纸，"老板后来对他说，"你完全可以随便找一个理由推掉这个工作，但结果就是你失去升职加薪的机会。"

吉姆通过代理最后成了正职。试想，如果当时吉姆害怕困难，就拒绝这个代理的机会，那么他或许永远错失升职的机会。所以，吉姆的经历告诉我们：要升职，首先应该主动争取，更多的时候，机会是我们自己争取来的。

抓住一切可以做"代理"的机会，千万不要因为做代理的过程中困难重重，你就轻易放弃，这样损失的只能是自己。

如果你想要在职场上有所发展，也不妨留意一下自己身边的代理机会。代理是一种临时方案，目的是让工作可以顺利开展，不会因为人的因素而让工作停摆。通常情况下，大家都知道代理的目的就是希望有一天这个代理人能够真正成为"正主"。通过代理工作，可以让别人有机会评断你是否有能力担负这样的工作。而对于老板来说，如果提拔一个人怕引起其他人的反驳，不妨让他先代理一段时间。虽然大家知道"代理"的目的，但只要大家有异议，上司就会用"这不过是一种临时性的方案"来搪塞，久而久之，其他人就会慢慢接受这样的状况。

当一个工作的职位空缺时，代理是一种权宜之计，但是它也可能是一种权谋。其实找了代理，也并不意味着上司就把未来职位交给这个代理人了。就像《潜伏》里面，吴敬中也没有打算直接让陆桥山升为副站长，他还想多观察一段时间。

但是无论如何，代理是一种妙用无穷的良方。当你在资历或者才能上并不出众时，通过代理某个职位，你可以不断学习和积累经验。虽然只是代理，但在这段时间里，由你做出决策，如果你能够利用这个机会做好代理，那么也就告诉了你的上司和同事，你有能力出任这一职位。这也就为你的"转正"打下了坚实的基础。因此，千万不要错过任何一个做代理的机会。

有时候上司不在，又有紧急的事情要处理，你可以主动发挥一下，在权责允许的范围内把事情办好。也许下一次，上司就会主动把这样的事情交给你做。有时候甚至只是接听一个电话，都有可能让别人改变对你的印象。

其实代理的思路再拓宽，就是要有大局意识，有主人公的精神。一直把公司发展当成自己的责任，所以做什么事情都积极主动，无怨无悔，这样的员工上司怎么会拒绝呢？时刻把自己当成自己的上司，不仅是在给自己看问题时多提供一个角度，也是在为自己的升职多留一个心眼儿。

勇于向领导"秀"出自己，别让自己的努力白费

"老实做人，踏实做事"固然重要，但也要懂得表现，做好本职工作的同时也要让领导注意到自己，别让事情"白"做了。

很多人在单位里像老黄牛一样默默耕耘了很多年，但还是没有升迁的机

会，有时不免抱怨上司太不够意思，没有多关照一下自己。其实，在这种情况下，也许应该问问自己，有没有做过什么特别的工作给老板留下深刻的印象？有没有说过令老板都惊奇的话？等等。如果没有的话，那就不用抱怨什么了，因为你从来就不敢在老板面前展现自己与众不同的一面。老板事情那么多，自然很少会关注到你。如果你善于抓住时机，在上司面前表现自己，情况也许就不一样了。

不想当将军的士兵，不是好士兵。要想出人头地，首先要让领导注意你，而后才有可能重视你。晋升之路通过领导实现，有野心的你千万不要太默默无闻了，一定要选择合适的时机"秀"出自己。只有敢"秀"，才会成功。

但是在秀出自己的时候，要把握好一定的原则，具体如下。

1. 推荐以对方为导向

在推荐自己的时候，注重的应该是对方的需要和感受，并根据他们的需要和感受说服对方，令对方接受。某重点高校的学生琳琳，个性外向，多才多艺。她听说一家知名刊物招聘记者，便立即前去面试。谁知由于准备工作不足，她对该刊物缺乏了解，回答此类问题时张口结舌。尽管她成绩很好，也很聪明能干，却没能赢得总编的好感。琳琳的自我表现因为导向错误，而归于失败。

2. 不要害怕失败

人有百好，各有所好。对人才的需求也是这样。假如你针对对方的需要和感受仍说服不了对方，没能被对方所接受的话，你就应该重新考虑自己的选择。但是不要因为一次失败，便失去了自我表现的勇气。你应该调整的是你的期望值，而不是自我表现的态度和方法。

3. 掌握一些方法

人们通过面谈可以取得推荐自己、说服对方、达成协议、交流信息、消除误会等功效。自我表现时，应注意和遵守以下法则：依据面谈的对象、内容做好准备工作；语言表达自如，要大胆说话，克服心理障碍；掌握适当的时机，包括摸清情况、观察表情、分析心理、随机应变等。

4. 要有自己的特色

秀出自己，必须先从引起别人的注意开始。如果别人不在意你的存在，那就谈不上表现自己。那么，如何引起别人的注意呢？关键是要有自己的特色。这里所谓的特色，就是你个人的风格、特点、优点、长处。那些有别于旁人的，不流于俗的东西，你尽可以大胆地展现出来，定会令人眼前一亮。

5. 应知难而退

在表现自我时，如果发现时机不对或者对方无兴趣，就要"三十六计，走为上策"。这时候，表现要冷静，不卑不亢地表明态度，或者自己找个台阶下，给人留下明理的印象。

表现自己是一种才华、一种艺术。有了这项才华，你的职场就一马平川了。如果你想在职场中获得成功，就必须善于表现自己。

提升职场战斗力，就要练就扛骂功

"端人家的碗，受人家的管"，这是"打工一族"的心得体会。虽然这样的认识有些偏颇，但它的确道出了一些职场人的心声和工作状态。"受人家的管"，更具体和琐碎一些，就是要忍受上司的指责甚至谩骂。无论是职场新人还是已经小有成就的老手，只要你还没有登上权力的巅峰，"扛骂"就是必须具备的职场能力之一。

其实，"金无足赤，人无完人"。作为下属的你无论多么优秀，也会有缺陷。在工作中出现差错是难免的，被上司批评也是当然的。有些职场新人还一厢情愿地觉得："的确是我做错了，当然要接受批评，但如果老板批评错了，为什么不能反驳呢？"

其实当上司发脾气的时候，你如果不服气，发牢骚，这种做法产生的负面效应，足以使你和领导的感情拉大距离。上司认为你"批评不起""批评不得"时，也就产生了相伴随的印象——认为你"用不起""提拔不得"。

由此看来，批评本身的对错其实不重要了，最重要的是你怎样对待批评。

首先一大忌是当面顶撞。当面顶撞是最不明智的做法。既然是公开场合，你下不了台，反过来也会使领导下不了台。其实，如果在领导一怒之下而发其威风时，你给了他面子，这本身就埋下了伏笔，设下了转机。你能坦然大度地接受其批评，他会在潜意识中产生歉疚之情或感激之情。

其次，如果你反复纠缠、争辩，希望弄个一清二楚，这也是很没有必要的。确有冤情、确有误解怎么办？可找一两次机会表白一下，点到为止。即使领导没有为你"平反昭雪"，也完全用不着纠缠不休。这种斤斤计较型的部下，是很让领导头疼的。

为了使上司尽快息怒，在聆听训导时，要表现出心怀悔意、面露愧色。不要显示出一副垂头丧气的表情，更不能与上司嘻嘻哈哈，态度不严肃。反而是要以坦率诚恳的语言向上司承认错误、赔礼道歉，并表示尽快改正错误，争取最大努力地弥补损失。

能"扛骂"对你是有益而无害的。但最关键、最重要的在于对训斥的原因要认真进行反思，尽快改正错误，使自己不断进步，在"挨骂"中成长。提高你的韧性与抗压能力，最终会化作职场的战斗力。

第十三章

商场如战场："不好意思"不值钱

用好杠杆原理，轻轻松松挣大钱

做人、做事、挣钱，要寻找技巧，利用杠杆原理"四两拨千斤"，可以更快更好地达到目的，即通过有效地运用时间、力气和金钱来提高生产力。

比如《心灵鸡汤》的作者马克·维克多·汉森只写了一本书，但销售量却达到了数千万册，在全世界每一个角落，每售出一本《心灵鸡汤》他都有收入进账，除非是盗版书。该书引起了轰动以后，又能将"鸡汤"的品牌发挥其他作用，开发其他的产品，如《心灵鸡汤——工作卷》《心灵鸡汤——女人卷》等。因为是名家，有了所谓的名家效应，所以这些作品仍然畅销。书一畅销，马克·维克多·汉森就能继续赚钱。他的作品全球已销售 5000 万册了，而且还在增加。这就是杠杆效应。这种杠杆效应不仅为作者，也为出版社、书店以及其他许多人带来了源源不断的钱财。

杠杆效应体现在以下几个方面：

1.OPM——用杠杆原理赚取别人的钱

比如在房地产投资中，人们用 10% ～ 20% 的首付款购买住宅类房地产，但却控制着 100%的产权。

2.OPE——用杠杆原理学习别人的经验

比如自己要学习，需要的时间太长，所以要从别人那里借用或者学习。成功最快的方法就是跟富人学习。你学到的每一个观念或是每一个方法都能省下你多年的自我摸索和艰苦努力。

3.OPT——用杠杆原理收购别人的时间

人们在某些情形下有时会主动付出自己的时间，但是，大多数人会以相对较便宜的价格向你出售自己的时间。

4.OPW——用杠杆原理让别人替你工作

大多数人希望有工作。可以聘用他人来从事你自己不想做或者没有能力做的任何工作，通过他人来提升自己。

那么，你若想在商场上赚大钱，也应该好好研究一下杠杆原理。用好了这个原理，赚钱就可以轻松不费力了。

妙用"高价"，让对方乐于接受

有句俗语说："开门做生意，就高不就低。"创业之始，千万不要给自己定位太低，尤其是给商品定价时，别以为便宜就能大卖、便宜就能吸引顾客，现实中，往往是越贵的反而越能吸引顾客。

生活中，我们就经常遇到这样的情形：款式、皮质差不多的一双皮鞋，在普通的鞋店卖 80 元，而在大商场的柜台，却能卖到几百元，且总有人愿意买。1.66 万元的眼镜架、6.88 万元的纪念表、168 万元的顶级钢琴，这些近乎天价的商品，往往也能在市场上走俏。

人们常有一种固执的观念，认为越贵的东西越好，而不管它的质量和价格是否真的成正比例。

在美国亚利桑那州曾发生过一件有趣的事情：一家印第安珠宝店里，老板正为采购到一批脱不了手的漂亮的绿宝石而发愁，虽然是旅游的旺季，但他的绿宝石即使物美价廉总也卖不掉。最后，老板由于急着去外地谈生意，临走的前一天晚上，气急败坏地给售货员留了一张纸条："绿宝石以原来价钱的1/2卖掉。"老板打算亏本清仓。

几天后，老板从外地回来了，发现那批绿宝石已被抢购一空，再查价格，不禁喜出望外。因为那批绿宝石不是以一半的贱价销售出去的，而是卖成了原来价钱的2倍。原来，店员们把老板留下的指令误认为是按1～2倍的价格卖掉。他们都没有想到，价格提高后，购买者反而越来越多，本以为会积压的绿宝石却成了抢手货。

其实，这种现象在心理学上叫作"凡勃伦效应"，很多消费者在购买商品时就高不就低，他们常常有一种通过购买高价商品来获得身份认同和显示自己的社会地位的心理。他们购买商品的目的已并不仅仅是为了获得直接的物质满足和享受，更大程度上是为了获得一种心理上的满足。

随着社会经济的发展，人们的消费会随着收入的增加而逐步由追求数量和质量过渡到追求品位格调。了解了"凡勃伦效应"，我们就可以利用它来探索新的经营策略。例如，凭借媒体的宣传，使商品附带上一种高层次的形象，给人以"名贵"和"超凡脱俗"的印象，从而加强消费者对商品的好感。

这种价值的转换，在消费者从理性购买阶段过渡到感性购买阶段时，是完全可能发生的。尤其是在经济比较发达的地区，感性消费已经逐渐成为一种时尚，只要消费者有能力进行这种感性购买，"凡勃伦效应"就可以被有效地转化为提高市场份额的营销策略。

创业者要善于利用消费者这种消费心理，积极调整自己的营销策略，以便取得更大的收益。

2007年7月26日，北京太平洋百货引进了一种产自日本的大米——日本新潟县的"越光"牌大米和宫城县的"一见钟情"牌大米。两种大米均为2公斤包装，售价分别高达198元和188元。然而，这种比国内普通大米价格高出20倍的日本大米居然得到了消费者的热烈追捧，还引来很多专门冲着大米来的客人。结果，不到20天，12吨的"天价大米"竟然在北京销售一空。

也许会你觉得有悖于我们的常识，但事实是不容置疑的——越是贵的东西，越受人青睐。你出低价我反而不信任你的质量和品质，你出高价我却从不质疑物有所值。

既然消费者有这样的心理，创业者就要学会妙用"高价"，推销自己的商品，用广告力捧自己的产品，让它包装上市，不断保值增值，让顾客买得乐意，自己赚得惬意。

从对手的忽略中，赚取超额利润

对于一个创业者来说，选择在什么地点做什么样的生意，投资什么项目，投资多少都是业务大方向的问题；决定了发展方向后，就是具体的产品生产和服务的问题，是卖盖浇饭还是牛肉面，是开火锅店还是冰激凌店，是特价商品概不负责还是所有商品一律售后微笑服务……但是，做好前面所有的环节只是打了个地基，一个成功的老板要想在业务上、收入上超过别人，最重要的是要在细节上比别人做得更好，硬件上难分伯仲时，就要在软件上寻求出路。只要你肯动脑子，肯在别人忽略的细节上下功夫，你就一定能最先尝到别人还没发现的那块市场蛋糕。

某地，有两名报童在卖同一份报纸，二人是竞争对手。

其中一个报童很勤奋、很卖力，每天起早贪黑，沿街叫卖，嗓门也极其响亮，可是有时候，思路不对，再勤奋也是徒劳。这个报童每天虽然很卖力，但是卖出的报纸却并不多，甚至还有减少的趋势。

另一个报童肯动脑子，除了沿街叫卖外，他还想出一招"先读后收费"的营销方案。他每天坚持去一些固定场合给人们分发报纸，过一会儿再来收钱。结果地方越跑越多，熟客也越来越多，自然报纸的销量也越来越好。渐渐地，第二个报童卖出去的报纸越来越多，抢占的市场份额也越来越大。第一个报童无奈于销量的每况愈下，最后不得不另谋生路。

为什么会如此呢？同样一件简单的事情，同样的报纸，同样的时间内，为什么第二个报童能比第一个赚取更大的利润呢？原因就在人们所忽略的那些细节上。

（1）市场再大也是有限的，想称霸一方，就要先下手为强。在一个固定地区，读者是有限的，谁能先发出报纸，谁就能先抢占客户。你发得越多，对方的市场就越小，这对竞争对手的利润和信心都构成了打击。

（2）报纸首先是文化，其次才是商品，如果找准对象再叫卖，便能一击即中。报纸不像别的消费品，它的价格便宜，购买也比较随机，一般不会因质量问题而退货。所以，采取"先给他阅读再来收费"的方式，人们一般不好意思看了你的东西还拿这点小钱为难你，毕竟看报的都是些识字的讲道理的人。

（3）即使有些人看了报，退报不给钱，也没关系。报纸这种商品没损坏还能再次消费，况且他已经习惯看你发的报，肯定不会去买别人的报纸，是你的潜在客户。

另外，还有一个卖粥的故事：

甲、乙两家卖粥的小店。两者的地理位置、客流量、粥的质量、服务、水平等各方面都差不多，按理说，两家的生意应该一样红火。然而，每天晚上算账的时候，乙店总是比甲店赢利多。而赢利的砝码就在服务小姐的一句简单的问话中。

当客人走进甲店时，服务小姐盛好粥后会问客人："加不加鸡蛋？"有的客人说加，有的客人说不加，大概各占一半。而当客人走进乙店时，服务小姐同样盛好一碗粥会问："您加一个鸡蛋，还是加两个鸡蛋？"爱吃鸡蛋的客人就要求加两个，不爱吃的就要求加一个，也有要求不加的，但是很少。全天下来，乙店就会比甲店多卖出很多个鸡蛋，营业收入和利润自然就要多一些。

这就是心理学上著名的"沉锚效应"：在人们做决策时，思维往往会被得到的第一信息所左右，它会像沉入海底的锚一样把你的思维固定在某处。

小小的卖报、卖粥生意，却有这么多技巧和学问，如果你掌握这些小技巧，注意这些小细节，就会在平凡之中做出不平凡的事情来。

创业切忌好高骛远，凡事从小处做起，踏实前进，不管你是大老板还是小老板，只要善于从细节中揣摩，便能发掘出别人忽略的那些超额利润。

通过为他省钱，赚走他身上的钱

一个商品是 0.10 元进的货，卖 0.12 元才有赚，可普尔斯马特会员商店卖 0.09 元还有利润。这是为什么呢？普尔斯马特有个口号叫作：永远为顾客省钱。

从经商的某种角度来说，这个口号的背后就是"通过为他省钱，赚走他身上的钱"。普尔斯马特会员商店遵循"永远为会员提供最优质商品，永远为会员省钱"的经营理念，提供低价的高质量品牌产品和服务，目的就是建立"会员忠实购买"模式。

顾客就是上帝，在任何情况下，都不能得罪任何一位顾客。因为，每一位顾客身后，大约有 250 名亲朋好友，如果你赢得了一位顾客的好感，就意味着赢得了 250 个人的好感；反之，如果你得罪了一位顾客，也就意味着得罪了 250 名顾客。这也就是著名的 250 定律。

所以，长久的生意之道是"让顾客满意""一切为了顾客"。普尔斯马特提出的口号也正是由此出发，它通过有效采购、低成本物流、现代化运作、控制支出比例等，为顾客提供高质低价的名牌产品。普尔斯马特一时鼎盛与这也是密不可分的。

"我们的员工有一个承诺，即保证让您满意。"

普尔斯马特这种会员制仓储式超市与其他经营业不同，它追求一个"链条"目标：低价—更多会员—更多需求—更好的采购力与供货商沟通—更低价格。会员每年缴纳一定会费，办理会员卡，就可以在普尔斯马特店里选购五六千种经过精心选择的最畅销的名牌优质商品。而非会员采购则需在正常价格基础上另加10%。

会员拥有购物卡无异于拥有高品质生活"绿卡"。他们可以购买优质商品，享受舒适购物环境和温馨服务，还可以通过网络商家，享受到餐饮、旅游、娱乐、医疗保健咨询等超值服务。

在外人看来，普尔斯马特商品价格之低是不可思议的——其实，"物美价廉"是它多年来从实践中摸索出来的。它拥有全球采购系统，可以选择最好的商品，然后通过世界性采购平台与国内外知名厂家合作，直接进货，无须中间环节，把名牌、特色商品低价提供给会员。

它的集成信息系统对每种商品日销量进行跟踪，没有销量的立即淘汰；会员有需要的，尽可能满足。它强调"实时库存"概念，即管理和采购人员可以通过使用该系统掌握已订购的和在运输的商品，控制现有库存量与当时销售比例，有效地控制和管理库存。而物流与运输专业人员则依靠现代化的连锁供应管理，运用从供货到销售的电子交换技术、物流设备、低成本核算方式运作商品。

可以说，这种零售模式将信息跟踪与分析智能化，特别是计算机集成化的财务和商品信息管理系统的运用，是提供价低质优商品服务、最大化地为顾客谋利益的关键。而所有这些无疑都体现着将顾客作为企业的生命重心的理念。

由此不难看出，普尔斯马特通过为顾客省钱，不仅将顾客牢牢地拴在了自己这棵树上，还吸引了更多顾客的青睐，占领了越来越多的市场。随着消费群体的日益膨胀，降低了运营成本，提高了运作效率。凭借高效的管理和信息技术的完善，本着一切为顾客省钱的经营理念，在最大地为顾客谋取利益的同时，也给本公司谋得了最大的、更长远的利益。

那么，正在创业的你，不要脑子里总想着"赚钱！赚钱！"不妨学学普尔斯马特，多想想如何为自己的顾客省钱，且把这种理念传达给你的顾客。相信，那样你会赚得更多。

智谋迂回他人间，空手也能套白狼

如今，创业之势发展越来越猛，越来越多的人选择自主发展、自己创业。然而，创业并非一件容易的事。创业，首先你必须有钱、有人、有关系，更重要的是，你要有智慧。因为有智慧的人没有钱也能当老板，空手也能套白狼。

何谓"空手套白狼"？意思是指在没有使用任何先进武器的情况下，单用一根最原始的绳子就能将一只珍贵的白狼套住了，也就是小投入高回报之意。那么，"零投入"是如何换回高回报的呢？这里靠的就是计谋和智慧。

据《战国策》记载，著名的纵横家张仪曾经在楚国生活时，非常不得意，穷困潦倒，吃住常常没有着落，连仆人都受不了，不得不跟张仪说自己宁愿被辞退回家。张仪不答应，说："我知道你是嫌衣着破旧，所以想往别家去。我不拦你，但是，如果你愿意再等几天，待我去见过那些有钱人后，再决定去留也不迟。"

于是，张仪带着他那套纵横之术去面见楚王，可惜楚王对张仪的主张毫不感兴趣。无奈之下张仪心生一计，说："既然大王目前没什么地方需要在下，请您派我到晋国去吧。"楚王说："也好。"张仪说又问："您需要从晋国带点什么回来吗？"楚王说："金银财宝我楚国都有，再没什么需要的了。"

张仪笑了笑，说："大王想要美人吗？"楚王问，"怎么讲？"张仪说："晋国的美人皮肤白皙，身材姣好，要是没见过的，还以为是仙女下凡呢！"楚王悠然神往："那你速去速回，一定要为本王带些晋国的美人回来。"于是，楚王叫人拿来珍珠美玉，即刻就要打发张仪去北上寻芳。

当时，宫中楚王最喜欢的两个女人，一个叫南后，一个叫郑袖。她俩刚一听到此事便心生恐慌。于是，立刻请来张仪。"听说楚王派你去晋国寻芳。我俩特地给您备了点儿盘缠，小小意思，不成敬意……"一个拿出千两黄金，另一个也送上五百。很显然，南后和郑袖是不想让张仪给楚王寻芳，担心动摇自己在楚王心中的地位，故意贿赂张仪。

张仪不想得罪南后和郑袖。次日，他去向楚王道别，面带悲色："大王，外面路途险阻，关山难渡。我这一去，不知哪年才能再见到您。"楚王颇为感动，连叫摆酒。酒过三巡，张仪说："大王，这里如此冷清，您何不把家人一块叫来呢？"楚王便把南后和郑袖叫来。张仪一见，马上向楚王跪倒："在下该死，在下该死！"楚王一头雾水："你这又是为何？"

张仪说："天下之大，在下从未见过这么绝色的美人！先前我说去晋国找美人，没想到天下最美的人就在您身边！大王恕罪！"楚王哈哈大笑，说道："那你就不必挂心了。我本来就认为天下的美女谁也比不上她们两人。"

就这样，张仪凭他的三寸不烂之舌，在楚王面前玩了一回空手套白狼，白得黄金千两。

这里的"空手套白狼"并不是坑蒙拐骗的一套伎俩，而是在法律允许的范围内，白手创业，以小搏大，四两拨千斤。

日本角荣银行的董事长田式美在创业之初一穷二白，但他想出了一套空手套白狼的营销方案——"预约出售"。凭借此方案，他"没有资金却赚了大钱"。

这个方法说来很简单，例如，有人要买房，他就四处去找有意向的卖主，先谈妥价钱，然后告诉买方："那栋楼约值1000万日元以上，但主人现在800万就脱手，请你买下它，保证两个月可赚一成。超出一成利润时，超出部分由我得，若赚不到一成，我赠你一成利润。"等劝服买主买下来后，他便代其销售，往往以高出买价许多成的价格售出。

对买主来说，两个月就有一成利润，比银行存款利润高很多，而且安全可靠，何乐而不为？田式美本来一无所有，但照样"空手套白狼"顺利地做成了这项不要本钱的生意。后来经过10年的奋斗，他竟成了日本有名的建筑企业家。

"空手套白狼"是要我们打破"先有鸡还是先有蛋"这种死循环的心理定式，巧借外力，以四两拨千斤之势来赢得成功。其实，即使全世界都陷入一片愁云惨淡的金融海啸之中，机会还是很多的，关键看你善不善于把握。只有真正会运用自己智谋的人，才能成为"乱世英雄"。

坐山观虎斗，用零成本收获大效益

《三十六计》中说："阳乖序乱，阴以待逆。暴戾恣睢，其势自毙。顺以动豫，豫顺以动。"意思是说：当对手内部发生恶变时，我们不急于采取进逼手段，顺其变，"坐山观虎斗"，最后让敌人自相残杀，时机一到，我们即坐收其利，一举成功。

在现代竞争激烈的市场环境中，聪明的商家往往会采取静观其变的态度，坐在暗处等待对手自乱方寸。因为，如果此时你一旦采取行动打压，不仅达不到歼灭对手的目的，还会使得本来有矛盾的个体团结起来，同仇敌忾，一致对外。

所以，按兵不动比行动更有力。常言道："当局者迷，旁观者清。"要做一个袖手旁观的观望者，但不是做一个消极的"守株待兔"的农夫。要学会静静地观望火势，细心地分析形势和利弊，正确和充分地掌握对手的矛盾，设法加快两极的运转，才能取得成功。

藤野先生是日本富士现代办公用品公司驻南亚某国的业务代理。有一次，他到该国准备与他们的泰恒公司签订一个有关进口日本某型复印机的合同。复印机在这个经济刚刚起飞的国家，完全是个新事物，有着广阔的发展前景，占领这一市场对公司的前景无疑有着十分重要的意义。藤野先生带着公司"只许成功，不准失败"的指令来到这里。

然而，令他意想不到的是，当他乘飞机来到该国见到泰恒公司的老板时，对方只是冷冰冰地说："对不起，藤野先生，我公司已有新的打算了，很遗憾。"说完，一摊手走开了，面对这突如其来的打击，藤野先生黯然神伤：泰恒公司绝对不会轻易放弃复印机这个大生意不做，但是他们现在拒绝签合同，又该做何解释呢？为何他们会无缘无故松开财神爷的手呢？难道有了新主顾？很有这个可能。哪儿的呢？其他国家的？可能性不大，因为就目前国际市场上的复印机来说，只有日本产品才是一流的，泰恒公司绝对不会这么笨，为公司的长远发展及信誉着想绝不会贪图便宜买进现已淘汰的产品。那么，与泰恒公司做生意的肯定也是一家日本公司。他们到底是以什么样的优惠条件吸引泰恒公司更张易辙、舍此适彼的呢？

想到这里，藤野先生豁然开朗。于是，他很快谋划好了行动方案，并向国内公司汇报了有关情况，请公司协助查清事情原委。不久，公司有了回音，果然如藤野猜测的一样，国内有一家公司从中作祟，要为其提供价格更低、性能更先进的某型复印机，致使泰恒公司改变初衷并拒绝签合同。

事情了解清楚后，藤野按原计划紧锣密鼓地安排着行动。一方面，他加紧行动要赶在对方前面尽快拿到与泰恒公司的签约；另一方面，他下令立刻与厂家联系，无论如何都要取得此型复印机在该国的经销权。公司兵分两路，由藤野先生负责与泰恒公司签订合同，公司另派人马去厂家联系进货业务。

藤野先生第二次出现在泰恒公司老板面前时，便开门见山地说："总裁先生，我这次来是与您专门洽谈关于复印机的进口问题。此复印机确实比其他机子优越。所以，我们决定在这方面与贵公司合作，而且我还要高兴地告诉你，我们提供给贵公司的同一型产品比贵公司前些天联系的那一家价格要低3成。"

既然有利可图和谁做生意不一样，泰恒公司当即答应成交，并随即签订了进口1500台此机的合同。

合同一到手，藤野先生马上飞回日本，找到复印机生产厂家。其实，该厂家关注富士公司很久了，经过调查知道他们在与另一家公司争夺复印机客户及东南亚的独营权。于是，厂家便故意对来者不慌不忙地解释：因与其他公司达成协议，授予其在该国的经销权，为了自己的信誉，表示不能再与富士公司签约。藤野先生当然知道其用意，便告知对方：富士公司已拿到合同，抢先占领了该国市场，请厂家把复印机及辅助材料与设备的经销权授予富士，富士愿意把其进价全部再加一成。

一番讨价还价，复印机生产厂家的"坐山观虎斗"的戏也该收场了，现在对方出价已足够高了，超过了自己的预期目标，若不趁势取利，"时不再来"。于是，便爽快地答应与富士公司签了约……

复印机生产厂家用不行动的零成本，收获了比行动还大的利益，靠的就是"隔岸观火"的逼人之势。如果你能克制行动，待对手忙于内战或和其他联盟争斗时再发动进攻，不仅能保存实力，还能提升自身的潜在价值，获得更大的利润空间和更高的利益。

借尸还魂，实现真正意图

借尸还魂，原意是说已经死亡的东西，又借助某种形式得以复活。当然，这里并非讲这些命理性的东西。用在商场上，是指利用、支配那些看上去没有作为的势力、没有什么用途的东西，来达到我方目的的策略，就像我欲"还魂"必须借助看似无用的"尸体"一样。我们要善于抓住一切机会，甚至是看上去没有什么用处的东西，努力争取主动，壮大自己，即时利用，转不利为有利，转败为胜。

在美国，电报业最兴盛之时，老范德比经营的西联电报公司处于垄断地位。老范德比去世后，古尔德花 100 万美元开了一条新电报线路，成立了太平大西洋电报公司。小范德比意识到了古尔德对自己的威胁，决定收购太平大西洋电报公司，如此，就能使自己仍处于垄断地位。他马上派人与古尔德谈判，结果他以 500 万美元买下了太平大西洋电报公司，太平大西洋电报公司人员设备全部转入西联。艾克特是古尔德的挚交好友，因为有技术，进入西联后，担任该公司的总工程师。小范德比对这一次成功的收购十分满意，他不仅扩大了实力，还引进了一员虎将。

过了一段时间，爱迪生发明了四重发报机，使用这种发报机，效率要比原来提高一倍以上，如此一来，西联小范德比决定买下这项专利。他派艾克特与爱迪生谈判，让艾克特以低于 5 万美元的价格购买四重发报机的专利。他认为这次他同样会稳操胜券，因为电报市场是他一人垄断着的。然而，艾克特虽在西联担任总工程师，却是古尔德的内线，他及时地将进展告诉古尔德。有一天，古尔德请爱迪生来到他的家里，想以高薪聘请爱迪生去自己刚刚成立的美联电报公司。

爱迪生是个科学家，根本不懂生意经，觉得美联比西联的条件优厚得多，也就答应了。现在，古尔德决定向小范德比摊牌，要挟小范德比说要撤走艾克特。失去了爱迪生的四重发报机，又失去艾克特，西联将会一片黑暗。无奈之下，小范德比只好同意美联与西联合并，由古尔德任总经理。

古尔德为了得到西联可谓费尽心机，直到老范德比去世，才能稍稍有所动作，成立太平大西洋电报公司。当然，当时电报公司是赚钱的，而古尔德却绝非想从电报的营业中赚钱。他得将西联电报公司赚到手，太平大西洋电报公司不过是他抛下的一个诱饵，小范德比果然上当。

此外，古尔德的另一个妙笔是将艾克特打进西联高层，从而使高级情报可以及时地传到古尔德的手里。此时古尔德对小范德比的作为一目了然，而小范德比却对古尔德一无所知，未加丝毫防范，本来唾手可得的四重发报机专利，却从眼皮底下被古尔德夺去。

古尔德得到了四重发报机的专利，此后便可以发起他赚取西联公司的最后攻势了。要么撤走总工程师，要么合并，在此条件之下，小范德比只好俯首就范，选择合并公司，古尔德得到了他垂涎已久的西联。

《三十六计》中说："有用者，不可借；不能用者，求借。借不能用者而用之，'匪我求童蒙，童蒙求我'。"要在竞争中取胜，首先要发挥自己的优势，要发挥优势就必须另辟蹊径。竞争之法无准则，取胜才是根本目的，使用反常方式，对手更易陷入措手不及的状态。

说"长"道"短"显奇效

所谓"王婆卖瓜，自卖自夸"，在推广自己的产品时，商家往往偏爱说"长"，不遗余力地宣传商品的优点，回避道"短"，刻意淡化其产品缺陷。有些商家却剑走偏锋，以其"短"衬其所"长"，取得奇效。

20世纪80年代，有一家杂志为了打开销路在北京报纸上做征订广告，它的广告语只有寥寥几句，既没有制造噱头大力包装自己产品，也没有弘扬自己的"优良作风"全力宣传自己产品的与众不同。却反其道而行，特意检讨过去自己曾登过几篇不好的作品，并用最朴实无华的语言介绍自己刊物的特点。没想到这则平淡无奇的广告反而以它独特的诚实无欺的做法，打动了读者的心。广告刊出不久，就使这家期刊发行数量增加了几万份。

这一现象很快引起了香港几家报纸的关注，他们说："中国的广告风格，自然不能亦步亦趋仿效外国，而要建立起自己独特的风格。北京报纸所登某杂志征订广告，既说长也道短，实事求是的风格，不仅为期刊广告开了先河，甚至也可作为建立中国广告风格的一个基础。"

无独有偶，国内有家暖气片厂也别出心裁地采取此种宣传手法，它在广告上这样敬告用户："我厂生产的暖气片尽管以总分 94～99 的成绩被评为全国第一，但仍存在不少问题。主要缺点有：万分之二的螺旋精度没有达到国际标准；千分之四的产品内膛清不净。请用户购买时，千万认真挑选，以免我们登门为您服务时耽误您的时间。"显然，这样诚心诚意的广告词打动了顾客，更打开了销路。因为广告用自我暴露的方法来体现厂家对产品质量的精益求精，对产品的真实无欺，以及服务至上的保证，这比那些一味吹捧自己的产品是"誉满全球""超一流水平""神奇的功效""最高境界"……更能令人信服，更易赢得顾客的厚爱。

相传我国古代有两家门对门的酒店在竞争，其中一家在门口贴出招贴，上面写道："本店以信誉担保，出售的完全是陈年好酒，绝不掺水。"而另一家的门口也贴出招贴："敝店素来崇尚诚实，出售的一概是掺水一成的陈年老酒，如不愿掺水者，请预先声明，但饮后醉倒概与本店无关。"

结果如何呢？不用说，也早见分晓了——前者"自夸自卖"，夸过了头，也失去了顾客的信任；后者"自贬自损"，自认酒中掺水，又风趣地肯定掺水的必要，让顾客愿意上钩，结果酒店生意格外兴隆。这就是用旁敲侧击的方法触动顾客的心弦，没有瞄准对方却达到了比预期更好的效果。

当然，物极必反，盈则必亏，即使说长道短，你也要把握好"度"，把握好人的心理倾向轨迹，这样才能有的放矢，收到意想不到的效果。否则，暴露自己的某项不足，却弄巧成拙，只能自取其辱、自断生路。

抓住对手关键处，一点击破

商场上劲敌如林，很多时候我们很难与之正面交锋。因为，有时候你越是跟强敌较劲，越能激发对方的凶猛攻势，最终只能使自己丧失主动权，陷入无休止的被动，变得连喘气的机会都没有。那么，应该如何对付强敌呢？"打持久战"是耗不起的，"打游击战"又没有那么多的"革命根据地"。所以，只能做"狙击战"，瞄准对方关键点，一击即中，彻底粉碎敌方的"大本营"。

《三十六计》中说："不敌其力，而消其势，兑下乾上之象。"也就是说，要避其锋芒，攻其弱点，消除敌方生存之根本，对方自然不攻而破，这就是"釜底抽薪"。这是现代经商赚钱中不可不知的一计。

20世纪90年代中期，戴尔公司发现，许多竞争厂商有一半以上的利润来自服务器。更严重的是，虽然他们的服务器是很好的产品，却为了补贴业务上其他比较不赚钱的地方而必须抬高定价。事实上，由于他们服务器的定价高得超乎常理，所以等于是把额外的成本转嫁给最好的顾客，从而暴露了自己的致命伤。1996年9月，戴尔公司以非常具有竞争力的价格，推出一系列服务器，整个市场为之震惊。这项野心勃勃的行动，重新建立了戴尔在服务器市场的地位。

戴尔公司凭借掏空竞争者的利润来源，削弱了他们在笔记本电脑、台式电脑等市场上以价格和戴尔公司对抗的能力。

进入因特网市场也是另一个戴尔公司和竞争者大玩柔道的绝佳手段。对戴尔公司来说，网络是直接模式的最终延伸。但对许多采取间接模式的对手而言，进入网络市场是个两败俱伤的主张。对他们来说，直接交易终将导致通路上的冲突。他们的营运模式是以传统的产销者、代理商和经销商为基础，而不是与顾客直接发生交易关系。一旦原本采取间接模式的制造商开始与使用者直接对话，便会和本来是为自己销售产品的经销商产生竞争。这让戴尔公司很快就获得了更多的青睐。假想一下，如果顾客想直接向制造商购买，还有什么方法比向直接销售的公司购买更好呢？

戴尔之所以能在市场上谋得"一方水土"，能在竞争中崭露头角，靠的就是"釜底抽薪"。直接攻击对手的"供给线"——"利润"，商家的利润要害如同蛇的七寸，掐断利润，也就相当于断了对方的"粮草"，使敌人惊慌失措，不攻自破。

当然，要想釜底抽薪，首先要知己知彼，充分了解对手的特点、优势，博取众家之长，弥补自己的缺点，推陈出新，以自己所具有的生产能力、生产工艺、生产技能，生产出市场上独一无二的适用产品。这样才能广销各地，受到消费者的欢迎。

20世纪50年代，一个名叫鬼冢喜八郎的日本人，得知体育运动将会在世界范围内得到推广，便想从生产运动鞋上发财致富。然而，他一无资金，二无生产设备，如何与其他已有的运动鞋生产厂家竞争呢？

看来正面无法硬碰，只能另谋良策了。为了生产一双真正适合运动员穿的舒适的运动鞋，他走访了许多优秀篮球运动员，与他们一起打球，并亲身验证了目前篮球鞋的缺点：容易打滑，止步不稳，影响投篮的准确性。怎样扬长避短，生产出独具特色的运动鞋呢？鬼冢喜八郎昼思夜想，终于从鱿鱼触足上长着的吸盘上受到启发，决定把平底改为凹凸底，以防止打滑。试验一举成功，鬼冢马上申请了专利，并投入生产。一上市，这种新型球鞋马上排挤了所有厂家的同类产品，人们争相购买，产品备受欢迎。

商场上不存在永远的强势和永远的弱势，弱势一方如果想跟强势一方争夺市场底盘，就不能正面硬碰，因为这样只会导致"大鱼吃小鱼，小鱼吃虾米"的结果。弱势一方要善于做一个狙击手，不断培养自己的敏锐触觉和目光，暗中瞄准劲敌的关键点，才能将之一击即中。还要不断提高自己，在博取众家之长的基础上，不断创新，顺从消费者的需求，这样才能在千变万化的市场竞争中，使自己的产品保持销售旺势，永远立于不败之地。

智断对手后援，将其彻底打败

《孙子兵法》中讲："假之以便，唆之使前，断其援应，陷之死地。"意思是说：借给敌人一些方便，以诱导敌人深入我方，乘机切断他的后援和前应，最终陷他于死地。

战国时期，天下群雄并立，诸侯争霸。在中原的鬼谷，有一个上知天文、下知地理，又懂兵法战阵的奇人——鬼谷子。鬼谷子手下有两个得意弟子，一个是孙膑，另一个是庞涓。庞涓应魏国之邀，出山当了魏国的元帅，助魏王争霸天下。当他们一同率军进攻楚国时，在方城与楚国军队一直相持不下，情况对魏国十分不利。

庞涓只好派谋士公孙阅请老师鬼谷子为其出一良策，鬼谷子将此事推予孙膑。孙膑便引用《孙子兵法》，向公孙阅献"上屋抽梯"之计：先引诱城内楚军出击，然后截断后路，消灭楚军。庞涓用了此计，楚国果然大败，并割城赔地。

"上屋抽梯"制胜的关键点就在于成功地运用了先"甜"后"苦"的心理战术，诱使敌人进入自己控制的局域，然后封锁撤退路线，使敌人陷入不利局面，一举歼灭。梯子是预先设计好的圈套，是为了方便敌方"上屋"而精心准备的通道，一旦敌人"上屋"，立即撤走梯子，断其后路，关门捉贼，使之陷入我方控制范围内。

在处理债务关系时，运用此计能取得意想不到的效果。在经营活动中，我们常常遇到债务人因为各种原因拖欠债权人的债款迟迟不还的现象，就像小品中演的那样，"黄世仁"和"杨白劳"的身份颠倒了，给钱的是"杨白劳"，欠钱的却是"黄世仁"，欠钱的以各种理由拖欠债款。给钱的去打官司实在有碍于情面和以后的合作，所以只能暗暗叫苦，后悔借钱给这个没信用的人。此时运用"上屋抽梯"之计，债权人中断同债务人的经济往来，断其财源，调取证据，卡住他的脖子，可迫使债务人投诚于你，自觉偿还债务。

运用此计时，一定要注意法律界限的约束。现代市场经济是法制经济，任何经济行为都必须以不违反相应法律规定为界限；否则，即使是出于维护自身权益，不当的行为也会给自己带来难以估量的损失。例如，如果没注意到外部环境的变化或限制，债权人反而会被债务人追讨违约金或赔偿经济损失，这是一种得不偿失的行为。

会使"上屋抽梯"之计，还要留心别人给自己设"上屋抽梯"的陷阱，例如，现代购房陷阱。为了促销，开发商常常吹嘘自己的楼盘环境是如何小桥流水，配套是如何齐备完善，优惠是如何让人心动，不是"购房送豪华装修"，就是"购房送高级家具"。然而，现实果真如此吗？你相信天上会掉下个"林妹妹"吗？在开发商连哄带骗下，你赶忙高兴地签下购房合同。但是等到交楼时，你却不由得感慨："一桥飞架南北，天堑变通途"——祖国建设速度真是快，昨日的田园山居，今日的"牢房厚墙"，世事之无常，承诺之缥缈。原本的"诱惑条件"并没有写在合同里面，没有法律效力。所以，既然你"娶"了这栋房子，就不准跟她"离婚"，好媳妇、赖媳妇还是回家认栽吧！

会"抽梯"还要防止别人"抽"自己的"梯子"。面对诱惑，千万不要轻易迈出步子，可能陷阱就在你脚下，不要贪图小便宜而使自己吃大亏，不要只念登高却忘了退路。

追随成功者，少走弯路

在商业经营活动中，所谓"人无我有，人有我优"，创新意识非常重要。但是还有另外一条重要的经验，那就是追随成功者的脚步，也更加容易获得成功。经营学认为，"他山之石，可以攻玉"，他人成功的经验也是自己的宝贵资源，可以大胆地加以利用。生命有涯，事业无限。人的伟大就在于能借助思维从间接经验中获得智慧。成功者的经验是宝贵的，尤其当我们的实力还不够强大，更少的失败往往就意味着成功。追随成功者，学习他们的成功经验，借别人的成功实践，防止自己没有必要的失败，是自己获得成功的捷径之一。要善于学习成功者，善于从已被实践反复证明的成功典型学习，甚至向对手学习。只有站得更高，才能看得更远。

1976 年以前，施乐公司一直保持着世界复印机市场的垄断地位，但从这时候起，这家已经有近 40 年历史的公司开始遇到了全方位的挑战，一些新兴的复印机公司，特别是日本竞争者如佳能、NEC 等，以施乐公司产品的成本价销售自己的产品，却还是能够从中获利；尽管它们的开发人员比施乐少 50%，但它们的产品开发周期却比施乐短 50%。施乐必须面临的问题是，它的市场份额从 82% 直线下降到 35%。

面对残酷的竞争，施乐公司低下了高昂了几十年的头，发起向日本企业学习的运动。施乐公司让它的管理人员，通过全方位的集中分析比较，弄清这些新兴公司的运作机理，找出了施乐和这些主要对手之间的差距。在战略方面，从生产成本、周期时间、营销成本、零售价格等领域入手，全面调整经营战略、战术，改进业务流程。在运营层面，在提高交付订货的工作水平和处理低值货品浪费大的问题上，向交付速度比施乐快 3 倍的比恩公司学习，并选择 14 个经营同类产品的公司逐一考察，终于找出了问题的症结，并采取了积极措施，使仓储成本下降了 10%，年节省低值品费用数千万美元。很快地，施乐公司就收到了成效，把失去的市场份额重新夺了回来。

美孚石油公司是世界上最著名的公司之一。1992 年，它的年收入高达 670 亿美元，这比世界上大部分的国家的财政收入还高，真正是富可敌国。不过，美孚的进取心很强，它还想做得更好。因此，美孚管理人员在 1992 年初做了一个调查，询问了服务站的 4000 位顾客什么对他们是重要的，结果发现：仅有 20% 的被调查者认为价格是最重要的，而其余的 80% 则想要以下 3 件东西：一是快捷的服务，二是能提供帮助的友好员工，三是对他们的消费忠诚予以一些认可。他们认为，这些东西比价格更加重要。

很显然，尽管自己已经很成功，但是可以发展的空间仍然很大。论综合实力，美孚在石油企业里已经首屈一指了，但是从这 3 个方面来看，一定还有比自己做得更好的企业。于是，美孚公司组建了速度、微笑和安抚 3 个小组，在全美的 8000 个加油站中，去寻找速度最快、微笑最甜和回头客最多的公司，学习它们的成功经验。

这次行动十分认真和务实，经过一番努力，最后 3 个目标都找到了。速度小组锁定了潘斯克公司。"印地 500 汽车大赛"使用的是美国的"F1 赛车"，而潘斯克公司正是给"印地 500 汽车大赛"提供加油服务的。经过仔细观察，美孚的速度小组总结了潘斯克之所以能快速加油的绝招：这个团队身着统一的制服，分工细致，配合默契。而且潘斯克的成功，部分归功于电子头套耳机的使用，它使每个小组成员能及时地与同事联系。于是，速度小组提出了几个有效的改革措施：首先是在加油站的外线上修建停靠点，设立快速通道，供紧急加油使用；加油站员工佩戴耳机，形成一个团队，安全岛与便利店可以保持沟通，及时为顾客提供诸如汽水一类的商品；服务人员保持统一的制服，给顾客一个专业加油站的印象。

微笑小组则锁定了丽嘉－卡尔顿酒店作为温馨服务的榜样。丽嘉－卡尔顿酒店号称全美最温馨的酒店，那里的服务人员总保持招牌般的甜蜜微笑，因此获得了不寻常的顾客满意度。美孚的微笑小组观察到，丽嘉－卡尔顿酒店对所有新员工进行了广泛的指导和培训，使员工们深深铭记：自己的使命就是照顾客人，使客人舒适。微笑小组的管理人员，也以这种表现来要求他们的员工。自此之后，他们的脸上始终充满了微笑；在顾客准备驶进的时候，美孚的工作人员早就已经为他准备好了汽水和薯片。来这里加油的顾客，因此觉得自己受到了重视，都感到十分高兴。

安抚小组则成功学习了全美公认的回头客大王——"家庭仓库"公司的成功经验。他们从"家庭仓库"公司学到：公司中最重要的人是直接与客户打交道的人。没有致力于工作的员工，你就不可能得到终身客户。这意味着要把时间和精力投入到如何雇用和训练员工上。过去，在美孚公司，那些销售公司产品，与客户打交道的一线员工被认为是公司里最无足轻重的人。现在，领导者认为自己最重要的工作就是支持这些一线员工，使他们能够把出色的服务和微笑传递给公司的客户，传递到公司以外，以吸引更多的回头客。

经过这一番学习之后，美孚公司的收入取得了前所未有的高速度增长，从此之后，加油站的平均年收入每年都增长了 10%。

追随成功者并不是一句空洞的口号，而是要学习对方的战略着重点，管理、运营等诸多方面的成功经验。在这方面，施乐公司和美孚公司都做得十分出色。它们向其他企业学习经验，改善产品、服务和工作流程等。面对竞争者，它们并没有采取回避或退却的态度，而是明确与直接竞争者相比的相对优势和劣势，进而提出并实施改进方案。追随成功者，最终的目的是超过他们。

赢家通吃，兼并不能留情

市场竞争十分激烈，兼并则是竞争的白热化。市场兼并的目的就是优势兼并，强强联合，借势上市，打造商业"航母"，把对手击垮，吃掉对手，让自己在市场中占据绝对的优势。在兼并过程中，如果心慈手软，对弱者同情，就必定会贻误大好战机，致使对方羽翼丰满，成为自己前进路上最大的威胁。对对手任何的姑息和纵容，就相当于自寻死路。因此，在惨烈的商战中，尤其在兼并的时候，就必须让自己的心肠变得狠一些，手段变得辣一些，对生意上的竞争对手，毫不留情，这样才能确立自己在市场上的强势地位。

1906年，林恩电气公司创始人吉姆斯·林恩决定挣更多的钱，他所想的办法是利用股市进行兼并。

林恩首先用现金购买了另一家电气工程公司，使林恩公司扩充了一倍，之后，公司的股票价格立刻扶摇直上。这时，林恩公司的股票在证券市场上稳定的声誉、日益看涨的行情，让其可以当作现金使用，而这样一来，林恩在购买其他公司时，就不必再动用现金兑现。于是，林恩又买下一家电子公司，改名为林恩电子公司，又收购了阿提克电子公司和迪姆柯电子公司。此时，这些新收购的公司的总营业额已高达1500万美元。

有了雄厚的资本作为后盾，林恩的胃口也越来越大。经过一番寻找，他的目光瞄准了休斯·福特股份有限公司。这是美国重要的飞机、导弹制造厂，因此也将是林恩一个强大的对手。一方面，林恩从证券市场公开收购；另一方面他则与公司一些股东私下议价交易，很快就取得了近40%的股权，成为休斯·福特公司最大的股东。这时，华尔街开始出现"集团企业"，"集团企业"的股票也成为当时最红的一种，而LTV（林恩-迪姆柯-沃特公司）股票更是其中的佼佼者。

林恩继续沿用股票兼并的绝招，不断地收购新的公司。为了让自己的企业王国更为壮大，林恩开始筹划吞并威尔逊公司。威尔逊公司是个庞大的集团企业，每年的营业额高达10亿美元，这个数字是LTV公司的两倍。野心勃勃的林恩竟想收购它，看上去实在太不自量力了，但这次林恩又得手了。原来，与同行相比，威尔逊公司的股票股价偏低。这是因为威尔逊公司做法传统，它既不大做广告，也不在股市上抬高股价。经过初步估算，林恩认为用 8000 万美元就足以控制该公司的股权。于是，林恩以 LTV 公司所持有的股票做抵押，从银行借贷 8000 万美元，买下了威尔逊公司的股票。从此，威尔逊成为 LTV 的一部分。但与此同时，LTV 公司却也因此背上了 8000 万美元的巨额债务。于是林恩又将大部分的债务转移到威尔逊公司的账下，使威尔逊公司变成了债务人。然后，又将威尔逊公司分成 3 个子公司，再让这 3 家公司独立发行各自的股票。这 3 家新公司的大部分股权属于 LTV，其余的向公众发售。发售新股所收到的股金，正好偿付了林恩从银行借贷的 8000 万美元。就这样，林恩几乎没花一分钱，就把庞大的威尔逊公司占为己有。这种令人叫绝的兼并高招令华尔街的同行自愧弗如。

英国壳牌石油公司创始人塞缪尔任伦敦市长之后，他的两个长期竞争对手——美国标准石油公司和荷兰皇家石油公司，对壳牌石油公司发动了收购攻势。

这两家公司一直对壳牌石油公司虎视眈眈。当初，标准石油公司就已经下了很大的决心，要把这个在世界各地市场都很危险的闯入者收买过来。为此，洛克菲勒标准石油公司的中间代理商和塞缪尔秘密接触，并表达了自己的想法。塞缪尔对此一笑置之。

几乎同时，荷兰皇家石油公司总裁达特汀也来找塞缪尔了，并直截了当地提出购买部分股份的要求，塞缪尔说："我是决不会出卖公司的股份的。不过，介绍您的雷恩曾提出，让我们和罗斯查联合起来，共同组成亚洲输出石油的贩卖公司，我们想邀请您参加。"达特汀一口答应下来。达特汀认为，要想对付美国的标准石油公司，必须要和英国的石油业联合起来。他先和壳牌石油公司联合，以便削弱标准石油公司的实力，然后将标准石油公司赶出欧亚市场。

但是，当塞缪尔市长任满，继续亲自经营他的公司之后，世界石油业的局面又有了很大的变化。当时，世界石油贸易开始衰退，标准石油公司和壳牌石油公司有了不同的境遇：标准石油公司不断削价以求生存，而壳牌石油公司的油轮却开始停航；标准石油公司在欧洲取得了新进展，而壳牌石油公司则被撵出了德国。事已至此，局面就不能以塞缪尔的意志为转移了。无奈之下，塞缪尔不得不以屈辱的条件，同达特汀讨论全面合并：两家合并而成为"皇家荷兰壳牌公司"，达特汀拥有新公司的 60% 股份，而塞缪尔只拥有 40%，总经理由达特汀担任。

合并后，新的石油巨人诞生了，并开始在新的起点上与美国争夺石油王国的金矿。1912 年，皇家荷兰壳牌公司在加利福尼亚等州先后设立子公司，直捣美国本土。几年以后，皇家荷兰壳牌公司所行销的石油，已经有一半是从美国本土上开采出来的。到了 1927 年，皇家荷兰壳牌公司把洛克菲勒的埃克森公司从"世界石油大王"的霸主地位上拉了下来。

由起初的股市弄潮儿成长为华尔街的风云人物，林恩不愧是股票大王。他不断地收购新公司来扩充自己的公司，而公司的股票像滚雪球一样迅速膨胀。正是因为看到了兼并所能带来的巨大利润，所以他才敢于、也愿意用这种方法来扩大自己的实力。同样地，塞缪尔所面临的问题是自己的优势不够明显，因此只有通过和对方的相互合作来壮大实力，这样才能做大做强。对于处于商场竞争中的经营者来说，兼并时绝不能手软。

三十六计乃是商战心法

商场上尔虞我诈，明争暗斗。一旦踏入商海，就要将自己培养成敏感、聪慧、成熟的善用计谋的人物，就必须掌握足够的智慧。同样处于竞争激烈的商场环境之中，有人步履维艰，寸步难行，有人一路凯歌，意气风发，其不同就在于如何施展自己的本领。《三十六计》是一部"谋略"大全，能够广泛运用在各个方面，其中就包括在商场中的运用，其中汇集的诸多谋略，对于处于商场之中的人们大有裨益，能够让我们在复杂多变的商战之中立于不败之地。"商战三十六计"，能使我们在商场上深谋远虑，进退自如，抓住一个个商机，成就自己的商业梦想。

约翰·皮尔庞特·摩根是美国近代金融史上最著名的金融巨头，他一生做了太多影响巨大的事情。善于把握机会是其成功的最重要原因之一。

摩根迅速崛起为金融寡头，主要得益于两次经济危机。1873 年，资本主义世界发生经济危机，美国深受危机的冲击，人们几乎每小时都听到公司宣布破产的消息，就连费城首屈一指、曾经在南北战争中帮助政府出售国库券而名声大振的投资银行——杰伊·库克公司也永远地关上了大门。在这样的险恶形势下，摩根却和英、美两国的其他几位大银行家联合起来，在 1871 年从库克手中夺过价值 2 亿美元的国库券，并把其中的大部分出售给外国投资者；1873 年，摩根及其合伙人又以同样的手段赢得 33 亿美元国库券的一半，在转卖的过程中，摩根大捞特捞了一把。就这样，摩根所经营的德雷克塞尔－摩根公司成为美国实力最雄厚的投资银行，控制了美国政府的债券市场，同时继续向欧洲抛出优惠证券。

1884 年的金融危机又进一步巩固了摩根的地位。自当年 11 月以来，美国财政部的黄金开始大量外流，市场上掀起了抢购黄金的风潮。格罗弗·克利夫兰总统不得不抛售美国证券换回黄金，但却致使国库告急，以致落到了几乎无力偿清债务的地步。

为了救济金库空虚带来的经济恐慌，政府必须立即筹集到一笔高达 1 亿美元的巨额资金。摩根已经知道，在这股抢购黄金的风潮之中，政府已经到了无计可施的地步，于是，他同另一金融巨头贝尔蒙商定，由他们两家银行组成一个辛迪加（垄断组织形式之一），由他们来负责承办黄金公债。这样一来，他们既可以解救国家财政危机，又可以获得高额利润。但是，他们所提出的条件却过于苛刻，致使美国国会并没有通过这个建议，总统也表示难以接受。

无奈之下，当时的财政部长卡利史尔计划发行 5000 万美元的公债，其余半数委托美国国内银行存款。但是由于正值经济恐慌，大小银行都自顾不暇，财政部长的呼吁不得不被束之高阁。接着，他又打算以超出面额 117 点的价值公开募集 5000 万美元公债，这一计划打破了投资金融界的惯例，也欺骗了投资银行，并重创和惹恼了摩根。在摩根的操纵下，当财政部长匆忙赶赴纽约召集银行家寻求帮助时，却遭到了白眼，因为他没有接受摩根提出的谈判条件：要么认购全部公债，要么完全拒绝认购。

克利夫兰总统不得已再次召摩根进入白宫，互相摊牌。当摩根知道国库存金只剩下 900 万美元时，更是坚持自己的条件，并胸有成竹地说："总统先生，除了我和罗斯查尔组成辛迪加，使伦敦的黄金重新流入国内外，似乎没有第二种办法来解救陷于破产状况的国库了。现在，我手头就有一张 1200 万美元的支票没有兑现，若是今天将这张支票兑现了，一切就都完了，要不要我在这里拍电报，现在立刻汇到伦敦去呢？"

在摩根的威胁下，克利夫兰总统频繁地以去洗手间为名，去和正在另一房间等候的财政部长卡利史尔商量对策。摩根很清楚，若不使出硬的一手来，白宫就不会轻易就范。因此，在接下来和总统面谈时，也就单刀直入，步步紧逼，甚至还故意吸起了总统讨厌的雪茄烟，悠闲地等待着对方做出让步。结果，总统不得不答应摩根提出的条件，白宫在华尔街面前甘拜下风。当夜，摩根就取出大量美元借给财政部，帮助财政部渡过了难关，而他在向政府承包的公债价格与市场差价中净赚了 1200 万美元，并且还安排了一项国际协议，在公债发行结束前，不用美元兑换英镑，也不购买美国的黄金，这项协议大大冲击了《谢尔曼反托拉斯法》。

企业经营者离不开谈判，而谈判的特征之一是对抗性，谈判双方都希望赢得胜利，千方百计争夺利益。谈判者要想达到预期目的，须真正了解对方的情况。在商战中，趁火打劫的谈判高手当首推摩根。摩根与总统谈判，探知国库存款甚少，陷入了危机，便趁火打劫，逼得总统不得不答应他的苛刻条件，从而获得谈判成功，并从中赚了大钱。

19世纪四五十年代，我国钢笔市场曾长期被"派克笔"占领。当时，派克公司生产的钢笔最负盛名，又有新品种"自来水笔"推出，此时正是派克公司发展的高峰期。后来，匈牙利的贝罗兄弟发明了圆珠笔，逐渐打破了派克公司一统市场的局面。由于圆珠笔实用、方便、廉价，一问世受到了广大消费者的热烈欢迎，派克钢笔生产大受打击，公司业务也一落千丈，濒临破产。

经过仔细研究，派克公司欧洲高级主管马科利认为，派克公司在与圆珠笔进行市场争夺战中犯了致命的错误，不是以己之长，攻人所短，反而是以己之短，攻人所长。于是，他筹集了足够的资金，买下了濒临破产的派克公司，接着立即着手重新塑造派克钢笔的形象，突出其高雅、精美和耐用的特点，使它从一般大众化的实用品成为一种显示高贵社会地位的象征。从这样的战略思想出发，马科利采取了两项最主要的措施。首先，削减了派克钢笔的产量，同时将原来的销售价提高了30％。其次加强宣传提高以派克钢笔作为社会地位象征物品的知名度。英国女王是英联邦的元首，其所用物品无不显示其地位的高贵。马科利深知这一点，他再三努力，让派克钢笔获得了伊丽莎白二世所用笔的资格。经过努力之后，马科利的战略目标实现了。1989年，派克钢笔又一次提高了售价，也得到了巨额利润。

任何产品和企业都有它的成长期、成熟期和衰落期。在走向衰落期间，抓住时机，充分利用一切有利条件，进行大胆投资，借用"借尸还魂"术，产品和企业就会得以新生，往往能收到事半功倍之奇效，这一谋略，很值得企业经营者在企业投资决策中借鉴。尽管以实用为标志的派克钢笔没落了，但新的派克钢笔却以炫耀、装饰为标志的形式还魂了，派克公司也得以新生。

1993年8月，我国某进出口公司从国外进口200万吨DW产品。对方延期交货使该公司失去几次展销良机，使公司蒙受了不小的经济损失。但是我方考虑到该产品质优价廉，颇受消费者欢迎，各大厂家竞相订货，自己通过经营该商品也获利颇丰，因此，为了双方长久友好的贸易往来，并未对外商提出制裁。

此后不久，DW产品在国内供不应求，该公司进一步同外商洽谈。为了降低进口商品的采购成本，提高公司的盈利水平，该公司想要向对方提出降低价格10%的要求。不过，他们当然知道，国际市场并未发生变化，如果在双方谈判一开始就提出降价要求，对方肯定会加以拒绝，因此必须采用一定的谈判技巧，迫使其答应。

经过研究，该公司找到了问题的突破口。谈判刚开始，该公司就在上次那200万吨货物延期交货一事上大做文章。对方听后，以为该公司会提出索赔要求，忙不迭地对延期交货问题加以解释，诚惶诚恐地大表歉意。接着，看着时机已成熟，该公司便乘机提出削价的要求，明确指出希望上次延期交易的损失，能通过这次减价10%来弥补。对方无奈，只好表示同意。接着，我方又乘胜追击，提出由原来预订的200万吨增加到500万吨，对方也答应了。谈判圆满成功。

"围魏救赵"的"围"是手段，"救"才是目的，要达到"救"的目的，就要分散对方注意力。商业谈判中，成功地运用此计，要注意积蓄力量，等待时机，避免"明火执仗"，过早地暴露自己。老练的谈判者在谈判中常常避免就自己真正关心的问题进行强攻，而是指左趋右，绕道迂回前进，使对方顾此失彼，首尾不能相接，最终不得不妥协。我国公司谈判者正是巧妙地运用了"围魏救赵"之计，使谈判一举成功，达到了预期的目的。

咬紧对手的弱点不放

商业竞争并不是简单的经济实力之间的竞争，还需要使用一定的谋略。任何人都有自己的弱点和短处，抓刀要抓刀柄，制人要拿把柄。在和对手竞争的时候，要学会在对手身上发现弱点，在对方最重要的地方下手，在对方最害怕的地方下刀，充分利用这一点来作为突破口，这样就能轻易地战胜对手。在商战中，敌我双方总是尽可能地发挥自己的长处，攻击对方的短处，谁发挥得好，攻击得准确，谁就会获胜。当然，反过来说，我们也要防止别人这么做。避开自己的短处，充分在长项上发展自己，这样才能在竞争中获胜。

诹访精工是第二次世界大战后崛起的日本制表企业。1960 年 5 月，诹访精工兼并了当地的大和工业，实力大增，他们推出的"马贝尔"牌钟表也在国内钟表行业精确度竞赛中连续 3 年获得优胜，并成为全日本最畅销的钟表商品之一。至此，诹访精工已在日本崛起，成为日本钟表行业的领头羊，并且开始向钟表王国——瑞士发起挑战。

瑞士是老牌的钟表王国。谈到钟表仪器，人们第一个联想到的准是瑞士。在很长时间里，瑞士是全世界钟表行业当之无愧的"大哥大"。但进入20 世纪后半期，世界政局基本稳定，钟表行业发展迅速，一些新生的实力派企业不断崛起，渐渐威胁瑞士钟表王国的地位。

欧米茄是驰名全球的瑞士名牌钟表。1964 年东京第 18 届奥运会之前的历届奥运会，都使用欧米茄计时钟表，创下了 17 次独占计时权的辉煌历史。在东京举办奥运会的消息传出后，野心很大的精工企业已经不能容忍欧米茄独占东京奥运会的计时权，决心要利用这次有利时机同欧米茄一比高低，使精工成为日本的骄傲。早在慕尼黑奥运会期间，精工企业为了摸清瑞士欧米茄的详情，派出考察队前往瑞士考察情况。经过考察，他们发现，瑞士表是靠钟表调整师的技术取胜。调整师谙熟机械表的性能，对调整机械表的温度差、姿势差等整合误差有着世界最高的技术水平。在这一点上，日本人的确自叹不如。但是这并不意味着他们没有弱点。欧米茄的计时装置几乎都是机械式钟表，只有几部是石英表而且还都笨重不堪——这正是他们的致命弱点。因为从振动的正确性来说，机械表根本无法跟石英表相比。只要拥有耐震的能力，石英表计时并不受温度等变化的影响，能达到准确无误的程度。通过这次考察，精工决定针对瑞士钟表的薄弱环节——石英表加以突破。

在东京奥运会的前一年，在瑞士纳沙泰尔天文台举办的世界钟表竞赛上，精工石英表就参加了比赛，同瑞士大哥一较高下。比赛结果是，瑞士表囊括前9名，日本诹访精工舍的石英表951仅排列第10、11、12名。这个结果令瑞士人感到非常满意，他们对自己独步世界的钟表再次欢呼。然而，对于这样的比赛结果，诹访精工舍的科技人员也同样感到非常振奋，因为第一次参加比赛就有这么好的开端，这意味着他们所选择的道路是正确的。

精工企业集团在取得了东京奥运会计时权后，调集下属3家公司的20多名技术精英组成计时装置的开发队伍，派出了3000多名技术人员，耗资30亿日元，策划了日本精工走向世界的重大方案。很快地，一项旨在开发未来钟表的研究计划形成了，他们将这次研究革新命名为"59A计划"。这项计划的核心就是进行石英钟表的研究。一场威胁钟表王国地位的科技挑战正在日本的诹访精工舍秘密地进行了。

精工表果然不负众望，在东京奥运会上大出风头。在东京奥运会的各个比赛项目中，都以精工表计时。当来自非洲的运动员阿贝贝在马拉松比赛中飞奔过终点时，精工瞬间数字跑表立即定格，正确地指着2、12、11、2——阿贝贝以2小时12分11秒2创造了奥运会马拉松赛的最好成绩。而那块在赛程中时刻追踪阿贝贝的数字跑表就是精工发明的、世界上最早的干电池驱动便携式石英表，平均日差仅0.2秒。如此高精确度的精工表在东京奥运会上亮相，令同行们刮目相看。精工表不仅映入百万现场观众的脑际，而且世界各地亿万观众都通过电视屏幕认识了精工表。而欧米茄未能再一展风采，悄然隐退，其气大消。

日本精工企业的崛起，使昔日的钟表王国瑞士吃惊非小。这时，瑞士国内的欧米茄、浪琴等名牌企业开始警戒。而日本精工则乘胜追击：当1968年精工表再次参加纽纳沙泰尔天文台的钟表比赛时，15块精工石英表的参赛成绩让世人大跌眼镜：瑞士表都排在了日本精工表之后。在这一沉重的打击下，瑞士厂商忧心忡忡，坐立不安，直到第二年才将得分表寄往日本，没有公开名次，并宣布从此停止纳沙泰尔天文台的钟表竞赛。这次精工取得大捷，同时也意味着有着百余年辉煌历史的瑞士表的黄金时代彻底结束。

纳沙泰尔天文台的失败，让瑞士人脸上无光，为了有朝一日能夺回失去的自信和荣誉，瑞士庞大的科研力量展开了提高石英钟表精确度的攻坚战。为了在来年的竞赛中重登冠军宝座，瑞士拨出了大量资金。他们的努力在日内瓦比赛中收到了成效：瑞士石英钟表独占了前3名，这使他们挽回了面子。然而，尽管他们似乎已经从惨败中逃出，但却又同时步入了另一个误区。他们制造的是越来越复杂的高水平的比赛专用石英表，是以获取竞赛胜利为唯一目标的，却离商品化越来越远了。竞赛和商品化，在这两种截然不同的认识上所做出的抉择，将极其深刻地改变未来世界的钟表市场，并将彻底改变一国在未来国际钟表竞争中的地位和力量。

这时诹访精工却在商品化这个领域进展神速，在大众化进程中取得了惊人的成功。到后来，诹访精工在这些技术上游刃有余的时候，瑞士和诹访精工的差别就决定了两者在世界市场上的竞争地位和力量对比。日本人在大赛中获得的知名度起到了为产品的大规模生产和走向市场鸣锣开道的作用。经过不断的技术改进和创新，诹访精工在石英表技术方面独领风骚，在市场上则所向披靡，盛销不衰。精工进入了强盛时期，在国际市场上已经势不可挡。

后来，精工表强行在瑞士表占统治地位的欧洲登陆。他们利用其质高价廉的优势，加上销售网点的支持，很快就占领了瑞典市场。紧接着，精工进军希腊和法德市场，将瑞士名牌表逼得步步后退。与此同时，精工还为欧洲的许多运动会免费提供计时钟表，以大造声势，树立威望。借助一次次的公关活动，精工表又占据了英国市场和美国市场。此时，瑞士钟表王国彻底失去统治地位了。

日本诹访精工是商战的高手。他们善于避实击虚，将目标转向瑞士的薄弱环节，步步紧逼，最后导致了瑞士钟表的没落。在滚滚向前的市场大潮中，身处其中的任何一家企业都不容许自我陶醉，要想成为弄潮儿，时刻需要敏锐的市场眼光，超前的市场战略，抓紧每一个弱点，给予竞争对手致命一击。同时，也要注意自己不要有太大的弱点，瑞士钟表商就是因为没有注意到钟表市场的大趋势——石英钟表将成为钟表市场的主流，因此自然地将市场领导者的地位拱手相让。

以快打慢，先人一步占市场

在商业竞争中，时间就是效率，时间就是生命，一旦落后于人，就会面临失败的危险。在商业经营中，如果能够领先一步，开发出一种新产品，就能控制住有利局面，保持垄断性的地位。主动权意味着过人一等的战略头脑，必然会带来辉煌的胜利。经营者只有紧紧跟随时代潮流，及时调整经营思路，以超前的意识做出明智的选择，才能使自己长久地在竞争中拥有主动权，趋利避害，在新的领域不断取得新的胜利。即便是那些暂时很弱小的企业，只要在一定的领域内掌握主动权，以快打慢，也能化劣势为优势，改变弱小的不利现状，让自己的经营更加灵活、更有成效。

微软创始人比尔·盖茨曾经指出，在电脑软件竞争激烈的市场中，如果你一打盹，那么成功的机会转瞬即逝。因此，每当公司处于重大危机关头，他总是能抢在别人前面，断然出击，获得了成功。

1982 年，新成立的莲花软件公司推出了"莲花 1-2-3"软件，将为那些不能使用电子表格的客户提供帮助，推出之后，广受市场好评。面对这一挑战，1983 年 9 月，盖茨把微软最高决策人物和软件专家召集到西雅图的汇狮宾馆，开了整整 3 天的秘密会议。会议的宗旨，就是尽快推出世界上最高速的电子表格软件，这一计划称为"多元计划"。年轻的工程师克朗德主动提出负责这套软件的设计。从不论资排辈的盖茨，将机会给了克朗德。

他们在会议上透彻地分析和比较了"莲花1-2-3"和"多元计划"的优劣，议定了新的电子表格软件的规格和应具备的特性。从最后确定的名字"超越"中，谁都能看出盖茨设计这套电子表格软件的意图。

但是，事情发展得出乎人们意料。1984年元旦，苹果公司推出了以独有的图形"窗口"为用户界面的个人电脑，乔布斯将其命名为"麦金塔"。相比较盖茨的IBMPC个人电脑来说，"麦金塔"具有更加友好的用户界面，因此更受市场的欢迎。而这时，克朗德和他领导的程序设计师们经过几个月的埋头苦干，已经使"超越"电子表格软件初现雏形。但是盖茨却正式通知克朗德放弃IBMPC个人电脑"超越"软件的开发，转向为苹果公司"麦金塔"开发同样的软件。

而此时的莲花公司在"莲花1-2-3"的基础上乘势推出了"交响乐"软件，拼装了文字处理和通讯、表、库、图，五位一体，堪称集成软件文字大全。它也正为"麦金塔"电脑开发软件，名为"爵士乐"。形势空前严峻，为了进一步抢占市场，盖茨加快了"超越"的研制步伐，抢在"爵士乐"之前吹响"超越"的号角。1985年5月的一天，盖茨一行来到纽约举行"超越"新闻发布会，乔布斯亲临现场讲话以示支持。此后，苹果公司的麦金塔电脑大量配置了"超越"软件。这无疑是一次"天作之合"，而莲花公司的"爵士乐"却慢了5个星期，正是这5个星期决定了它失败的命运。到1987年时，市场报告表明："超越"以89%的市场份额，远远超过了"爵士乐"6%的市场份额。

金·坎普·吉列的美国公司以生产男性剃须刀为主，在世界市场上占有相当大的份额，世界上约有一半的男人在使用他的产品，使他收获了巨额利润。

但是吉列的创业之路却很不顺利。他从16岁失学开始走入社会谋生，一直到40岁为止，都是一个四处奔波的小推销员，其辛苦可想而知。他自己也一直在不断地寻找机会，后来，他发现男人使用的剃须刀很不方便，便灵机一动，想要发明一种很好使用的新型剃须刀。吉列立刻开始行动，潜心地待在家研制起他的刀片来。经过日夜努力，他的新型剃须刀终于发明成功了。1901 年，吉列终于结束了他 24 年推销员的生涯，创建了吉列保险剃刀公司。

1902 年，吉列终于开始批量生产自己研制出来的新型剃须刀。可没想到，在一年的时间里，这种产品总共才销出刀架 51 个、刀片 168 片。对这样的销量，吉列一度百思不得其解。后来，他经过反复的思考，找到新型剃须刀滞销的症结之后，采取了两个步骤：一是把新型剃须刀作为一种"用完即扔"的产品来看待，这在当时是一种全新的思路。二是凡是购买新型剃须刀的，一律免费赠送刀柄。这两项措施推出后，公司的销售额果然直线上升。同时，通过大量有效的广告宣传，吉列一步步打开了新型剃须刀的消费市场。经过 8 年的市场推销和从不间断的广告宣传，吉列的安全剃须刀终于在美国广大消费者心中占据了一席之地。

正当吉列信心倍增，准备进一步扩大生产规模和拓宽销售市场的时候，第一次世界大战爆发了，美国是参战国之一。为了向世人展示美国军队的整齐与威严，美国政府特别重视士兵的军容和仪表，而整理仪表，士兵们就需要剃须刀，而传统的剃须刀携带很不方便，还常常让人刮破脸。吉列抓住这个大好时机，和政府达成协议，以特别优惠的价格大批量向政府提供安全剃须刀，通过政府发给每一位士兵。吉列的这一抢占先机的举动不仅成倍地增加了公司产品的销售量，更重要的是固定了特定和潜在的消费群。战争期间，士兵们保持着刮胡须的习惯，战争结束后，他们将这种习惯带回国内，影响着周围的人，使用新型剃须刀的人越传越多，吉列剃须刀对人们生活产生的影响也就越来越大。

战后，美国工商业发展呈现一派繁荣的景象。各大商店为招徕顾客、引起消费者好感，纷纷向顾客赠送礼物，礼物多为一些小礼品、小饰物等。这逐渐形成一种风气。吉列又以商人特有的敏锐目光，率先抓住这一有利商机，在各报刊上大做广告，把新型剃须刀当作最佳赠品来宣传。当人们纷纷向商店询问这种赠品的时候，吉列就乘机把剃须刀以低廉的价格批发给商店，得到赠品的人们也就成为吉列的潜在顾客，因为他们还需要不断地购买刀片来替换。

此后，在吉列已经创立100多年的历史中，吉列始终注意抢占市场先机，先发制人，它们还陆续开创了许许多多的行业第一：剃须刀架（1946年）、双刀剃须刀（1971年）、旋转头剃须刀（1977年）、弹簧剃须刀（1990年）以及"锋速3"剃须刀。2004年12月，吉列公布其最新的剃刀——女用Venus Vibrance剃刀。直到今天，吉列依然在不断地推陈出新，不失时机地抢占其他市场。现在，吉列已经不单单生产剃须刀，而是生产个人家庭用品系列产品，不论男女，无分老幼，都是它的目标顾客，但作为吉列最重要的产品，剃须刀带来的赢利是无法估算的。

市场瞬息万变，最具有现代产品性质的电脑软件更是一种时间性极强的产品，谁能尽快地把握形势，抢占先机，谁就是胜利者。微软之所以能够发展如此迅速，在很大程度上就是事事为人先的结果。剃须刀尽管是小产品，但是市场却很广大。吉列在世界经营剃须刀片的过程中能够坚持产品创新的决策，屡屡抢占先机，先发制人，其成功自然也是顺理成章的。

第十四章

男人不"坏"，女人不爱：
捅破"不好意思"的窗户纸

借鉴《恋爱兵法》，爱到深处不妨"趁火打劫"

恋爱中最痛苦的莫过于单相思，喜欢你的人，你不喜欢；你喜欢的人，不喜欢你。正所谓"强扭的瓜不甜"。恋爱是两个人的事，勉强的感情不会幸福，只会造成彼此之间的折磨和痛苦。生活中有太多的不完美和无奈。每当我们情到深处，爱一个人爱到疯狂的时候，上苍似乎总喜欢捉弄我们，难道"爱"的温度是零？"爱"不能温暖和融化对方的心吗？喜欢一个人最后却只能远远地望着他（她）吗？

爱是没有先后，没有对错的。爱是勇敢的争取而不是卑怯的放弃。所以，要想抓住喜欢的人的心，首先要学会"趁火打劫"。

"趁火打劫"的原意是，趁人家家里失火，一片混乱，无暇顾及的时候去抢人家的东西，趁机捞一把。所以，趁火打劫的行为一直为人们所不齿。因为乘人之危毕竟显得不太光明，非君子之道。但是，在爱情的战争里是指，当对方在最失意、最痛苦的时候，送上你的温暖，最容易打动对方的心。因为，在一个人最脆弱的时候，如果有人陪着他（她），他（她）会感到异常温暖和欣慰，会因此敞开自己的心扉，甚至把你当成自己人，拉近彼此之间的心理距离。

在爱情中，要了解对方的所需，在他（她）最需要的时刻送上自己的帮助，但一定要心存善意和真诚，否则会弄巧成拙，引火烧身。此外还要把握住"打劫"的度，千万不要让这个本来是联络感情的好时机，变成对方厌烦你的时刻。

在《恋爱兵法》这部电视剧中，王文清和金正浩之间的"爱情战争"，就经常采用"趁火打劫"这一招。王文清要负责欧阳明明的行程宣传，而金正浩要负责公司的管理，两人都有难以分担给其他人的责任，也有因为工作而焦头烂额的时候。所以，这时采用"趁火打劫"的一方往往能收到奇效，捕获自己的爱情。

在电影《乱世佳人》中，白瑞德先生为什么坐在牢房里就能等到思嘉这位佳人自动送上门来？靠的就是这招"趁火打劫"。凭借着对大局的准确把握，他在亚特兰大几次架着马车，载着佳人冲出熊熊大火，然后在远处火光的映衬下向心上人索吻的举动，确实是当之无愧的"趁火打劫"。

"亲爱的，我爱你，所以为你挨骂、玩绑票、装阅读障碍，甚至差点牺牲了可怜的企鹅朋友，即使你第二天就忘得一干二净，我也依然焦头烂额地日复一日——我打劫了你的爱，你偷取了我的心。"此情此景，心爱的他（她）能不跟你走天涯吗？

人是有感情的动物，或许很多人习惯冰封着自己的心，总是一副拒人于千里之外的样子，让人无法靠近。但其实，他（她）一直在等待一份能温暖自己心的"爱"。

我们要学会"趁火打劫"。在最恰当的时刻，最恰当的关头，用最合适的尺度进行"打劫"，这样才能"劫"得自己的"爱"。

甜言蜜语不妨多说一点，爱情才不会枯萎

有这样一些夫妻：婚后很少甜言蜜语；从不向对方认错；两人从不讨论夫妻生活问题；很少去想对方需要什么物品；常常觉得夫妻聊天是浪费时间；喜欢一个人做事，不愿意与伴侣商量；认为取悦对方是庸俗的；搞不清伴侣对自己的感情如何；一方做了件自以为得意的事，对方却不以为然；遇到矛盾或问题，夫妻俩经常生闷气；有些事心里很不满，可又怕说出来伤了夫妻感情；不知道另一半对自己哪方面不满意；伴侣生气时，常常置之不理；一方谈论想法时，另一方往往心不在焉；两人在一起时，常常觉得无聊；很少去探究对方为什么总是情绪不好。如果婚姻生活中有上述表现，就会在"沉默"中埋下隐患，必须予以高度重视。要知道，爱不仅应该在心里，更应该说出来。

雷是正宗的北方汉子，脾气憨厚，不拘小节，不懂怜香惜玉、温柔体贴，但他事业心强，办事干脆果断。妻子英是典型的南方人，知识女性，书香门第出身，性格温柔矜持，不喜欢张扬。当年，她正是为雷独特的个性所吸引，才当了他的爱的"俘虏"。

雷是一个不甘平庸的人。20世纪90年代初，改革大潮汹涌之时，他毅然从机关单位辞职南下投身商场，当起了私人企业的老板，成了地地道道的生意人。正当他的事业方兴未艾之时，他认识了温柔可人的英，二人喜结良缘。

结婚之初，雷与英双宿双栖，比翼齐飞，好不恩爱。雷虽然不擅长用甜言蜜语哄妻子，但他总是会将他在生活与工作中遇到的许多事情栩栩如生地讲给妻子听。虽然在他眼里，这些纯属废话，讲了妻子也未必听得懂，但他非常满足于妻子依偎在他怀里，竖起耳朵，细细聆听的那副娇态。那一刻，

他觉得自己就是妻子的天，为她遮风挡雨，避灾驱祸。于是，枕畔蜜语间，喁喁私语时，都成了他们小两口最幸福的时刻。

可是，随着雷的事业日渐发展壮大，那种甜蜜时光已渐渐远去。雷开始成年累月地奔波于生意场，每次回家总是来去匆匆，几乎没有时间和精力陪妻子。他们再也没有那种两情相依的时刻了，两人每日的对话屈指可数。

英对于丈夫这种把家当作旅馆的生活方式很不满意，她需要家庭的温馨与慰藉，更需要丈夫的体贴与温存。她怀念新婚时光，这种旅馆式的家是残缺的，令她难以忍受。起初，她总是劝说丈夫："我知道你很忙，但是再忙，能不能在家里多待一天半天呢？那些可参加可不参加的事情能不能推掉呢？你的家中有妻子、有孩子，我们可都时刻盼着你回来呢！"

但是，雷对妻子的这些劝说却总是不以为然，嘿嘿一笑之后，依然我行我素，终日沉浸于商海之中。

这样的情况让英忍无可忍，她觉得这样下去，家不再像家。她痛苦极了，原本温柔、不愿张扬的她突然泼辣、厉害了起来，更有一次借机和丈夫激烈地吵了一架。

她大声哭骂着，骂丈夫是个不懂感情生活的冷血动物，骂丈夫根本不理解什么叫婚姻，不知道什么叫生活，责问丈夫是否能体味到一个女人每晚独守空房，等待一个不知归期的人归来的滋味。她斥骂丈夫："你简直是个文盲！你应该去请教请教字典，看看孤独、寂寞、忧郁是什么意思！你的妻子就快有精神病了，你却只知道赚钱做生意！"

没想到这一吵反而把雷吵得幡然醒悟，从此"痛改前非"，经常待在家里，陪在妻子身边，与她谈天，聊聊家常琐事，他对家越来越眷恋。英看到丈夫"深刻"的变化，心里十分欣慰，对丈夫更加温柔体贴，对丈夫的事业更是热心支持和帮助，两个人的婚姻生活重归和谐美满。

据心理学家测定，世界上最孤独的人，是那些仅有肉体接触而没有感情交流的夫妇。可见，感情的阻隔对婚姻关系的破坏有多么大！

　　细心的丈夫们稍稍留心一下便会发现,恩爱夫妻无不善于运用各自不同的方式来向对方表达爱意,这种感情的沟通便是婚后夫妻感情不断深化的根本保证。许多夫妻对此颇有招数。

　　结婚以后,大多数做丈夫的只是用行动来表达对妻子的体贴、关怀和爱慕,而很少说一句"我爱你"。固然,行为沟通在已形成高度默契的夫妻中可以传递比语言更丰富的信息,但这样的夫妻毕竟是太难得了。特别是对于尚处于调适阶段的年轻夫妻,由于行为所包含的信息过于丰富,对方不一定都能感受得到。因此,用语言表露情感是十分必要的。

　　此外,对言语沟通如果过分压抑,可能会导致情感交流的彻底阻隔。当双方只习惯于程式化的日常生活时,便会觉得对方没有感情需要了,于是便更加压抑自己的情感,如此恶性循环,最终便真的冷漠了。

　　与妻子保持情感交流渠道的畅通,是聪明丈夫"对付"妻子的很关键的一招。在妻子生日或其他有纪念意义的日子,向妻子献一束鲜花或其他小礼物,在与妻子单独相处时向妻子说一声"我爱你",对想永远关爱、照顾妻子的丈夫来讲,这永远不是多余的。

男人要会"哄",女人要会"柔"

　　妻子哭着对丈夫说:"又要出差,好,我不拦你。你把你的宝贝儿子抱着一起出差去!你倒轻松,拍拍屁股,走了!把家里的事扔给了我,我受够了!你一年到头不在家,家里什么也不管,让我母兼父职,既当娘来又当爹。我这是有男人还是没有男人?别人为什么不必这样?就你一个人受器重?我好命苦,谁知道我好命苦哇!"

　　丈夫说:"乖,求求你,别哭了,我的好太太。你的苦,我都知道。我常对人说,我有个好妻子,别人没得比。谁的妻子有你那么贤惠,那么漂亮,那么温柔,那么洁身自爱!"

妻子："喂！别给我灌迷汤，想把我灌糊涂了，你好走人哇？"

丈夫："我发誓！我要是骗你，罚我四条腿在地上爬，就这样爬，这样爬……"

妻子终于破涕为笑。

丈夫："我这回出差，给你带一条巴黎绸的长裙，保证让所有的女人看了都眼红，既羡慕又嫉妒！"

妻子："要粉红色带金线的。"

丈夫："车要开了。"

妻子："冰箱里那几个苹果带着路上吃。少喝酒，少抽烟！"

这就是最高级的"哄"。

夫妻相处，就需要把"哄"当润滑剂。一"哄"值千金，那些尝过"哄"字甜头的丈夫，一定深刻体会了其中的妙处。

"哄"字常和"骗"字连在一起用，就成了一个贬义词。其实，家庭生活中离不开这个"哄"字，比如，孩子被"哄"得睡着了。并非只有孩子才需要"哄"，大人也一样，特别是女人。懂得了这一点，做丈夫的就应该学会"哄"妻子，且要"哄"得得体而有技巧。倘能如此，你一定会收到意想不到的效果。

一位年轻的编辑策划、编撰了几本畅销书，事业正如日中天，只是稍不注意，就冷落了带着孩子的爱妻。早过了晚餐时间，他才回家。妻子自然不高兴，话也就越说越气："你到现在才回来，你以为这是旅馆啊？再说了，旅馆还有个'旅客须知'呢，你倒好，甩手一身轻，把做饭、带孩子的事都推给我了！别忘了，我要的是丈夫！要当主编你就别再进这个家门！"

"主编"先生没生气，走过去抱住妻子，温和地说："别生气，亲爱的。我拼命工作，还不是为了你和孩子？我知道你很爱我、关心我，也想让我时时跟在你身边，陪你去逛公园、跳舞、看电影，我又何尝不想呢？我实在是太忙了。好了，好了，你的火也发了，该消消气儿了。星期天，我就陪你们娘儿俩去划船、坐碰碰车，请你们吃自助餐，好不好？"

这时，妻子转怒为喜。她故意推开丈夫的手，娇嗔地说："你呀！真拿你没办法！"

的确，"哄"是夫妻间爱的蜜汁。"哄"还是润滑剂，既能防锈，又能减少摩擦，降低噪音，减少损耗。做丈夫的，学一学"哄"的艺术吧！它会使你的家庭生活更愉快，夫妻关系更融洽。

男人会哄妻，女人就应该会温柔。

许多女人过分地注意自己的装扮和衣饰，反而忘了表现出内心的温柔。学习过怎样赢得丈夫的欢心艺术的女人，就不必担心在失去迷人的青春和姣好的身材之后，把握不住丈夫的心。

著名作家哈代曾经写过，在新西兰某处的墓地里有一块陈旧的墓碑，上面刻着一个女人的名字和一些文字："她是多么温柔可爱。"

这位哀伤的丈夫，把这些字刻在他妻子的墓碑上，想必一定拥有数不尽的幸福回忆：当他回家的时候，有妻子微笑的面容在等候着他，热腾腾的饭菜摆在桌上，说一句陈旧的小笑话也会有人附和着大笑，家庭永远充满爱意与舒适地等着他回来。

做个温柔可爱的女人，以及有个成功的丈夫，这两件事是很有关联的。男人的妻子如果能够使他快乐幸福，他就会有更多的机会获得事业的成功。

令人惊讶的是，许多深爱着自己丈夫的女人，却不知道如何使丈夫得到快乐和幸福。女人的内心虽然怀着天底下最深的爱意，却做着一些错事：应该让丈夫出门的时候，仍然紧缠着他不放；应该静静听丈夫说话的时候，却喋喋不休；管理起家庭来又像是个军训教官。

虽然要讨男人的欢心并不是很困难，但是起码要像准备办一次舞会那样，机灵、动脑筋与肯努力——只是不必像参加舞会的女人那样花费那么多的时间去装扮自己。这不是说，我们不必尽量使外表显得更迷人，而是说我们在注意自己的装扮和衣饰的同时，还要表现出内心的温柔。

想要使一个男人快乐幸福，只需使他感到舒适，以及让他按自己的意愿去做他必须去做的事，这样就可以了。我们都应该了解，只要使他快乐幸福，就等于为他在社会上获取成功做了最大的贡献。在 40 或 50 年以后，他会说："她是多么温柔可爱。"

消除陌生感，缩短与她的心理距离

一个聪明的男人，在与陌生女人相处时，必须在缩短距离上下功夫，力求在短时间内彼此多一些了解，从而消除陌生感，在感情上融洽起来。

你有没有过这样的经验，当你在百货公司买衬衫或领带时，女店员总是会说："我替你量一下尺寸吧！"其实，她们这样也是为了缩短与你的心理距离。因为对方要替你量尺寸时，她的身体势必会接近你，有时会接近到只有情侣之间才可能有的极近距离。

当然，这里并不是说要你对一个陌生女人"动手动脚"。你可以通过言语上的一些技巧，消除与她的陌生感，让她觉得你们好像早就认识了，从而对你有一种"自己人"的感觉。

在与陌生女人交往的过程中，要缩短与她们的心理距离，通常有以下几种方法：

1. 理解对方，投其所好

在和陌生女人交往之前，尽量对其性格、兴趣和爱好等有一个全面的了解，以便在相处的过程中理解对方。在交谈中，尽快找出对方的兴趣所在，投其所好，把话题集中在对方身上，她自然会视你为知己。

2. 寻找共同点，把握交往度

在与陌生女人交往时，要坚持求同存异的原则，在交流中多寻求双方在兴趣和爱好方面的共同点。另一方面，还要避免犯交浅言深的毛病。刚开始与她们交谈时，不可要求彼此有深入的沟通，而要逐步深入，否则她们会觉得你这个人非常浅薄。

3. 看准时机，适时切入

看准情势，不放过应当说话的机会，适时插入交谈，适时地"自我表现"，能让对方充分了解自己。

交谈是双方面的，光了解对方，不让对方了解自己，难以深谈。陌生女人如能从你切入式的谈话中获取教益，双方会更亲近。适时切入，能把你的知识主动有效地献给对方，实际上符合"互补"的原则，奠定了"情投意合"的基础。

4. 借用媒介，缩短距离

寻找自己与陌生女人之间的媒介物，以此找出共同语言，缩短双方之间的距离。如见一个陌生女人手里拿着一个款式新颖的包，便可问："这个包真漂亮，是在哪里买的……"总之，对女人的一切显出浓厚的兴趣，通过媒介物引发她们表露自我，交谈便能顺利进行。

5. 谈话留有余地

在与女人说话的时候，不要总是自己一个人侃侃而谈，要多留一些空缺让对方接口，使对方感到双方的心是相通的，交谈是和谐的，便可以缩短距离。

6. 多用赞美，让女人开心

对于赞美，女人永远不会嫌多。一般来说，赞美分两种，有直接赞美和间接赞美。直接赞美要诚恳、热情；间接赞美要有分寸，注意赞美一定要自然，恰到好处。一定要分场合，不然你的赞美会适得其反。

7. 保持微笑

在女人面前，千万别忘记保持微笑，这样可以给女人一种和蔼可亲的印象，使她们觉得你和她们交往是热情而诚恳的。不可自以为是、心高气傲，应当诚心诚意与对方交谈、交流。

8. 培养幽默感

在女人眼里，幽默感是男人的一大优点。因此，在适当的时候讲一个笑话，不但能缓解紧张的情绪，而且会增添愉快的气氛。

9. 注意谈吐与风度

不可故作惊人，搬弄是非，到处讲别人的隐私。

与陌生女人相处要摆正自己的姿态，调整自己的策略，既不能狂傲放肆，也不能卑微拘谨，这样才能收到彼此共融的效果。

10. 留心倾听

在女人面前，你必须记住这一点：你对她们好奇，她们也对你好奇，你能增加她们的生活情趣，她们也能增加你的生活情趣。因此，仔细倾听，积极回应，是你必修的一门课。

11. 多称呼她的名字

女人往往对自己的名字感到格外亲切，当被人以亲切的口吻称呼名字时，会觉得非常温馨，会产生一种特别的效果。而且被称呼的次数越多会越高兴，并且对对方会产生好感。由此可见，亲切地称呼对方的名字，是打开戒备心理之门的有效钥匙。

另外，不同的人，会有不同的需要。要想打动陌生女人，就得不失时机地针对其不同的需要，运用能立即奏效的心理战术。通过对方的眼神、姿势等来推测其当时的心思，再有效地运用，便能很快拉近与她们的心理距离。

热情关切，打动内向的"陌生女人"

在生活中，经常会遇到这样的女人，她们平时不爱说话，即使说话，也从来不敷衍别人，而是常常得罪人，容易受窘。

尽管如此，性格内向的女人绝不是反应迟缓、冷淡孤立。其实，她们同样具有强烈的交往需要，渴望与人愉快相处，只是缺乏主动性，期望别人主动亲近自己，在感情上包容、接纳自己。因此，在与性格内向的女人相处时，你需要一种积极主动的态度。如能做到下面几点，她们将视你为一生难得的知己：

1. 尊重对方，理解对方

一个人的性格的形成是与其出身、经历、环境等有着密切关系的。性格内向的女人都比较敏感，善于观察细小的事物，往往喜欢抓住交往中一些细枝末节胡乱猜疑，以致产生心理隔阂，但又不直接表露。因此，与其交往应学会换位思考，设身处地为其着想，通情达理，尊重对方，切忌简单粗暴。

2. 了解对方，缩短距离

性格内向的女人不易接近，很多情况下是由于对其性格特征和具体情况缺乏了解和认识。如果我们能以主动的态度去了解对方、熟悉对方，并以实际行动去接近对方，那么这种因性格差异而带来的心理距离就会逐渐缩短。

3. 态度热情，感染对方

一般说来，性格内向的女人不善交谈，不爱说话。有时尽管她们对某一事情特别关心，也不愿主动开口。因此，与内向的女人相处时，你要表现得热情、关切、亲密，以消除其疑惧心理和回避倾向，从而主动启发、诱导，对其言行多做肯定评价，使其感觉自己有一种被重视感，这一点是至关重要的。

4. 懂得虚心、耐心、会心

性格内向的女人不善于交谈，喜欢沉默寡言，在开口讲话时也特别注意他人的反应，因而与其交往相处时，应做到虚心、耐心、会心。与其交谈时，应持有虚心聆听的态度。对方讲话时不要随意插话，对方讲的某些观点你不赞成时，要用婉转的语气提出疑问，切忌当场争辩。耐心，是表达感情的一种方式，也是唤醒对方感情的一种方法。会心，是指领会别人的意思，与其交谈相处时做出会心的反应。与对方谈话要凝视对方，切忌东张西望，心不在焉，更不能随便看表，同时要注意表情的呼应，切忌故意做作。

总之，遇到内向的陌生女人时，就得迎合她们的心理。只有这样，才能让她们逐渐认可你、接受你，进而把你当成朋友。

果断发动猛攻，女人必定向你"屈服"

聪明的男人必须要懂得，恋爱的诀窍在于"猛攻"。只要把握时机，果断地发动强劲的攻势，女人必定招架不住而向你"屈服"。

正如某些人所形容的那样："恋爱就像跷跷板，男人热时女人冷，男人死心，女人就积极，又仿佛是海边与浪嬉戏的少女。"所以，在男人巨浪般的冲击下，女人爱情力学上的平衡就会遭到破坏，致使女人心里动荡不定。

女人对这种攻势是气愤的，甚至她会歇斯底里："没皮没脸的，真叫人讨厌！"然而，在对方一再强攻之下，她又会想：这家伙还真有点儿毅力，真拿他没办法，也许是真的爱我爱得很深！

如果男人再来上那么几句："没有了你，我将……"那一定会更加激发起她的"自我崇拜欲"，到了这个时候，你说她怎么能不举手投降呢？

说得明白些，女人之所以经不住男人的猛攻，与其说是由于爱，还不如说是由于她们喜欢被爱。塞万提斯曾借堂吉诃德的口说过这样的话："露骨地求爱，在女人看来未必不是件愉快的事。并且，不论这个女人多么冷淡，即使嘴上说着讨厌得要死，也会在心底深处留下对爱她的人的疼惜。"

另外，圣·西尔也说过："不顾一切向女人发动进攻的男人，只有在他没有付诸实施或半途而废的时候，才会被认为是没有价值的男人。"

听了这些话，也许给男人增添了不少的勇气吧！但是，在这里还是要给你一个忠告：如果仅仅作为手段，一意孤行，也是不妥当的。心理学家海伦·德伊琪说："女人是天生的被虐待者。"然而，这有一个限度。如果你偏信了这种说法，以为女人口头上说讨厌，内心是在高兴，而以虐待狂的方式向女人发动猛攻的话，那势必要栽跟头。因为女人的心理，并不至于达到这种懦弱的地步。

含蓄地表达爱意更能取得对方的认可

胡朋是一个老实人,他爱上了同事小玉,他觉得小玉对自己也有那种意思,只是拿不准。因为这事,他神魂颠倒,茶饭不香。一天,他决心向小玉求爱,管他成不成,至少心里踏实点,免得老是这样探不到底。刚巧,他从办公室出去办事时,在走廊里碰见了小玉。胡朋心里一冲动,说:"小玉,你过来一下,我有话跟你说。"小玉走过来,问:"什么事?""我爱你!你愿意跟我交朋友吗?"小玉毫无思想准备,大惊失色,啐道:"神经病!"说完,匆匆而去。胡朋受此打击,不要说求爱,连小玉的面都不敢见了。

求爱是一种特殊的爱的信息交流,必须具备起码的前提条件。如果不讲求爱的方法和技巧,直来直去地贸然向人家求爱,结果只会遭到拒绝。

马克思曾经说过:"在我看来,真正的爱情表现在恋人对他的偶像采取含蓄、谦恭甚至羞涩的态度。"含而不露的表白方式,是指用不包含"爱"的语言,表达"爱"的情感。这种方式适合于双方早已认识,并且有了较多的了解,而对方又是有一定文化教养且性格内向的人。由于这种方式发出的信息比较模糊,即使对方拒绝,也不至于难堪。

含蓄地表达爱情,可以使话语具有弹性,不至于遭到拒绝就没法挽回。再者,这也符合恋爱时的羞怯心理。

含蓄地表达爱情的方法多种多样,要根据具体人、具体情况来灵活运用。假如你的恋人是一位文化水平不高的人,你就不能采用写深奥难懂的诗赠给对方的方式。如果这样,非但不能达到表示爱情的目的,还可能会引起不必要的误会。

让她感动，才会甘愿被你握在手中

两个人生活在一起，出现矛盾是很正常的。自己犯下的错，要用心弥补，以自己的爱感动对方；爱人有错误，要学会宽容，只要有一颗宽容的心，所有的矛盾都会迎刃而解。

从前，有一对夫妻非常恩爱，情感十分融洽。一天，丈夫周小牛在外面受了点气跑回家，妻子粉莲上前询问，却被周小牛顶撞了回来。粉莲从小就没有受过气，这一下无端受了丈夫的辱骂，越想越生气，越生气哭得越伤心。小牛连忙道歉，她也不听，一连几天茶饭不沾，滴水不进，躺在床上生了大病。小牛请来了许多医生都没有治好，眼看病势越来越重，就远道去请名医傅青主。

傅医生听了小牛说的病情后，就在路旁捡了一块石头，递给小牛说："这是做药引用的，你回去用文火煮软，煮的时候千万不能离人，烧干了再加水，等石头软了再来找我要药。"

周小牛回家就按医生的吩咐煮石头，水烧干了加水，加了水又开始煮。就这样煮了七七四十九次，石头依旧坚硬。粉莲也看不过去了，问："是不是搞错了？"小牛说："肯定不会错！"又接着煮了一夜，石头仍然坚硬如故。粉莲过意不去了，坚持要下床照看着火，让他去傅医生那儿问清楚。

傅青主问了煮石头的经过后，哈哈大笑道："你妻子的病已经好了，你放心回去吧！"周小牛回去一看，粉莲的病果然好了。原来妻子看到小牛如此诚心牵挂她，气消了，所以病也好了。

人都是有感情的动物，两个人在一起不闹矛盾是不可能的。相爱容易相处难，勺子没有不碰锅沿的。"大吵三六九，小吵天天有"当然不是好现象，但从不闹矛盾的情侣也并非都恩爱。在与爱人发生矛盾的时候，如果是自己错了，一定要主动承认错误，做一些让对方高兴的事，千万不要任性，把矛盾激化。古语云："精诚所至，金石为开。"只要你通过自己的努力，让爱人看到你对她的爱，矛盾的乌云就会渐渐散去。

周小牛为了弥补自己的过错四处寻医，可以看出他是爱妻子的，只是无心犯了错。为了给妻子治病，他遵从医生的嘱托，拼命地煮石头。其实傅医生让他煮石头，也是为了感动他的妻子，让她不要再计较。在周小牛的坚持下，妻子被感动，二人也重归于好。夫妻间的矛盾，没有绝对的对与错。只要有人先让一步，矛盾自然也就消除了。

爱的最高境界就是相互宽容。人非圣贤，孰能无过？过而能改，善莫大焉！对于爱人犯下的错误，要保持一颗宽容的心。两个人在一起是为了天长地久，不是为了"只争朝夕"。善待对方，就是善待自己。爱情是需要经营的，聪明的人以宽容为基础，以感动为砖石，以付出为泥土，以美满来封顶。彼此多一分理解，少一分责备，爱情才会绽放出迷人的花朵。

听懂女人的话外音，不做她眼中的"木头"

其实，女人并没有我们想象的那么简单。有一些不能明说的话，她们会隐含在其他一些话当中。既想让你明白她们心中所想，又不破坏自己的淑女形象。这时候，你如果听不出来，她们可就真的拿你当"木头"了。

比如，你是一个部门领导，有一个女同事走进你的办公室，然后对你说道："我快要累死了！昨天、前天和大前天晚上，我都加班到十点钟才回家，我真的是累坏了！"你身为领导，听了那个人说的话，一定要找出隐含的信息。也许很可能有其他信息，是你应该知道的。

那个女人想要传达的心思可能是这样的："我实在需要别人帮忙，我知道公司雇用我做这个工作，是希望我自己一个人做。我担心的是，如果我对你说我需要帮忙，你会认为我没有替你做好工作，所以，我不想直接说出来，我只是告诉你，我现在的工作分量太重了。"

另一个隐含的信息可能是这样的："上一次你评估我工作成效的时候，提起工作态度的问题来，并且还说希望每个人都更加努力工作，现在我只是想让你知道，我正在照着你的指示去做。"

并且，这个隐含的信息也有可能是："我有点担心，怕保不住工作，遭到公司辞退，所以我希望你知道，我是个多么恪尽职责的职员。"

还有一个隐含的信息是："我希望你这位上级主管对我说：'我知道你工作很努力，我非常欣赏你的工作态度。'"

总之，根据不同的背景，你应该能找出"我快要累死了！"这句话背后代表的意思。

如果你觉得自己是个"单纯"的男生，没有女人那么多小心思，但又不能不懂她们所说的话，那么不妨试试下面的方法：

1. 听声

同一句话，用不同的声调表达出来，其含义就不一样，有时甚至完全相反。你可以通过发现女人声调中的异常因素，做出辨析，抓住其中隐含的心思。

比如说"好啊！他行！他真行！"这句话，如果说话者说这句话时，语气上扬，听者便能感觉出这是在赞扬某人。但如果说话者刻意压低语调，刻意拖长"行""真行"，那意思就刚好相反了，那就表示说话者对某人的严重不满，而这种不满情绪尽在言语之外。

在很多情况下，同样一个意思，可以用肯定句、否定句、感叹句、假设句、反义句等许许多多的形式表达，可能不同的形式表达了不同的意思，这就需要你结合语境仔细辨析了。

2. 辨义

女人总是从一定的角度来表达自己的思想。辨义主要是抓住她们说话的角度，发现其中的异常因素，从而看清她们的真正意图。

女人对于不好明说的事情，经常会换个角度含蓄地表达出来，而这个角度的改变其实都没有脱离具体的场合,所以你不要以为对方跑题了。只要你结合场合来分析对方说的话,就很容易悟出对方的意图。

3. 观行

女人有时候碍于面子,难免会说些违心的话,这个时候表现出来的就是言行不一。你只要注意观察她们的具体行为,就能意会其内心的真实想法。

有些女人心里不愉快,或生你气的时候,不会直接表达内心的不满,她们会绷着一张脸,用力地对你说:"没什么!"或是用不耐烦的语气表示:"算了!算了!不跟你计较!"一边说还一边乒乒乓乓地摔东西。即使是小孩,也看得出她们在生气!

其实,看透女人心思的方法有很多,最关键的就是要善于结合语境。只要你用心去听,留神当时的场合,就不难听出她们隐晦的话语。

喜欢她就大胆向她表白,不要错失良机

要想在情场上指点江山,找到如意的另一半,享受甜美的爱情,就要大胆表达。只有表达出来,才会让别人知晓你心中的所想。如果心中有爱却"金口难开",终归会让爱神与你擦肩而过。

李刚是个帅气的小伙子,暗恋着公司里一位漂亮的女孩,却苦于不知如何表达。女孩的一颦一笑令他动心,而女孩的变化无常又让他觉得捉摸不定。一天见不到女孩他便坐立不安、魂不守舍。他很想向女孩倾吐自己的感情,但话到嘴边,又泄了气。为此他深感苦恼,不知如何是好。

弗洛姆在《爱的艺术》一书中指出:"爱,不是一种本能,而是一种能力,可经有效的学习而获得。"这真是一句鼓舞人心的话,让渴望爱情的人充满了憧憬。那么,我们要如何寻求到自己心中的爱人?

吴丽是一位长得美丽且通情达理的姑娘,公司上上下下的人都喜欢她,特别是那几个还未找到女朋友的小伙子，更是有事无事地围着她转。不过，精明强干、风流倜傥的王鹏却总是一副不屑一顾的神情。

过了一段日子，传出消息说吴丽"名花有主"了，男朋友竟是公司里最不起眼的张弛。看着他俩进一双出一对的甜蜜样子，有人不禁叹息道："咳，一朵鲜花插在牛粪上。"帅哥王鹏最为沮丧。原来，吴丽一到公司上班时王鹏就喜欢上了她，他也看出，当自己的眼睛与吴丽相视时，她的目光亦是亮亮的、柔柔的，闪动着一种妙不可言的东西。然而，当那几个长相一般的小伙子围着吴丽转的时候，王鹏的自尊心却在作怪。因为自己长得帅，身边有不少女孩子"陪"着，就不愿屈尊去"陪"吴丽，但在心里却巴不得吴丽来"陪"自己，他一直固执地认为，这么漂亮的女孩只有我王鹏配得上。直到发现张弛获得了吴丽的爱情后，他才知道自己输得很惨。

确实，在现实生活里，不少人看见漂亮女孩找了个相貌平平的男朋友就会感到惋惜，认为不般配。然而，为什么这个平常的男士能赢得如此美丽的女孩的芳心呢？你别看女孩子含羞带笑，温柔文静，其实在她的心里，早就将身边的男孩一个个地排起了队。一般来说，仪表当然是首选的，但女孩子在青春期架子大，爱摆谱。当然，这也是男孩的恭维给宠坏的。如此一来，那些肯低头，愿捧女孩的小伙子在她心目中的印象分就自然提高了。特别是漂亮的女孩，假如男孩能够以发自内心的关爱对其"侍奉"，即使男孩子相貌差些，说不定也能锁住她的芳心。但是在通常情况下，仪表堂堂的小伙子就做不到这一点。由于自己长得帅，身边不缺女孩，所以自视身价不低，怎么可以屈尊"哄你"？因此，即使漂亮的女孩起初也曾被其外表所打动，但从长远考虑，假如以后一辈子受这样的"美男人"的牵制，倒不如找一个能够呵护自己的男孩过日子。只要自己感觉幸福，别人爱怎么说就怎么说好了。

因此，所有想找漂亮女孩做朋友的小伙子，当你爱上她时，千万别学这位帅哥王鹏，一定要"爱她在心就开口"，不然的话，吃亏的可就是你自己了。

对女孩贴心，可以让恋爱急速升温

女孩大多喜欢男性从细微之处给予关照。聪明的男人要善于把握异性的这一心理趋向，这样才容易击中女孩心中柔软的触角，让恋爱迅速升温。反之，如果缺乏细腻，在恋爱生活中常会忽视一些小细节，爱就会在这些小小的地方失去。

一般来说，从以下几个方面表现出你的体贴，最能讨女孩的欢心：

1. 关注她身上细微的变化

几乎所有的女性，都对男友表示过不满。其中最常见的是，当她梳着一个新发型，或新买了一件漂亮衣服，兴致勃勃地等待男友赞美的时候，她的男友却好像视而不见。"喂，你到底发现没有，我是不是哪里跟以前不大一样了？"即使她这样问，他也还像是没有察觉到的样子："哦，是吗？"再不然就是："你的意思是说，你的发型变了，是吗？"或者是："哦，好像你的衣服有点变化，对不对？"

像这样的回答，往往会使她大为扫兴，甚至使双方都不愉快。如果女友今天的发型或服饰突然有了变化，作为她的男友，你起码应该主动问一句："今天你去过美发厅了？"或者是："你穿的这件衣服是今天刚买的吗？"只要你有意无意地问一声，她就会感到满意，而不会因为你无动于衷而独自生闷气。

2. 玫瑰花千万不能少

自古以来，玫瑰花是爱情的象征，给自己心爱的人送上一束玫瑰花，会讨得对方的欢心。这是因为：一方面，送花代表着一种赞美，告诉女孩她像花一样漂亮；另一方面，现在送花是种流行，男人送花才会觉得能够表达爱意，而女孩也能通过花来理解对方的心意。因此，想让女朋友开心，不妨送一束玫瑰花给她，向她表达出你的浓浓爱意。

3. 经常送些小礼物

除了鲜花之外，还要经常送女孩一些贴心的小礼物。一般来说，这些小礼物最好是她们平时需要的。这就要看男人是不是细心，能不能从生活的点滴中看到女友需要什么。礼物会让女孩高兴，真心的话语更会让女孩感动。送礼物的同时不妨附带着一张小纸条，上面写上你关心的话语。此刻，女孩收到的不仅仅是一份礼物，更是一份心意。

4. 每天都要主动和她联系

任何感情都需要靠生活中的点点滴滴来积累，爱情尤其是这样。如果你将爱情搁置一段时间，爱情就会变质。生活中偶尔对她说一些甜言蜜语是有必要的，让她每天都知道你在爱着她、关心着她，她会觉得每天都生活在幸福之中，感情也会越来越强烈。如果你们不是每天见面，可以发个短信或者打个电话。总之，不能让爱情搁浅。

另外，还要注意一点，如果是和她打电话，一定要让她先挂。因为，如果是你先挂断，她听到挂电话后电话里"嘟嘟"的声音，心里会产生莫名的失落感和距离感。因此，在每次通过电话之后，应该等女孩先挂电话，这样女孩就不会产生失落感，会对你更加恋恋不舍。

5. 多制造一些"二人世界"的机会

恋爱不是一个人的事情，也不是三个人的事情，而是两个人的事情，两个人单独相处最能增进彼此的感情。当然，你可以采取不同的方法来制造"二人世界"，如陪她逛街、旅行、看电影等。

有很多女人似乎是天生的逛街狂，恨不得一天24小时都在街上，而男人最讨厌的就是逛街，因为消耗的体力和精力太大。但是为了讨女朋友开心，当她向你提出一起逛街的要求时，一定要爽快地答应，并表现出一副乐于前往的样子，让她觉得你是个什么都愿意为她做的人。

对于恋爱中的男女来说，去电影院似乎有些老套，但电影院里的气氛确实适合情侣。在电影院她们会产生想恋爱的冲动和热恋的激情。因此，周末的时候一定要带女友多看几场电影。

　　另外,聪明的男人要记住,和女友交往一段时间后一定要带她出去旅行一次,因为你要在你们的生活中制造一些浪漫的回忆。这样,女孩就会经常想起你们一起经历的种种,然后回味你对她的好。并且,偶尔的旅行也会使人变得轻松很多,你们的爱情也会更加轻松浪漫。

　　总之,女孩最喜欢贴心的男人。如果你是细心的男人,能够做好这些看似琐碎的事情,就必定会赢得女人的芳心。

第十五章

最高境界是方圆变通：
做个"好意思"的达人

方中有圆，圆中有方

方中有圆，圆中有方，是为人的因果律，又是大自然的法则。《易经》中说："天行健，君子以自强不息。"又有："地势坤，君子以厚德载物。"在这里，圆，象征着运转不息、周而复始的天体；方，象征着广大旷远、宽厚沉稳的地象。

晚清重臣张之洞就是一位善用方圆之道处世的名人。

张之洞少年时很聪慧，他身形似猿，传说为将军山灵猿转世；榜中探花，历任湖北、四川学政，山西巡抚，两广、湖广、两江总督，官至体仁阁大学士、军机大臣。在晚清风雨飘摇的政局中，他提出"中学为体、西学为用"的方略，办实业、造枪炮、勤练兵，为晚清王朝呕尽最后一滴血。

张之洞可算是一位性格刚烈、铁骨铮铮的人，然而他办事却很圆融。在他就任山西巡抚时，当时泰裕票号的孔老板表示要送一万两银子给他。张之

洞婉言谢绝了孔老板的好意。可是当他考察了当地的情况之后，发现山西受
罂粟的荼毒很是严重，于是决心铲除山西的罂粟，让百姓重新种植庄稼。而
改种庄稼需要一笔费用，但山西连年干旱、欠收，加上贪官污吏的中饱私
囊，拿不出救济款发放给老百姓。这时，他第一个想到的就是孔老板。

他想，如果说服孔老板把银子捐出来，为山西的百姓做善事，以银子
换美名，他或许会同意。经过商谈，孔老板表示愿意捐出五万两银子，但必
须满足他的两个条件：一是让张之洞为他的票号题写一块“天下第一诚信票
号”的匾，二是要捐个候补道台的官衔。

刚开始张之洞觉得孔老板的这两个条件都不能答应，因为自己对他的票
号一无所知，又怎么能说它是“天下第一诚信票号”呢？第二，他认为捐官
是一桩扰乱吏治的大坏事。可是不答应他，又到哪里去弄五万两银子呢？

经过反复思考，张之洞决定采用折中迂回的手段，答应为孔老板的票号
题“天下第一诚信”的匾，这六个字意味着：天下第一等重要的美德就是诚
信二字，并不一定是说他们泰裕票号的诚信就是天下第一。

至于他的第二个要求，张之洞最后给自己找了一个台阶：一来，捐官的
风气由来已久，不足为怪；二来，即使孔老板做了道台也不过是得了个空名
而已。再者按朝廷规定，捐四万两银子便可得候补道台。于是，张之洞以这
种退让的方式为山西百姓募来了五万两银子，可谓造福一方。

其实，张之洞在官场上也深得“妥帖”之要义，他把王之春从广东调到
湖北这件事就做得相当漂亮。张之洞到湖北以后，想大兴洋务，但缺少得力
的助手。这时，恰好湖北藩司黄彭年去世了，空出了职位。于是，他就想推
荐自己的心腹去那里任职。

张之洞觉得现任广东臬司的王之春比较合适。王之春是张之洞在广东时
一手提拔起来的，他对张之洞自然是忠心耿耿，感恩有加。但张之洞考虑问
题又多了一层：现在要把王之春调来，就应该为广东物色一个合适的藩司人
选，这样，王之春调来湖北的把握才更大一点。

幕僚提出不妨推荐湖北臬司成允去广东做藩司，这样有两个好处：一是

成允是现在军机处领班礼亲王世铎的远亲，世铎一定愿意帮助成全他，他自己京师门路也很熟。二来又可腾出湖北臬司一职，又多了一个帮手。这样在湖北办洋务力量就更强了。

经过张之洞的运作，王之春很快调到湖北，而成允则调去广东做藩司。接着，张之洞又让赋闲在家的陈宝箴当上臬司。这样一来，方方面面都被张之洞摆布得妥妥帖帖、皆大欢喜了。

孔子在《论语》里称赞史鱼说："直哉！史鱼。邦有道如矢，邦无道如矢。"意思是说不管环境如何，无论社会动乱还是安定，他的言行永远都像箭一样，尖锐而正直。我们不要曲解孔子的话，"直哉"是说一个人做人要心地方正、端直，不可以圆滑，但处世要圆融，要注意方式方法。说话办事也直来直去，别人就接受不了，事情也没办法办成。

《易经》中也反复强调"天圆地方"，众人为天，天圆就是处世要圆融，要有智慧；心田为地，地方就是心地方正，要有操守。

应对自如才能游刃有余

人们普遍认为，处理人际关系太复杂、太难了。其实，这是一道难者不会，会者不难的题。只要你能够运用不同的思考模式去对待不同的事情，综合运用方圆之术灵活地处理与人的关系和与事的境遇，那么你将在人际交往中如鱼得水，轻松享受到惬意的生活和成功的人生。

有一次，曹操邀请刘备到府中做客。酒喝到半醉时，忽然阴云漠漠，骤雨将至。随从把天边挂着的"长龙"指给二人看，曹操借题发挥，便问："您知道龙的变化吗？"

刘备说："知道得不太详细。"曹操说："龙能大能小，能升能隐，大则兴云吐雾，小则隐身藏形；升则飞腾于宇宙之间，隐则潜伏于波涛之内。现在正是深春时节，龙能够顺应时节而变化，就好像人得志了纵横四海一样。龙作为动物，可用世上的英雄来作比方。您长期以来，游历四方，一定知道当世英雄。请您试着说说吧！"刘备说："我是肉眼凡胎，哪里能认得英雄呢？"曹操说："您就不要太谦虚了吧！"刘备仍然装糊涂："我得您的庇护，做了朝廷官员。天下英雄，真的不知道啊。"曹操说："那么，既然您不知道他的长相，也应该听到他的名字吧。"再装糊涂是没有办法了，这条路堵死了，刘备另装糊涂，于是举出淮南袁术，河北袁绍、刘表，江东孙策，益州刘璋、张绣、张鲁、韩遂等人，但一一被曹操否定。刘备只好说："除这些人之外，我实在不知。"

曹操说："所谓英雄，是指胸怀大志，腹有良谋，有包藏宇宙之机，吞吐天地之志的人啊！"刘备说："那么，谁能称作这样的英雄呢？"

曹操用手指指刘备，又指指自己，说："今天下英雄，只有您与我罢了！"

曹操看似不经意的话，其实不仅是一种试探，更包藏着杀机，且不说刘备正在曹操的府上，即使在外边，如果证实了曹操的推测，他也不会放过刘备的。

刘备大吃一惊，到底被曹操识破真面目了。那么，自己"放下身段"的招法是不是没有瞒过奸雄曹操呢？如果这时默认或辩解，都无济于事，慌乱之中，他手中的汤匙和筷子掉到地上。恰在此时，大雨将至，雷声隆隆，刘备随即从从容容，不动声色地俯下身子，捡起了汤匙和筷子，又不紧不慢地说："雷声一震竟有如此大的威力，我的匙筷都掉了。"

曹操笑着说："男子汉大丈夫也害怕雷吗？"刘备说："圣人见到迅雷风烈还变色哪，怎么能不害怕呢？"一句话就把听到曹操的话而吃惊落匙的原因轻轻掩饰过去。

曹操果然相信了刘备的话，认为他打雷还要害怕，可见不是真英雄了，也就不再怀疑刘备了。

　　故事中，刘备寄人篱下，还不具备与曹操对抗的实力的时候，巧借雷声，灵活地应对了曹操试探，还让曹操以为他是一个胆小怕事之人，从而使曹操放松了对他的戒备，也才成就了后来的蜀汉。

不仅仅是中国的刘备，古罗马的塞维罗也是凭借这一点，使自己在政治斗争中掌握了局势，最终主宰了整个罗马帝国。

公元222年至235年间，古罗马的帝王因昏庸无能，激起了人民的不满，被大将塞维罗推翻，塞维鲁当了新一代罗马大帝。

此时，塞维鲁要主宰整个帝国，面临两大困难：一是尼格罗已在亚洲称帝，二是阿尔匹诺正在西方建立自己的政权。塞维鲁知道，此时，他如以习惯性的思考模式去对待尼格罗和阿尔匹诺，就只有进军一途，坚决地消灭他们。但是，这两者的势力太大了，如不知进退，将是十分危险的。

于是，他决定动用不同的思考模式，采取灵活应变的方法去对付这两大强敌：对于西方的阿尔匹诺，他用退一步的方法，以赐给"恺撒"的称号来稳住他；对于亚洲的尼格罗，他则用突袭的方式予以剿灭。

最后，塞维鲁如愿以偿，达到了他主宰罗马帝国的目的，而且还在法国活捉了被他赐封过的阿尔匹诺。

足见，机智灵活，应对自如，往往可以帮我们逢凶化吉，赢得控制权，甚至保全性命。这就要求我们平时就要培养自己的方圆意识，学习方圆之道，该方时方，该圆时圆，面对一切境遇都能应付自如，游刃有余。

方圆合璧让你无往不利

外圆内方的处世哲学是中国传统文化的重要组成部分，也是正确处理各种关系的有效方法。方是对原则的遵循，对道德标准的维护；圆是思路的变通，是手段的灵活。

人们处在各种关系之中，方圆之道是其安身立命、杀出重围的重要途径。特别是在与地位较高的人相处时，更要掌握方圆之道。

其实，清朝才子纪晓岚并没有我们想象中的风流偶傥，据史书记载，纪晓岚"貌寝短视"。所谓"寝"，就是相貌丑陋；所谓"短视"，就是近视眼。另外，跟纪晓岚交游数十年的朱珪有诗描述纪晓岚：

> 河间宗伯姹，口吃善著书。
>
> 沉浸四库间，提要万卷录。

看来，纪晓岚还有口吃的毛病。当然，纪晓岚既然能通过各层科举考试，其间有审音官通过对话、目测等检查其形体长相以及说话能力，以免上朝时影响朝仪"形象"，应该不至于丑得没法见人。

其实，乾隆对身边近臣的标准是不但要求这些人机警敏捷，聪明干练，而且要相貌俊秀。例如和珅、王杰、于敏中、董诰、梁国治、福长安等人都是数一数二的"美男子"，故而得到重用，而纪晓岚如此丑陋，如何能够得到有此怪癖的皇帝的真正重用呢？因此，有人说，纪晓岚只不过是乾隆豢养的文学词臣而已。但是这位"词臣"却以他自己的处世方式在乾隆、嘉庆时期走上高位，并名留青史，成为文化巨人。

究其原因，这不仅仅是由于纪晓岚主持编著了伟大的《四库全书》，或者多年主持科举考试，对乾隆朝贡献重大，更因为他懂得方圆处世之道，因此能在乾隆帝对宠臣的怪癖要求中，自在地做事。有一个故事即可证明纪晓岚的这种处世方法。

有一次，乾隆皇帝想开个玩笑以考验纪晓岚的辩才，便问纪晓岚："纪卿，'忠孝'二字作何解释？"

纪晓岚答道："君要臣死，臣不得不死，是为忠；父要子亡，子不得不亡，是为孝。"

乾隆立刻说："那好，朕要你现在就去死。"

"臣领旨！"

"你打算怎么个死法？"

"跳河。"

"好吧！"

乾隆当然知道纪晓岚不可能去死，于是静观其变。不一会儿，纪晓岚回到乾隆皇帝跟前，乾隆笑道："纪卿何以未死？"

"我碰到屈原了，他不让我死。"纪晓岚回答。

"此话怎讲？"

"我走到河边，正要往下跳时，屈原从水里向我走来，他说：'晓岚，你此举大错矣！想当年楚王昏庸，我才不得不死；可如今皇上如此圣明，你为什么要死呢？你应该回去先问问皇上是不是昏君，如果皇上说他跟当年的楚王一样是个昏君，你再死也不迟啊！'"

乾隆听后，放声大笑，连连称赞道："好一个如簧之舌，真不愧为当今的雄辩之才。"

这就是纪晓岚，这就是纪晓岚的处世智慧，他一生经雍正、乾隆、嘉庆三朝，六十岁以后，五次出掌都察院，三次出任礼部尚书。他逝世以后，筑墓崔尔庄南五里之北村。朝廷特派官员到北村临穴致祭，嘉庆皇帝还亲自为他作了碑文，极尽一时之荣耀。

世界上有两种类型的思想，一种以"方"为代表，好比刺猬，以不变应万变；另一种以"圆"为代表，好比狐狸，遇事灵活。这两种思想可谓是优劣参半，其实将方圆合璧才是智者所为，毕竟方圆不仅是一种手段，更是一种层次。

大而言之，方是做人的底气，圆是成事的方法。将方与圆双剑合璧的人，才是能够纵横捭阖、任意挥洒的"武林"高手。

该刚则刚，当柔则柔

刚柔相济是一种顺畅处世的管理方法，它可使激烈的争论停下来，也可以缓和气氛，增进感情。

下面这个例子是日本著名企业家松下幸之助的故事：

有一次，部下后藤犯下一个大错。松下怒火冲天，一面用挑火棒敲着地板，一面严厉责骂后藤。骂完之后，松下注视着挑火棒说："你看，我骂得多么激动，居然把挑火棒都扭弯了，你能不能帮我把它弄直？"

这是一句多么绝妙的请求！后藤自然是遵命，三下五除二就把它弄直了，挑火棒恢复了原状。松下说："咦？你的手可真巧呵！"随之，松下脸上立刻绽开了亲切可人的微笑，高高兴兴地赞美着后藤。至此，后藤一肚子的不满情绪，立刻烟消云散了。更令后藤吃惊的是，他一回到家，竟然看到了太太准备了丰盛的酒菜等他。"这是怎么回事？"后藤问。"哦，松下先生刚来过电话说：'你家老公今天回家的时候，心情一定非常恶劣，你最好准备些好吃的让他解解闷吧。'"

此后，后藤自然是干劲十足地工作了。

松下幸之助不愧是著名的管理者，批评后藤刚柔并济，自己一直掌握着主动权，既让后藤甘心改过，又让后藤在今后的工作中干劲十足，真是妙啊！

不只在日本，在我国古代，极具智谋的军师诸葛亮，也深谙刚柔并济的成功之道。

公元214年，刘备夺取四川后，诸葛亮在协助刘备治理四川时，立法"颇尚严峻，人多怨叹者"，当地的官员法正提醒诸葛亮，对于初平定的地区，大乱之后应"缓刑弛禁，以慰其望"。诸葛亮认为自己的做法并没有错，他对法正说，四川的情况，与一般不同。自从刘焉、刘璋父子守蜀以来，"有累世之恩，文法羁縻，互相奉承，德政不举，威刑不肃。蜀土人士，专权自恣，君臣之道，渐以陵替"。现在如果我用在他们心目中已失去价值的官位来拉拢他们，以他们已经熟视无睹的"恩义"来使他们心怀感激，是不会有实际效果的。所以，我只能用严法来使他们知道礼义之恩、加爵之荣，"荣恩并济，上下有节，为治之要"。

这正如曾国藩所指出的：人不可无刚，无刚则不能自立；人不可无柔，无柔则不可亲。太刚则折，太柔则靡。不能自立也就不能自强，不能自强也就不能成就一番功业。刚就是一个人的骨头，是使一个人站立起来的东西。刚是一种威仪，一种自信，一种力量，一种不可侵犯的气概。由于有了刚，那些先贤才能独立不惧，坚韧不拔。刚就是一个人的骨头。人也不可无柔，无柔则不亲和，不亲和就会陷入孤立，四面楚歌，自我封闭，拒人于千里之外。柔就是使人站立长久的东西，是一种魅力，一种收敛。

现在，你应该明白"该刚则刚，当柔则柔"的智慧大道了吧？

圆通，无伤害地实现目的

生存在复杂的现实社会中，圆通是一种处世哲学，虽不高深，却并非人人皆可悟其精义，得其要领。因为处世圆通，不但需要阅历与智慧，而且要有善和稀泥之技。

时代与时代不一样，为官之道也是有所区别的，房玄龄能做二十年的太平宰相，一生极尽荣宠，关键还在于那是个和平年代，稳定的政治环境为他施展自己的抱负提供了充分的机会。倘若一个人处在"城头变幻大王旗"的乱世，那么忠侍一主则极有可能被时代无情地吞噬掉。俗话说"乱世宜用重典"，有"心机"的人应该知道乱世要学学圆通的智慧。

清末民初的官场上，徐世昌就是一位深谙此道的"教父级"人物。

徐世昌是 1905 年入值军机处的，在军机处，他仍行"中庸"的做官之道。

领班军机大臣当时是庆亲王奕劻，他与袁世凯关系密切，当时与奕劻和袁世凯对立的是瞿鸿机。瞿鸿机在其任期内做了三件大事：

一是否决了袁世凯欲推奕劻任总理组阁的建议。

二是赞同新设立的陆军部收回北洋六镇。

三是弹劾奕劻父子收贿纳妾，向慈禧建议解除其军机大臣之职，举醇亲王载沣以代之。

瞿鸿机与袁世凯、奕劻对立，对徐世昌却颇有好感，他"独信徐世昌，谓其谨厚"。另一位军机大臣鹿传霖，又以乡谊与徐世昌亲近，因此徐世昌在军机处颇为得意。

徐世昌与瞿鸿机亲近，与袁世凯更近，在清末著名的"丁未政潮"中，岑春煊对慈禧痛言奕劻贪黩误国，要求罢免奕劻，但后来奕劻却保住了自己的权位，还与袁世凯一起反击，结果岑春煊被罢职。

袁世凯在给两江总督瑞方的密信中说："幸大老（奕劻）平时厚道，颇得多助，复出此内外夹攻之厄。伯轩（世续）、菊人（徐世昌）甚出力，上（慈禧）怒乃解。"由此不难看出，徐世昌为保奕劻是出了大力的。

徐世昌不得罪奕劻，也不得罪瞿鸿机。奕劻与瞿鸿机暗斗，奕劻总想把瞿鸿机挤出军机处，袁世凯对瞿鸿机亦早有不满。奕、袁二人商议，以瞿鸿机当时兼领外务部尚书为由，派他出洋，他自然无法推卸，只能启程离京。但奕劻、袁世凯让徐世昌在军机处提出此议，这下子，徐世昌为难了。瞿鸿机听了徐世昌的话，一下子就明白了，他说："我老了，不能远涉重洋，还是让年富力强的人去吧！"徐世昌随机应变，立即改为自请成行，给了瞿鸿机一个台阶下。瞿鸿机由此对徐世昌十分感激。

后来，徐世昌见上层斗争太激烈，难以应付，就请调东北三省总督，避开了官场激烈斗争的漩涡。这不失为明智之举。

做人难，难做人。生活在这纷繁的世界，做人真的很难，要做到人人喜欢更难。综观世界历史，但凡能成就伟业者，无不深谙方圆之道，知道做人何时应该进，何时应该退，何时应该发脾气，何时应该深藏不露。

那些成大事者，多方圆通达，在危难时刻总能把做人的机智发挥得淋漓尽致。处在乱世时，态度一定要圆通；假使处于末世，就要方圆并用了。这是因为在太平盛世时，大道得以通行无阻，所以可以放心地依道而行；但如果身逢乱世，眼见正道不再通行，做人就要圆通一些，以免替自己招来不幸。方正的言行，原是无可厚非的，但在动荡不安的时候，还不晓得明哲保身，而陷身于危境，就未免太不明智了。

自嘲是智慧的体现

鲁迅有首叫《自嘲》的诗："运交华盖欲何求？未敢翻身已碰头。破帽遮颜过闹市，漏船载酒泛中流。横眉冷对千夫指，俯首甘为孺子牛。躲进小楼成一统，管他冬夏与春秋。"他满篇都在嘲笑自己，除了嘲笑自己，也让别人笑他很窝囊：交了倒霉运怎还会想有顺心事，躺在床上连身都不敢翻一下倒把头给碰到墙上。因此，上大街低低压下破帽遮住脸，唯恐被人看见，招来不测的横祸……

倒霉又窝囊的男人样子立即跃然纸上，然而就是这种自嘲的精神，促使他时刻清醒，时刻进步，最终成为一代文学家和思想家，得到了一代又一代人的尊敬和仰慕。由此可见，自嘲对于我们的成长有着重要意义。

可是，当代的年轻人，很多人自命不凡，他们只希望别人看到他们的长处，而不愿意听到任何的嘲笑和批评，当然也就不屑于自嘲。可是，真正懂得自嘲的人，才更能清醒地认识自己，敢于放弃孤傲，放弃本身的优越，而始终让自己站在最低点上。

有一个作家虽然才华横溢，但是经常用他的三寸不烂之舌讥讽别人，可是他还是得到很多人的喜爱，因为他也常在恰当的时候讥讽自己。比如有人说他的书风格比较狭隘，看得出他见识不多，像井底之蛙。他听到以后，自嘲了一句："您太抬举我了，我哪是井底之蛙啊，我充其量就是井底一只蛤蟆。"

自嘲，是大智慧，有利于化解冲突。任你以千钧之力，迎面劈来，奈何人家并不接招，轻轻一带，让你如坠棉絮，无法施展。这才是应对的高手绝招。理同太极，柔中带刚，看似轻柔却威力无比，用的是四两拨千斤的内功和巧劲。

1915 年，丘吉尔还是英国的海军大臣。不知他是心血来潮，还是什么原因，突然要学开飞机。于是，他命令海军航空兵的那些特级飞行员教他开飞机，军官们只好遵命。

丘吉尔还真有股韧劲，刻苦用功、拼命学习，把全部的业余时间都搭上了，负责训练他的军官都快累坏了。丘吉尔虽称得上是杰出的政治家，但操纵战斗机跟政治是没什么必然联系的。也可能是隔行如隔山吧，总之他就是对那么多的仪表搞不明白。

有一次，在飞行途中，天气突然变坏，一段 25 千米的航程竟然飞了 3 个小时。

着陆后，丘吉尔刚从机舱里跳出来，那架飞机竟然再次腾空，一头撞到海里去了。旁边的军官们都吓得怔在那里，一动不动。

原来，丘吉尔忘了操作规程，在慌乱之中又把引擎发动起来了，望着眼前这一切，丘吉尔也不知所措，好在，他并没有惊慌，装作茫然不知似的，自我解嘲道："怎么搞的，这架飞机这么不够意思。刚刚离开我，就又急着去和大海约会了。"

自嘲在这时，化解了一场尴尬，让大家都把注意力转移到了笑话上，也就忽略了丘吉尔的糗态。

自嘲，以让别人笑自己，还是一种善意的宽容。抑己扬人，化干戈为玉帛，避免针锋相对互相伤害，还能最大程度地保有自尊和体面。自嘲，是自信，是优越，是善良，是宽容。它暗含"不值得计较"的潜台词。不论是对事还是对人，显示出的，或是一种见识的高度、处世的圆融，或是胸怀的包容、思想的成熟。

自嘲可以改善个人的处境，可以调节大家相聚欢悦的气氛，也可以化解矛盾，让彼此相处得更加和谐。自嘲是一种自我否定或肯定，也是一种勇于承认错误的表现。

如果我们都能以一种豁达的态度，智慧的幽默，勇于自嘲，善于自嘲，那么，人世间会少很多摩擦磕碰，多几分快乐与从容。

用刀剑去攻打，不如用微笑去征服

懂得对自己微笑的人，他的心灵天空将随之晴朗；懂得对别人微笑的人，将会拥有美丽的人生！

"我已经结婚18年多了，在这段时间里，从我早上起来，到要上班的时候，我很少对太太微笑，或对她说上几句话。我是最闷闷不乐的人。

"既然你要我对微笑也发表一段谈话，我就决定试一个星期看看。因此，第二天早上梳头的时候，我就看着镜子对自己说：'威尔森，你今天要把脸上的愁容一扫而空。你要微笑起来。现在就开始微笑。'当我坐下来吃早餐的时候，我以'早安，亲爱的'跟太太打招呼，同时对她微笑。

"现在，我要去上班的时候，就会对大楼的电梯管理员微笑着说一声

'早安'。我以微笑跟大楼门口的警卫打招呼。当我跟地铁的出纳小姐换零钱的时候，我对她微笑；当我到达公司，我对那些以前从没见过我微笑的人微笑。

"我很快就发现，每一个人也对我报以微笑。我以一种愉悦的态度，对待那些满腹牢骚的人。我一面听着他们发牢骚，一面微笑着，于是问题就更容易解决了。我发现微笑带给我更多的收入，每天都带来更多的钞票。"

微笑是人的宝贵财富，微笑是自信的标志，也是礼貌的象征。人们往往依据你的微笑来获取对你的印象，从而决定对你所要办的事的态度。只要人人都露出微笑，办事将不再感到为难，人与人之间的沟通将变得十分容易。

现实的工作、生活中，一个人对你横眉冷对，另一个人对你面带笑容，他们同时向你请教工作上的问题，你更欢迎哪一个？显然是后者，你会毫不犹豫地对他知无不言、言无不尽；而对前者，你恐怕会以"闭门羹"待之。

一个人面带微笑，远比他穿着一套高档、华丽的衣服更吸引人注意，也更容易受人欢迎。因为微笑是一种宽容、一种接纳，它缩短了彼此的距离，使人与人之间心心相通。喜欢微笑着面对他人的人，往往更容易走入对方的天地。难怪有人说："微笑是成功者的先锋。"的确，如果说行动比语言更具有力量，那么微笑就是无声的行动，它所表示的是："你使我快乐，我很高兴见到你。"笑容是结束说话的最佳"句号"，这话真是不假。

面带微笑的人，就会有希望。因为一个人的笑容就是他传递好意的信使，他的笑容可以照亮所有看到它的人。没有人喜欢帮助那些整天愁容满面的人，更不会信任他们。很多人在社会上站住脚是从微笑开始的，还有很多人在社会上获得了极好的人缘也是从微笑开始的。

任何人都希望自己能给别人留下好印象，让别人产生好感，因为这样可以创造出一种轻松愉快的气氛，可以使彼此关系融洽。人要靠这种关系才可在社会上立足，而微笑正是打开愉快之门的金钥匙。

有人做了一个有趣的实验，以证明微笑的魅力。

他给两个人分别戴上一模一样的面具，上面没有任何表情，然后，他问观众最喜欢哪一个人，答案几乎一样：一个也不喜欢，因为那两个面具都没有表情，他们无从选择。

然后，他要求两个人把面具拿开，现在舞台上有两张不同的脸，他要其中一个人把手盘在胸前，愁眉不展并且一句话也不说，另一个人则面带微笑。

他再问每一位观众："现在，你们对哪一个人更有兴趣？"答案也是一样的，观众选择了那个面带微笑的人。

如果让微笑伴随着生命的全过程，那么会使我们超越很多自身的局限，使我们的生命自始至终生机勃发。

用你的笑脸去欢迎每一个人，那么你会成为最受欢迎的人。